新工科

21世纪高职高专规划教材

汽车系列

微课版

# 汽车自动变速器检修

主编◎吴磊　李倩



中国人民大学出版社

·北京·

**图书在版编目（CIP）数据**

汽车自动变速器检修／吴磊，李倩主编. --北京：中国人民大学出版社，2021.4

21世纪高职高专规划教材. 汽车系列

ISBN 978-7-300-28512-2

Ⅰ.①汽… Ⅱ.①吴… ②李… Ⅲ.①汽车－自动变速装置－车辆修理－高等职业教育－教材 Ⅳ.①U472.41

中国版本图书馆CIP数据核字（2020）第165706号

21世纪高职高专规划教材·汽车系列

**汽车自动变速器检修**

主编 吴 磊 李 倩

Qiche Zidong Biansuqi Jianxiu

| | | | |
|---|---|---|---|
| **出版发行** | 中国人民大学出版社 | | |
| **社　　址** | 北京中关村大街31号 | **邮政编码** | 100080 |
| **电　　话** | 010－62511242（总编室） | | 010－62511770（质管部） |
| | 010－82501766（邮购部） | | 010－62514148（门市部） |
| | 010－62515195（发行公司） | | 010－62515275（盗版举报） |
| **网　　址** | http://www.crup.com.cn | | |
| **经　　销** | 新华书店 | | |
| **印　　刷** | 北京玺诚印务有限公司 | | |
| **规　　格** | 185 mm×260 mm　16开本 | **版　　次** | 2021年4月第1版 |
| **印　　张** | 13.5 | **印　　次** | 2021年4月第1次印刷 |
| **字　　数** | 262 000 | **定　　价** | 32.00元 |

# 前言

《汽车自动变速器检修》在内容设置上借鉴了德国、澳大利亚等国际职业教育的先进教学理念，融学生就业竞争力与发展潜力培养为一体、教育与教学为一体、职业素质养成与职业技能培养为一体、课内与课外培养为一体，涵盖人才培养全过程的指导思想，按照“逆向分解、正向培养、动态反馈、循环提升”的课程方案设计方法，把行业能力标准作为专业课程教学目标和鉴定标准，按照行业能力要求组织教学内容，针对高职学生的学习特征设计教学活动。

本书以汽车机电维修工岗位为依据，分析工作岗位的典型工作任务，对典型工作任务进行分析归纳，确定行动领域；按照汽车维修生产过程系统化原则，进行课程知识的解构与重构，系统设计“汽车自动变速器检修”等学习领域，完成工作过程系统化课程体系开发；通过教学条件的改善与教学情境的设计，确保人才培养质量。

本书的编写，以学生就业所需的专业知识和操作技能为着眼点，在适度的基础知识与理论体系的覆盖下，突出职业教学的实用性和可操作性，同时强化实训和案例教学，通过实际故障的排除等活动来培养学生提出问题、分析问题和解决问题的能力，特别适合高职高专汽车电子技术专业、汽车检测与维修专业师生使用，也可作为成人高等教育、汽车技术培训等相关课程的教材。

本书在编写过程中在每个项目后设置了测试题，有判断、选择、填空、实际操作和案例分析题，可帮助学生顺利通过相关的课程考核，适合学生课堂和课后练习使用。

本书由淄博职业学院吴磊、李倩任主编，淄博众信车辆有限公司的张奎、淄博奥维车辆有限公司的董瑞华参与了编写，该编写组成员都具有多年的汽车维修经验，全书由吴磊统稿。

在本书的编写过程中，参阅了许多国内外公开出版和发表的文献，在此，一并表示感谢。本书虽经反复校对，但因作者水平有限，加之时间仓促，难免存在不妥或疏漏之处，诚望广大读者和同人指正。

编者

2021 年 2 月

# 目　录

# 微课目录



扫一扫　看视频

## 项目一

# 自动变速器整体认知

| 学习目标 | 学习要求 | 教学建议 |
| --- | --- | --- |
| 1. 了解自动变速器的分类。<br>2. 了解自动变速器的发展现状和趋势。<br>3. 掌握液力自动变速器的基本组成和工作过程。 | 应知：液力自动变速器的基本组成和原理。<br>应会：自动变速器各部分的名称。 | 1. 现场实物教学和多媒体教学相结合。<br>2. 以教师讲解为主，学生自学等为辅，注重启发学生。 |

## 项目准备

1. 准备完整的电控液力自动变速器实物 1 台。
2. 准备完整的电控液力自动变速器实训台 1 台。
3. 准备常用工具、专用工具各 1 套。

## 理论学习

### 一、自动变速器概述

#### 1. 汽车变速器的发展

作为汽车关键总成之一的变速器，它放大发动机的扭矩，配合发动机的功扭特性，实现理想的动力传递，从而使汽车适应各种路况的行驶。传统变速器通过利用不同的齿轮组合实现上述目的，而齿轮组合的变换是靠脚踩离合器和手动变速杆来实现的，这就是所谓的手动变速器（Manual Transmission，MT）。由于其传递动力的直接性与高效性，加上制作技术的成熟与低成本，因而装备手动变速器的汽车在现代汽车中仍然占有很大比例。

为了实现轻松换挡，取消离合器和手动换挡的变速器出现了，这就是自动变速器。汽车自动变速器最早于 1940 年第一次应用在美国通用汽车公司的奥兹莫比尔汽车上，这是一台串联行星齿轮结构的液控变速器。随着电子技术和自动控制技术的发展，自动变速技术已经越来越成熟，自动变速器的种类和形式也日益多样化。计算机与换挡变速技术的结合，有力地推动了汽车工业的发展。

#### 2. 汽车变速器自动化是全球趋势

随着国家出台的一系列汽车政策，以及油价的不断上涨，经济、环保型的电控机械式自动变速器（Automated Manual Transmission，AMT）汽车备受宠爱，受到市场各方的格外关注。

（1）油价上涨使电控汽车优势得天独厚。

在市场需求的强劲拉动下和国际游资的推波助澜下，2004 年以来国际市场原油价格不断攀升。在国内，国家发改委几次上调成品油价格。如今随着油价的持续高涨，绝大部分人的消费观念也有了深刻的变化，对于普通家庭来说，节能实用、品质优异的节能型汽车成为明智之选。

（2）国际流行深入人心。

能源的紧缺使经济发达国家也越来越重视和推崇经济型汽车，目前，美国市场上销售的经济型车占轿车总销量 60%左右；欧洲排量在 1.0L 以下的小型车年销量超 450 万辆；韩国、日本等国都不同程度地对购买节能、环保型小排量汽车给予补贴、减免税费等政策支持。

当今世界汽车工业发展突飞猛进，汽车技术日新月异，以高新技术为先导，追求更加舒适、安全和更加先进的动力、环保、经济节能是世界汽车工业的目标。汽车自动变速器也在世界汽车产业高科技化的带动下渐入佳境，并进一步向电子化、智能化、个性化发展。

（3）新能源自动变速器成为新热点。

新能源汽车是发展的必然趋势，为新能源车匹配更合适的自动变速器自然就成了摆在眼前的重要问题，而电动车搭载多速自动变速器是未来的技术趋势。无论是哪种类型的变速器，未来发展的核心都是低碳、高效、低成本，这种多技术路线相互竞争，并在竞争中发展的趋势是确定无疑的。因此，电动车下一步的发展，需要的是多挡位自动变速器。

### 3. 中国汽车市场发展的需要

近年来，我国自动变速器普及程度越来越高，并在将来成为汽车产业的必争之地。中国汽车市场正以国民购买力超过单位购买力的趋势迅猛发展，而购买国民汽车的非职业消费者正是质优价廉的自动变速汽车的热切期盼者、呼唤者。因此，如何研发制造贴近市场和消费者的汽车自动变速器，将是掌握明天中国汽车市场的至关重要的一环。

## 二、自动变速器的分类

### 1. 按结构分类

（1）液力自动变速器。

液力自动变速器（Automated Transmission，AT），是目前应用最广泛、技术最成熟的自动变速器。按照控制方式的不同，液力自动变速器可以分为液控液力自动变速器和电控液力自动变速器，目前轿车上采用的都是电控液力自动变速器；按照变速机构（机械变速器）的不同，液力自动变速器又可以分为行星齿轮自动变速器和非行星齿轮自动变速器，行星齿轮自动变速器应用最广泛，非行星齿轮自动变速器只在本田等个别车系中应用。行星齿轮自动变速器又可以分为辛普森式、拉维娜式和串联式。

（2）电控机械式自动变速器。

电控机械式自动变速器，是在原有手动、有级、普通齿轮变速器的基础上增加了电子控制系统，来自动控制离合器的接合、分离和变速器挡位的变换。机械式自动变速器由于原有的机械传动结构基本不变，所以齿轮传动固有的传动效率高、机构紧凑、工作可靠等优点被很好地继承了下来，在重型车的应用上具有很好的发展前景。

（3）双离合自动变速器。

双离合自动变速器（Double Clutch Transmission，DCT），也有人称之为 DSG（Direct Shift Gearbox），中文意思为“直接换挡变速器”，是具有双离合器的定轴齿轮变速系统，在 AMT 的基础上，增加一个离合器，并将变速器改为双轴输入。DCT 变速器能满足消费者对驾驶运动感和车辆节油的双重要求。与传统的手动变速器相比，在整个换挡期间能确保至少有一组齿轮在输出动力，使动力输出不出现间断的状况。大众的“双离合”是比较有代表性的，旗下的大部分进口车也都配有 DCT，如高尔夫 GTI、EOS、迈腾和尚酷等。

（4）无级自动变速器。

无级自动变速器（Continuously Variable Transmission，CVT），采用传动带和工作直径可变的主、从动轮相配合来传递动力，可以实现传动比的连续改变。这也是一种具有广阔发展前景的自动变速器，目前在汽车上的应用已具有一定的市场份额。常见的车型有南汽名爵 MG3 SW 1.8L，东风日产的轩逸、逍客、新天籁和新奇骏，广本飞度，奇瑞旗云 VT1F 以及奥迪 A6 的 Multitronic 等。

### 2. 按控制方式分类

自动变速器按控制方式不同，可分为液控自动变速器和电控自动变速器。

液控自动变速器是通过机械的手段，将汽车行驶时的车速及节气门开度两个参数转变为液压控制信号；阀板中的各个控制阀根据这些液压控制信号的大小，按照设定的换挡规律，通过控制换挡执行机构动作，实现自动换挡，现在使用较少。电控自动变速器是通过各种传感器，将发动机转速、节气门开度、车速、发动机水温、自动变速器液压油温度等参数转变为电信号，并输入电脑；电脑根据这些电信号，按照设定的换挡规律，向换挡电磁阀、油压电磁阀等发出电子控制信号，换挡电磁阀和油压电磁阀再将电脑的电子控制信号转变为液压控制信号，阀板中的各个控制阀根据这些液压控制信号，控制换挡执行机构的动作，从而实现自动换挡。

3. 按驱动方式分类

自动变速器按照汽车驱动方式的不同，可分为前置后驱动自动变速器（如图 1－1 所示）和前置前驱动自动变速器（如图 1－2 所示）两种，这两种自动变速器在结构和布置上有很大的不同。

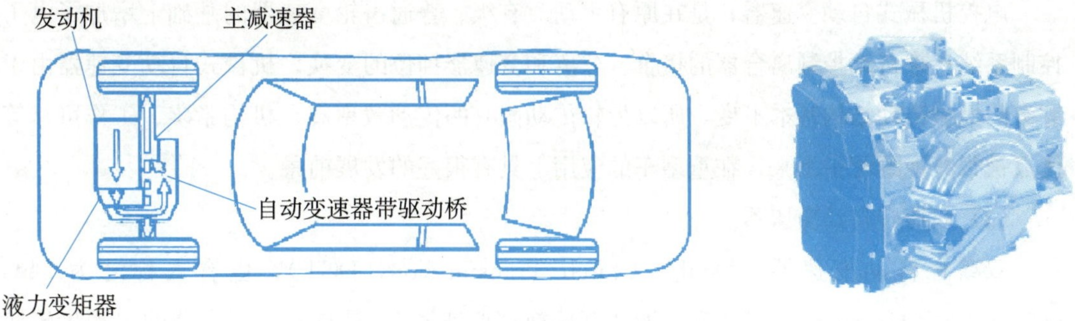


图 1－1　前置后驱动自动变速器

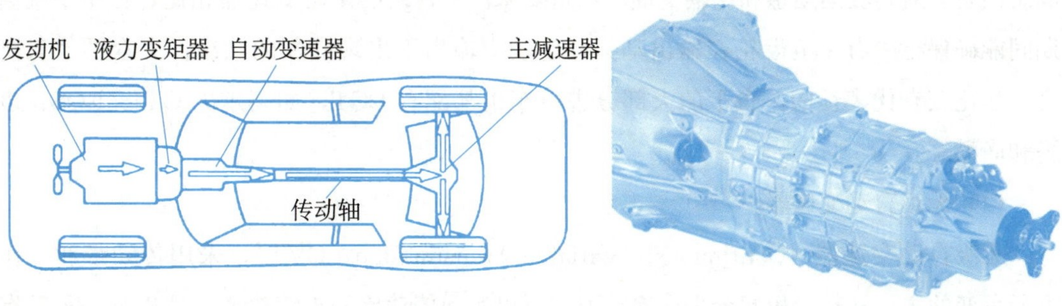


图 1－2　前置前驱动自动变速器

前置后驱动自动变速器的变矩器和齿轮变速器的输入轴及输出轴在同一轴线上，发动机的动力经变矩器、自动变速器、传动轴、后驱动桥的主减速器、差速器和半轴传给左右两个后轮。这种发动机前置、后轮驱动的布置形式，其发动机和自动变速器都是纵置的，因此轴向尺寸较大，在小型客车上布置比较困难。后驱动自动变速器的阀板总成一般布置在齿轮变速器下方的油底壳内。

前置前驱动自动变速器除了具有与后驱动自动变速器相同的组成部分外，在自动变速器的壳体内还装有差速器。前驱动汽车的发动机有纵置和横置两种。纵置发动机的前驱动自动变速器的结构和布置与后驱动自动变速器基本相同，只是在后端增加了一个差速器。横置发动机前驱动自动变速器由于汽车横向尺寸的限制，要求有较小的轴向尺寸，因此通常将输入轴和输出轴设计成两个轴线；变矩器和齿轮变速器输入轴布置在上方，输出轴布置在下方。这样的布置减少了变速器总体的轴向尺寸，但增加了变速器的高度，因此常将阀板总成布置在变速器的侧面或上方，以保证汽车有足够的最小离地间隙。

4. 按自动变速器前进挡的挡位数分类

按照自动变速器变速杆置于前进挡时的挡位数，自动变速器可以分为 4 挡、5 挡、6 挡等。

自动变速器是当今汽车动力总成的重要部件，由于其担负着将发动机扭矩传递到车轮扭矩输出，所以自动变速器的效率和寿命直接关系到整车的动力性能。变速范围较窄的低速自动变速器，比如四速自动变速器，已经不能充分满足现在汽车各工况的设计要求，一些新型轿车已采用 5 挡和 6 挡的自动变速器。

现在自动变速器正不断地向更高端的层次发展，直接的具体表现就是挡位数量在不断增加，从 6 挡到 7 挡再到 8 挡，甚至 9 挡自动变速器也已经应用在一些商务车上，如路虎极光、奔驰和凯迪拉克等车型。

5. 按齿轮变速器的类型分类

自动变速器按齿轮变速器的类型不同，可分为普通齿轮式和行星齿轮式两种。

普通齿轮式自动变速器体积较大，最大传动比较小，使用较少。行星齿轮式自动变速器结构紧凑，能获得较大的传动比，为绝大多数轿车采用。

## 三、自动变速器的优缺点

1. 优点

(1) 更好的驾驶性能。自动变速器能根据汽车行驶工况，自动控制升降挡，以获得最佳的燃油经济性和动力性，使得驾驶性能与驾驶员的技术水平关系不大，因而特别适用于非职业驾驶。

(2) 良好的乘坐舒适性。自动变速装置的挡位变换不但快而且平稳，提高了汽车的乘坐舒适性。

(3) 较好的行车安全性。在车辆行驶过程中，驾驶员必须根据道路、交通条件的变化，对车辆的行驶方向和速度进行改变和调节。自动变速的车辆，取消了离合器踏板和变速杆，只要控制加速踏板，就能自动变速，从而减轻了驾驶员的疲劳强度，使行车事故率降低，提高了行驶安全性。

(4) 降低排放污染。发动机在怠速和高速运行时，排放的废气中一氧化碳或碳氢化合物的浓度较高，而自动变速器的应用，可使发动机经常处于经济转速区域内运转，从而减少燃油消耗，净化尾气排放，减少对环境的污染。

2. 缺点

(1) 结构较为复杂。与手动变速器相比，自动变速器的结构较复杂，零件加工难度大，生产成本较高，价格昂贵。

（2）维修难度大。自动变速器结构复杂，需要较高的维修技术，故障不易诊断，保养和维修费用较高。

（3）传动效率略低。与手动变速器相比，自动变速器的效率不够高。当然，通过与发动机的匹配优化、液力变矩器锁止、增加挡位数等措施，可使自动变速器的效率接近手动变速器的水平。

（4）整车的制造成本和车辆在某些工况及场合下的运行油耗略有增高。

## 项目实施

### 一、结构认知

自动变速器的厂牌型号很多，外部形状和内部结构也有所不同，但其组成基本相同，都是由液力变矩器和齿轮式自动变速器组合起来的。常见的组成部分有液力变矩器、行星齿轮机构、离合器、制动器、油泵、滤清器、管道、控制阀体、速度调压器等，按照这些部件的功能，可将它们分成液力变矩器、齿轮变速机构、换挡执行机构、液压控制系统和电子控制系统五大部分，其结构如图 1－3 所示，控制原理如图 1－4 所示。

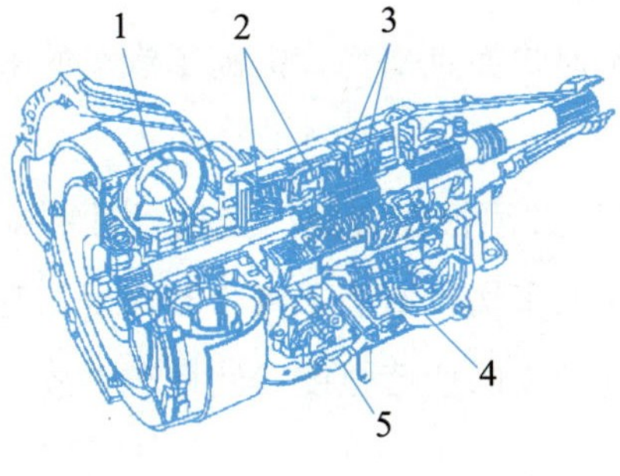


图 1－3　自动变速器结构简图

1—液力变矩器；2—换挡执行机构；3—齿轮变速机构；4—液压控制系统；5—电子控制系统

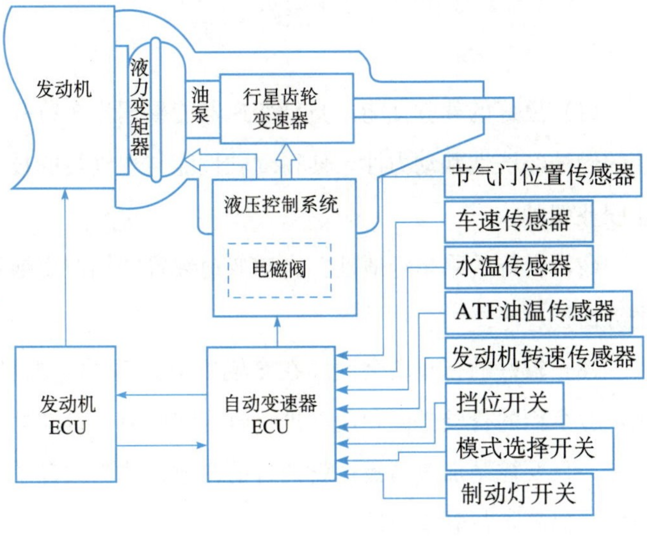


图 1－4　自动变速器控制原理图

#### 1. 液力变矩器

液力变矩器位于自动变速器的最前端，安装在发动机的飞轮上，其作用与采用手动变速器的汽车中的离合器相似。它利用油液循环流动过程中动能的变化将发动机的动力传递给自动变速器的输入轴，并能根据汽车行驶阻力的变化，在一定范围内自动地、无级地改变传动比和扭矩比，具有一定的减速增扭功能，如图 1－5 所示。

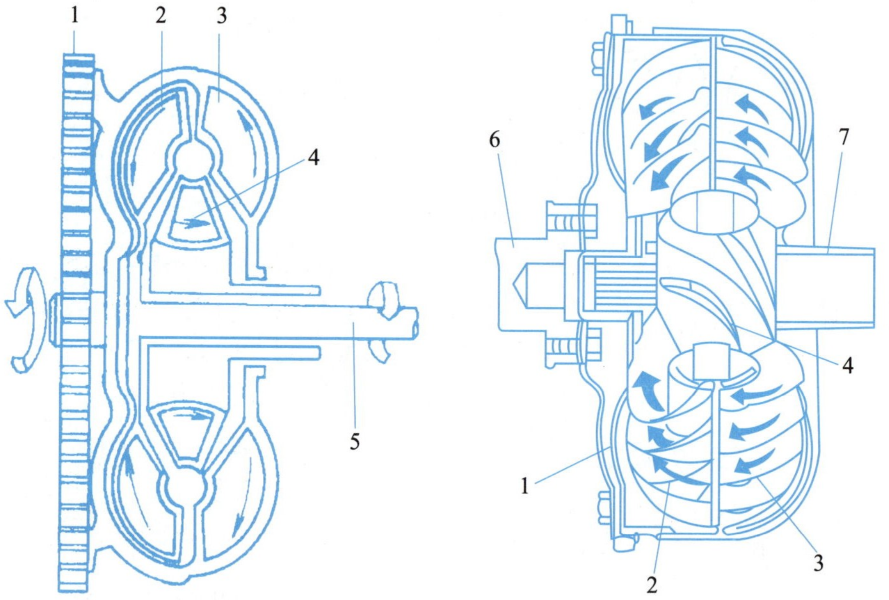


(a) 结构简图　　(b) 工作示意图

图 1－5　液力变矩器

1—飞轮；2—涡轮；3—泵轮；4—导轮；5—变矩器输出轴；6—曲轴；7—导轮固定套管

### 2. 齿轮变速机构

自动变速器中的齿轮变速机构所采用的形式有普通齿轮式和行星齿轮式两种。采用普通齿轮式的变速器，由于尺寸较大，最大传动比较小，只有少数车型采用。目前绝大多数轿车自动变速器中的齿轮变速器采用的是行星齿轮式。

行星齿轮机构，是自动变速器的重要组成部分之一，主要由太阳轮（也称中心轮）、内齿圈、行星架和行星齿轮等元件组成。行星齿轮机构是实现变速的机构，速比的改变是通过以不同的元件作主动件和限制不同元件的运动而实现的。在速比改变的过程中，整个行星齿轮组还存在运动，动力传递没有中断，因而实现了动力换挡。

### 3. 换挡执行机构

换挡执行机构主要用来改变行星齿轮中的主动元件或限制某个元件的运动，改变动力传递的方向和速比，主要由多片式离合器、制动器和单向超越离合器等组成，如图 1－6 所示。离合器的作用是把动力传给行星齿轮机构的某个元件使之成为主动件。制动器的作用是将行星齿轮机构中的某个元件抱住，使之不动。单向超越离合器也是行星齿轮变速器的换挡元件之一，其作用和多片式离合器及制动器基本相同，也是用于固定或连接几个行星排中的某些太阳轮、行星架、齿圈等基本元件，让行星齿轮变速器组成不同传动比的挡位。

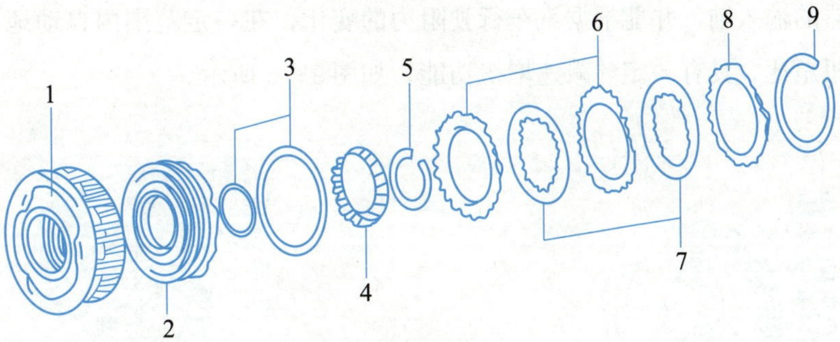


(a)离合器

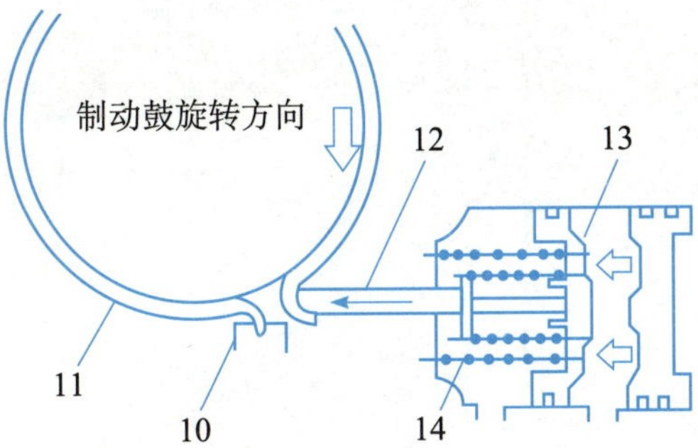


(b)制动器

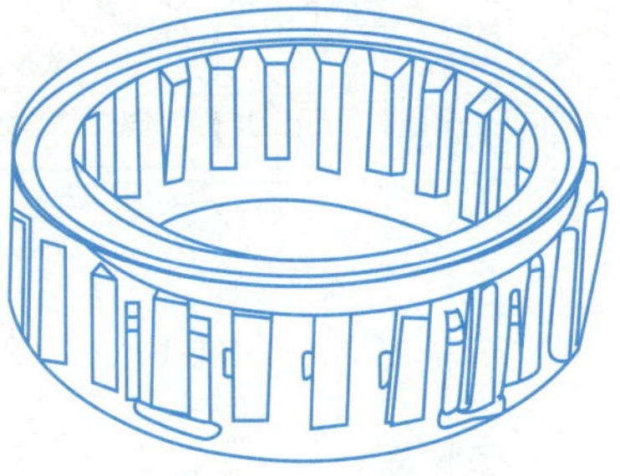

(c)单向超越离合器

**图 1-6　电控自动变速器的换挡执行元件**

1—离合器鼓；2、13—活塞；3—O 形密封圈；4—回位弹簧及弹簧座；5、9—卡环；6—钢片；7—摩擦片；8—挡圈；10—变速器壳体；11—制动带；12—活塞顶杆；14—弹簧

### 4. 液压控制系统

自动变速器的液压控制系统主要由油泵、油箱、滤清器、调压阀及管道组成。油泵是自动变速器最重要的总成之一，它通常安装在变矩器的后方，由变矩器壳后端的轴套驱动。在发动机运转时，不论汽车是否行驶，油泵都在运转，为自动变速器中的变矩器、换挡执行机构、自动换挡控制系统提供一定油压的液压油。油压的调节由调压阀来实现。

### 5. 电子控制系统

驾驶员通过自动变速器的操纵手柄改变阀板内的手动阀位置，控制系统根据手动阀的位置、节气门开度、车速、控制开关的状态等因素，按照一定的规律控制齿轮变速器中的换挡执行机构的工作，使自动换挡控制系统能根据发动机的负荷（节气门开度）和汽车的行驶速度，按照设定的换挡规律，自动地接通或切断某些换挡离合器和制动器的供油油路，使离合器结合或分开、制动器制动或释放，以改变齿轮变速器的传动，从而实现自动换挡。

## 二、工作过程

用完整的电控液力自动变速器实训台或用多媒体演示其工作过程如下：

自动变速器之所以能够实现自动换挡是因为工作中油门的位置或发动机进气歧管的真

空度和汽车的行驶速度能指挥自动换挡系统工作，自动换挡系统中各控制阀不同的工作状态将控制变速齿轮机构中离合器的分离与接合以及制动器的制动与释放，并改变变速齿轮机构的动力传递路线，实现变速器挡位的变换。

传统的液力自动变速器根据汽车的行驶速度和节气门开度的变化，自动变换挡位。其换挡控制方式是将车速和节气门开度信号转换成控制油压，并将该油压加到换挡阀的两端，以控制换挡阀的位置，从而改变换挡执行元件（离合器和制动器）的油路。这样，工作液压油进入相应的执行元件，使离合器结合或分离，制动器制动或松开，控制行星齿轮变速器的升挡或降挡，从而实现自动变速。

电控液力自动变速器是在液力自动变速器基础上增设电子控制系统而形成的。它通过传感器和开关监测汽车与发动机的运行状态，接收驾驶员的指令，并将发动机转速、节气门开度、车速、发动机冷却液温度、自动变速器液压油温等参数，转变为电信号输入到电控单元（ECU）。电控单元根据这些信号，通过电磁阀控制液压控制装置的换挡阀，使其打开或关闭通往换挡离合器和制动器的油路，从而控制换挡时刻和挡位的变换，实现自动换挡，如图 1 - 7 所示。

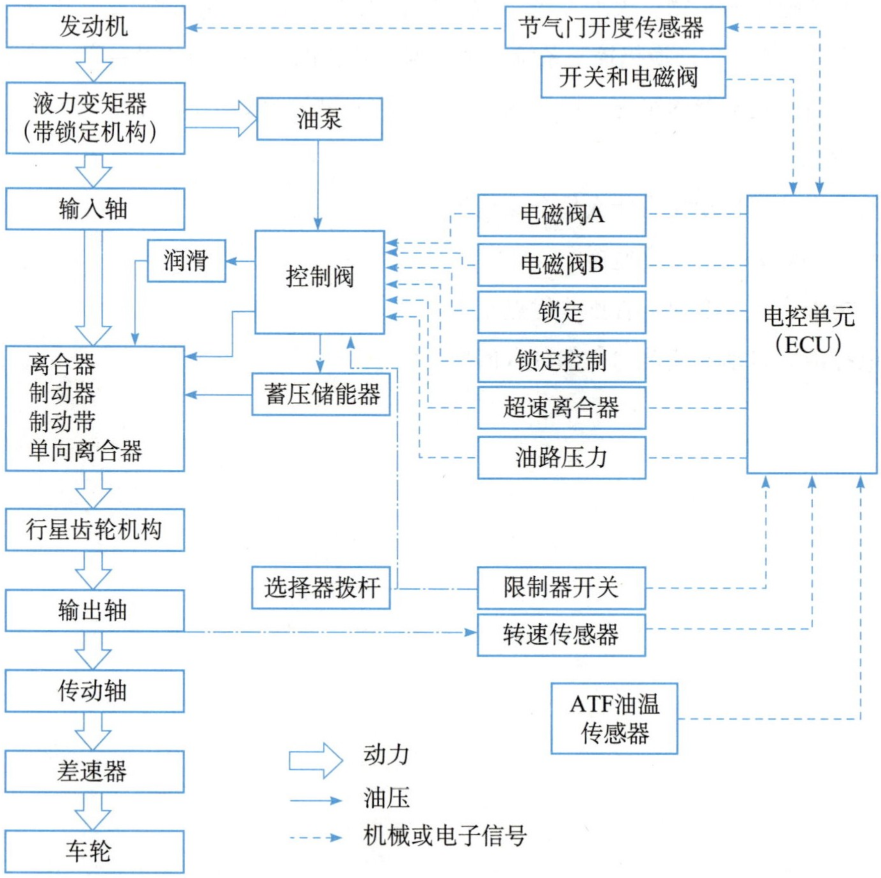


图 1 - 7　电控自动变速器的工作过程

## 测试题

### 一、填空题

1. 自动变速器按结构分为________、________、________、________。

2. 自动变速器按控制方式分为________、________两种。

3. 自动变速器按驱动方式分为________、________两种。

4. 自动变速器按齿轮变速器的类型不同，可分为________和________两种。

5. 大众的“双离合自动变速器”是比较有代表性的，旗下大部分进口车也都配有DCT，如________、________、________和________等。

6. 常见自动变速器按照部件的功能分为________、________、________、________、________五大部分。

7. 电控液力自动变速器通过________和________监测汽车与发动机的运行状态，接收驾驶员的指令。

### 二、实际操作题

1. 对照变速器的实物、模型或图片说明电控液力自动变速器的液力变矩器、齿轮变速机构、供油系统、自动换挡控制系统、换挡操纵机构的组成部分以及各部分的功能。

2. 对照自动变速器的实物、模型或图片说明自动变速器的工作过程。

### 三、思考题

1. 汽车变速器自动化为什么是全球趋势？

2. 什么是双离合自动变速器？

3. 电控液力自动变速器有哪些优点？

4. 电控液力自动变速器的各部分有何作用？

## 项目二

# 自动变速器的使用与维护

| 学习目标 | 学习要求 | 教学建议 |
| --- | --- | --- |
| 1. 检查变速杆的位置是否正确。<br>2. ATF油的例行检查和更换。<br>3. 节气门拉索的检查和调整。<br>4. 空挡起动开关的检查和调整。<br>5. 发动机怠速检查和调整。 | 应知：自动变速器的变速杆的功能。<br>应会：能够实操检查、更换ATF油；能够对节气门拉索、变速杆位置、空挡起动开关和发动机怠速进行检查和调整。 | 1. 以教师讲解和示范为主，并可结合多媒体课件或录像组织教学。<br>2. 可由学生分组检查和更换ATF油，对节气门拉索、变速杆位置、空挡起动开关和发动机怠速进行检查和调整，然后由教师总结。 |

## 项目准备

1. 完整的电控液力自动变速器实物1台。
2. 电控液力自动变速器解剖教具1台。
3. 常用工具、专用工具各1套。

## 理论学习

自动变速器汽车具有操纵简单、乘坐舒适、动力性和经济性较好等特点，但是只有在正确地掌握自动变速器的使用和维护方法之后，才能充分发挥这些功能，提高其使用效益。

### 一、挡位的使用

自动变速器汽车的变速杆相当于手动变速器的变速杆，大多装置在驾驶员侧地板上，一般有4～7个位置挡位。丰田车系操纵手柄的位置为：P、R、N、D、2、L（如图2-1所示）。这几个挡位的正确使用

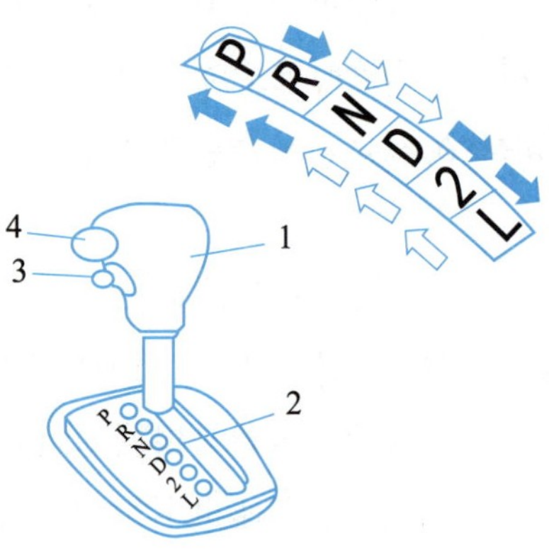


图2-1　自动变速器变速杆位置示意图

1—手柄；2—变速器手柄位；3—超速挡开关；4—锁止按钮

对于驾驶自动变速器汽车的人来说尤其重要。

1. P 位：驻车挡

只有车辆完全停稳时，才可挂入该挡。挂入该挡后，驱动车轮被机械装置锁止而使车轮无法转动，同时拉紧驻车制动，防止汽车移动。

若想将变速杆移出该位置，需踏下制动踏板并按下变速杆手柄上的锁止按钮。

2. R 位：倒挡

只有当车辆静止且发动机怠速运转时，才可挂入倒挡。按下变速杆手柄按钮，即可将变速杆移入或移出倒挡。在车辆前行时，不要误将变速杆挂入倒挡，特别是在变速器处于应急状态时，千万不能在前行中挂入倒挡，那样会使自动变速器严重损坏。

由于自动变速器汽车不像手动变速器汽车那样能够使用半联动，故在倒车时要特别注意加速踏板的控制。

3. N 位：空挡

变速杆置于此位置时，所有机械变速器的齿轮机构将空转，不能输出动力。在点火开关打开的状态下，车辆静止或车速低于 5km/h 时，挂入该挡后，变速杆会被锁止电磁铁锁止。若想移出该挡，需踏下制动踏板，同时按下手柄按钮，在车速高于 5km/h 时，只需按下手柄按钮即可将变速杆移入或移出空挡。

在等待信号或堵车时常常将变速杆保持在 D 位，同时踩下制动。若时间很短，这样做是允许的，但若停止时间长时最好换入 N 位，并拉紧驻车制动。因为变速杆处在行驶位置时，自动变速器汽车一般都有微弱的行驶趋势，长时间踩住制动，等于强行制止这种趋势，使得变速器油温升高，油液容易变质，尤其在空调器工作、发动机怠速较高的情况下更为不利。

有些驾驶员为了节油，在高速行驶或下坡时将变速杆扳到 N 位滑行，这很容易烧坏变速器，因为这时变速器输出轴转速很高，而发动机却在怠速运转，会造成油泵供油不足，润滑状况恶化，易烧坏变速器。

4. D 位：前进挡

一般情况下可选用此挡，在 D 位位置，变速器控制单元根据车速及发动机负荷等参数，控制变速器在 1～4 挡中自由切换。

由于自动变速器是根据油门大小与车速高低来确定挡位的，所以加速踏板的操作方法不同，换挡时的车速也不相同。如果起步时迅速将加速踏板踩下，升挡晚，加速能力强，到一定车速后，再将加速踏板很快松开，汽车就能立即升挡，这样发动机噪声小，舒适性好。

D 位的另一个特点是强制低挡，便于高速时超车，在 D 位行驶中迅速将加速踏板踩到底，接通强制低挡开关，就能自动降挡，汽车将很快加速，超车之后松开加速踏板又可自动升挡。

5. 2 位

2 位为高速发动机制动挡，遇到较长距离的坡路时选用此挡。控制单元根据行驶速度及节气门的开度变化，控制车辆在 1～3 挡中自动换挡，这样一方面避免了挂入不必要的高速挡，另一方面在下坡时可更好地利用发动机的制动效果。

6. L 位

L 位为低速发动机制动挡。在上下非常陡峭的坡路时选用此挡，挂入 L 挡后，汽车总处于 1～2 挡行驶状态，而不会升入其他高挡位，这样一方面可以保证在爬坡时有足够的动力，另一方面在下坡时发动机制动效果更强。

## 二、挡位控制开关的使用

各种车型上都装有许多控制开关，正确地掌握和使用这些控制开关，对于驾驶自动变速器汽车来说非常重要。

1. 超速挡控制开关

4 挡自动变速器的第 4 挡通常是超速挡。在平坦的道路上用此挡行驶时，发动机转速较低，可以减少发动机噪声、磨损，并能降低油耗，在坡道上行驶时，应视情况将超速挡控制开关切断。

2. 换挡模式选择开关

为了适应不同条件下的经济性和动力性要求，电子控制自动变速器上一般都装有换挡模式选择开关，如图 2－2 所示。

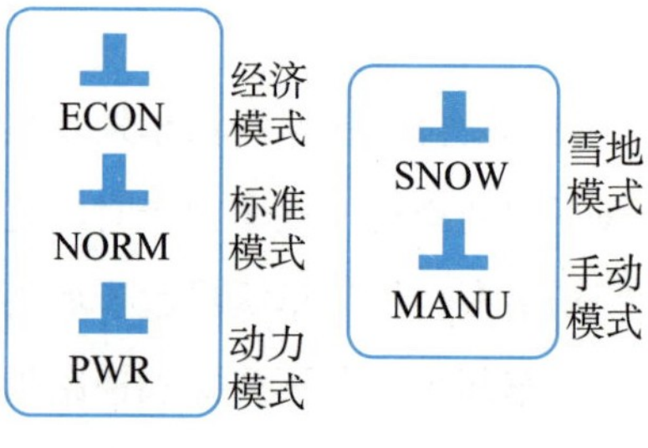

图 2－2 换挡模式选择开关

（1）经济模式（ECON）。

在一般城市道路行驶时，接通经济模式，可以降低油耗。在经济模式下相同的油门开度，升挡车速较高。有的车型没有专用的经济模式开关，但在动力模式开关和手动模式开关都切断的情况下，自动成为经济模式。也有的车型有自动模式开关，其换挡特性即为经济特性。

（2）标准模式（NORM）。

标准模式也称普通模式，此模式兼顾经济性和动力性，介于经济模式和动力模式之间。

（3）动力模式（PWR）。

在上坡及山路上行驶或希望发动机在高转速下工作时，可选择动力模式，这时汽车的加速能力增强。

（4）雪地模式（SNOW）。

雪地模式可使发动机在低转速和低转矩工况运行，防止车轮打滑，车辆失控。

（5）手动模式（MANU）。

当手动模式开关接通时，自动变速器不再自动换挡，起步行驶时需如手动变速器一样进行相应的换挡操作。手动模式一般用在雨雪等滑溜路面以及希望挡位固定不变的场合。

### 3. 巡航控制开关

有些高级进口轿车在转向柱或仪表板上装有这一开关。一般在长途行驶时，在规定车速以上接通此开关，汽车即能匀速持续行驶，这样可方便驾驶，降低油耗。在巡航控制开关接通以后，只要踩制动即可解除这一控制。

### 4. 定挡行驶控制开关

该开关断开时，各位置的作用与一般的自动变速器无异，而该开关接通时，则D位高速时固定在3挡行驶，低速时固定在2挡行驶，2位固定在2挡，L位固定在1挡，因此在冰雪路面上起步及山区行驶时就非常方便。例如，D位4挡下坡时，若需要发动机制动，就可接通此开关，变速器中4挡自动降为3挡，再从D位扳到2位可得到2挡，发动机制动效果显著。

## 三、自动变速器汽车的驾驶及操作

### 1. 起动和起步

在起动自动变速器汽车发动机时，必须将变速杆置于P位或N位，并拉紧驻车制动或踩下制动踏板。汽车起步时应先踩下制动踏板，挂挡后，松开驻车制动，然后平稳地抬起制动踏板，待汽车缓慢起步后再逐渐踩下加速踏板。汽车起步时还应注意：发动机起动后、汽车起步前，不要踩加速踏板；挂挡时，不要松开制动踏板；起步后，加速踏板不要踩得过急、过猛，应缓慢地踩下；在冬季，发动机起动后最好不要立即起步，应等发动机转速降下来后再起步。

### 2. 行车

（1）在平缓道路上行驶。

在坡度较缓的道路上行驶时，可将变速杆置于D位，这样汽车可根据油门大小和车速高低来自动变换挡位，不是“只要D位起步一直加大节气门开度就可以升入高速挡”。正确的操作是在车速达到一定值后，“收油门提前升挡，踩油门提前降挡”。比如：车速升到40km/h，节气门开度为半开时，快松加速踏板，就能升高一个挡位，加速到85km/h，再松加速踏板又能升高一个挡位；降挡时，达到一定车速，稍踩加速踏板，即可降至低一级挡位，再次踩加速踏板又降低一个挡位。

（2）在坡道上行驶。

如果是一般的小坡道，可在D位下用加速踏板和制动踏板来控制汽车的上、下坡速度。如遇较长的陡坡，应将变速杆从D位移至2位或L位（视坡度而定）。这样可以避免在D位上坡时，因高挡位的动力不足而造成自动变速器“循环跳挡”（不断地减挡、加挡），加剧自动变速器换挡执行元件的磨损。而下坡时，在2位或L位下则可以利用发动机的怠速牵制作用来控制车速。

（3）在雪地或泥泞路面上行驶。

此时，应将变速杆从D位移至2位或L位。对于有驾驶模式选择键的自动变速器，还可按道路情况变换驾驶模式，然后手动换入适当的挡位行驶。

（4）超车。

当需要超车时，迅速将节气门的开度增大，这时自动变速器会自动降低一个挡位，汽车的动力性增强，可获得强烈的加速效果。待加速达到要求后，应立即松开加速踏板（自动变速器又自动升入高挡），以避免发动机的转速过高和对高挡换挡执行元件造成过大的冲击。在汽车行驶中，若非紧急超车等情况，尽量不要将加速踏板迅速踩到底，因为这样做自动变速器会进行“强制低挡”控制，即自动变速器立即强制换入低挡，容易使发动机转速过高，造成自动变速器中摩擦片磨损加剧和自动变速器油温过高。

### 3. 换挡

行驶中，用变速杆变速时，不要踩下加速踏板，挂上挡位后也不要立即猛踩加速踏板，否则，会使自动变速器中的离合器、制动器受损。切忌在车速很高的情况下从D位换入S位或L位，否则会引起发动机强烈的制动作用，使低挡换挡执行元件受到较剧烈的摩擦而损坏。因此，应在车速下降以后再从高挡位换入低挡位。另外，在换入低挡位后，不要猛踩加速踏板，否则容易使发动机的转速过高，造成自动变速器中的摩擦片磨损加剧和自动变速器油温过高。

### 4. 倒车

需要倒车时，应在汽车完全停稳后再将变速杆移至R位，否则会损坏自动变速器中的换挡执行元件或停车锁止机构。如果是在平坦的路面上倒车，松开制动踏板和驻车制动后，以发动机的怠速缓慢倒车即可，无须踩加速踏板。如果倒车中要越过台阶或其他障碍物，应缓慢踩下加速踏板，并在越过障碍物后及时制动。

### 5. 停车

若停车时间很短，可在D位下踩住制动踏板停车，这样松开制动踏板可立即起步，但要注意在停车过程中制动踏板不能有松动，否则，汽车将出现蠕动，可能碰上前面的汽车。若停车时间稍长，可在D位下踩住制动踏板的同时，拉紧驻车制动。若停车时间较长，最好将变速杆置于N位，并拉紧驻车制动后松开制动踏板，以免造成自动变速器油温过高和因制动时间过长而使制动灯消耗过多的蓄电池电能。此外，不要让发动机在N位下长时间怠速运转，否则会使自动变速器油因循环不畅而导致温度升高。因为在发动机怠速驱动下的油泵，其泵油量小，液力变矩器内的自动变速器油因得不到及时循环流动而导致温度升高。因此，如果停车时间较长，又不想让发动机熄火，最好在这期间踩几次加速踏板，使液力变矩器内过热的油能循环流动，通过冷却器而使温度下降。汽车在停放的位置停下后，应踩住制动踏板，将变速杆置于P位，并拉紧驻车制动，然后关闭点火开关，使发动机熄火。

6. 牵引

当发动机发生故障，车辆需要牵引时，最好用专用拖车将被拖车辆的驱动轮托高地面后实施牵引，如果无专用拖车则将变速器手柄置于N位，保持极低车速（<20km/h），短距离（<30km）牵引车辆。

## 项目实施

自动变速器的很多常见故障是由于发动机怠速不正常、自动变速器液（Automatic Transmission Fluid，ATF）液面高度不正确、油质不良、变速杆位置不准确等原因造成的，对这些方面的检查就是自动变速器的初步检查。初步检查是自动变速器检修中要首先进行的，具体包括：ATF检查和更换、节气门拉索检查和调整、变速杆位置检查和调整、空挡起动开关检查和调整、超速挡开关检查以及发动机怠速检查和调整。这些项目也是自动变速器维护所需进行的项目。

### 一、ATF检查和更换

1. ATF的特性

由于ATF工作特点的不同，其在性能上有别于其他油液，主要有以下特性：

（1）较好的黏温性。黏度过大过小都会使变速器传动效率下降，而黏度又随温度而变化。因此，要求ATF低温时黏度不要太大，高温时黏度不能太小。

（2）较高的氧化安定性。自动变速器在工作中，其离合器等零件温度高达300℃。在高温下油液与空气作用会生成一种胶质黏附在阀体及各运动零件上，影响系统的正常工作。因此，要求ATF具有较高的氧化安定性。

（3）良好的防腐防锈性。零件的腐蚀或锈蚀，会造成系统工作失灵损坏。因此，要求

ATF具有良好的防腐防锈性。

（4）良好的抗泡沫性。油液中的泡沫会影响传动油的正常循环，并有可能使各挡离合器一直处于不能彻底分离或不能完全结合的状态，使自动变速器无法正常工作。因此，要求ATF具有良好的抗泡沫性。

（5）抗磨性强。要求ATF既能良好地润滑各运动副，但摩擦系数又不能太小，否则离合器将难以接合。

（6）较好的剪切稳定性。液力变矩器中，传动油受到强大的剪切力，如油的剪切稳定性差，则变矩器会出现打滑现象，降低变矩器的传递效率，还会出现换挡不平稳、脱挡等故障。

### 2. 型号选择

ATF的型号有很多种，国内常见的轿车ATF有福特汽车公司FORD Mercon规格标准和通用汽车公司GM Dexron标准。美国材料试验协会和美国石油协会将ATF分为三类：即PTF-1、PTF-2和PTF-3。较老的车型使用ATF时需认清型号，ATF型号不同，其摩擦系数不一样。若应使用GM标准而错用FORD标准，则会使自动变速器发生换挡冲击和制动器、离合器突然啮合的现象。反之，则会引起自动变速器内离合器、制动器打滑，加速摩擦片早期磨损。

我国也有自己的产品标号，即“6号”ATF和“8号”ATF。欧洲的个别汽车制造商如宝马等，也有自己的特殊规格的专用ATF，是由汽车制造商指定的油品商贴牌生产的。

### 3. ATF液面高度的检查

ATF液面高度过高会导致主油压过高，从而出现换挡冲击振动、换挡提前等故障，还会导致空气进入ATF；如果ATF液面高度过低则又会导致主油压过低，从而出现换挡滞后、离合器和制动器打滑等故障。一般车辆经过1万公里的行驶里程就要检查ATF液面高度。

检查时应按以下步骤进行：

（1）行驶车辆，使发动机冷却液温度和自动变速器ATF油温度达到80℃左右。

（2）将车水平放置，保持发动机怠速运转，将变速杆移到L位，再从L位移到P位。通过每个挡位时稍有停留，确保每个挡位啮合和脱开。

（3）打开发动机舱盖，拉起油尺端锁杆，拔出油尺擦干，然后将其推到油底。

（4）拉出油尺读取液面高度，检查油面是否在HOT范围，如图2-3所示；如果不在，应加油。

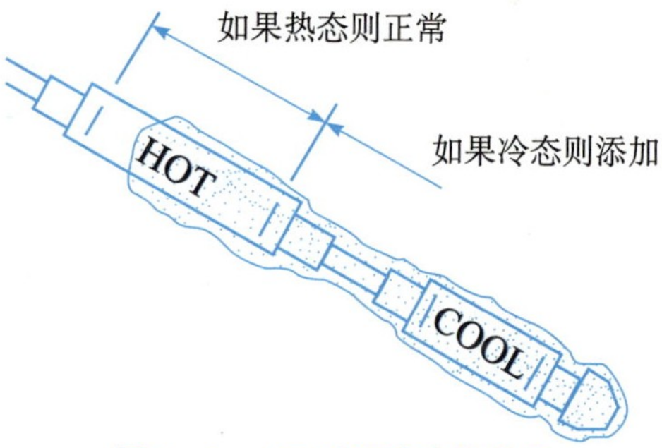


图2-3　ATF液面高度的检查

在 ATF 的检查过程中，一定要保证干净，避免尘土微粒进入变速器，导致变速器过早损坏。

如果发现变速器油面出现不正常现象，首先进行简单的目视检查，看看是否存在明显的泄漏或者其他故障，最好还是送到特约售后服务中心进行检查和故障排除。

### 4. ATF 的质量检查

从 ATF 油质中可以了解自动变速器的具体损坏情况。油质的好坏主要从以下几个方面去判断：

（1）颜色：ATF 正常颜色为鲜亮、透明的红色，如果发黑则说明已经变质或有杂质，如果呈粉红色或白色则说明油冷却器进水。

（2）气味：正常的 ATF 没有气味，如果有焦煳味，说明 ATF 过热，有摩擦材料烧蚀。

（3）杂质：如果 ATF 中有金属切屑，说明有元件严重磨损或损伤；如果 ATF 中有胶质状油，说明 ATF 因油温过高或使用时间过长而变质。

检查 ATF 油质时，从油尺上闻一闻油液的气味，在手指上点少许油液，捻搓看是否有颗粒，或将油尺上的油液滴在干净的白纸上，检查油液的颜色及气味。

若 ATF 变色或有焦臭味，应尽快将汽车送到修理厂进行拆检。

### 5. ATF 的更换

ATF 的更换间隔一般为 2 万～4 万公里或 24 个月，也有的自动变速器 10 万公里里程后更换即可。具体方法和步骤如下：

（1）拆下放油塞，将 ATF 排放到容器中，如图 2－4 所示。

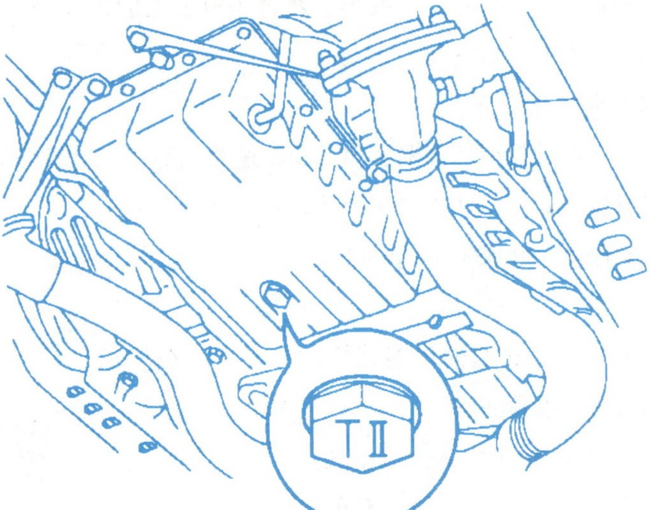

图 2－4　更换 ATF

（2）再将放油塞紧固上。

（3）发动机熄火，通过加油管加入新油。

（4）起动发动机，将变速杆由 P 位换至 L 位，再退回 P 位。

（5）检查油位，应在“COOL”范围内。

（6）在正常温度（70℃～80℃）时检查油位，必要时加油。

需要说明的是，有些自动变速器如丰田新皇冠的 A761E，不采用上述的方式。加注或更换 ATF 时，先拆下注液塞和溢流塞，从注液孔处注入 ATF 直到油液从溢流孔流出即可。

ATF 的选择要按照厂家的推荐。

## 二、节气门拉线检查和调整

节气门的开度会影响自动变速器的换挡时间，发动机熄火后，节气门应全闭，当加速踏板踩到底时，节气门应全开。节气门拉索调整不当会导致自动变速器工作不正常。如果节气门拉索过松，则节气门油压会过低，主油压会偏低，产生换挡滞后、换挡打滑；如果节气门拉索过紧，则节气门油压会过高，主油压会偏高，产生换挡提前、换挡冲击。

常见的节气门拉索检查和调整如图 2－5 所示。其调整步骤为：

（1）推动加速踏板连杆，检查油门是否全开，如油门不全开，则应调整加速踏板连杆。

（2）把加速踏板踩到底。

（3）把调整螺母拧松。

（4）调整油门拉索。

（5）拧动调整螺母，使橡胶套与拉索止动器间的距离为 0～1mm。

（6）拧紧调整螺母。

（7）重新检查调整情况。

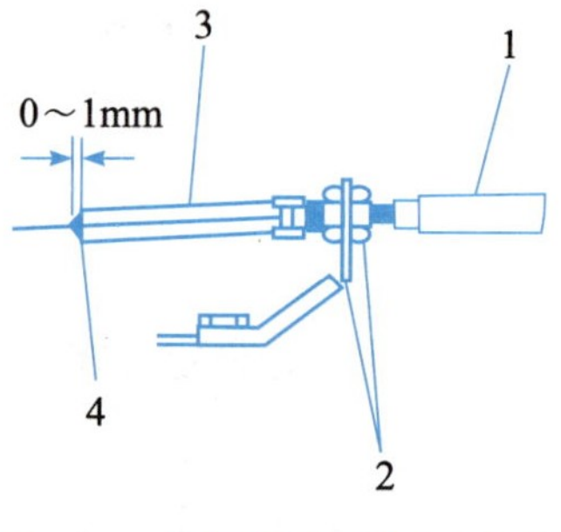


图 2－5　节气门拉索检查和调整

1—橡胶套；2—调整螺母；3—拉索止动器；4—索芯

## 三、变速杆位置检查和调整

将变速杆自 N 位换到其他挡位，检查变速杆是否能平稳而又精确地换到其他挡位。同时检查挡位指示器是否正确地指示挡位。

如果挡位指示器与正确挡位不一致，则进行下述调整：

（1）松开变速杆上的螺母，如图 2－6 所示。

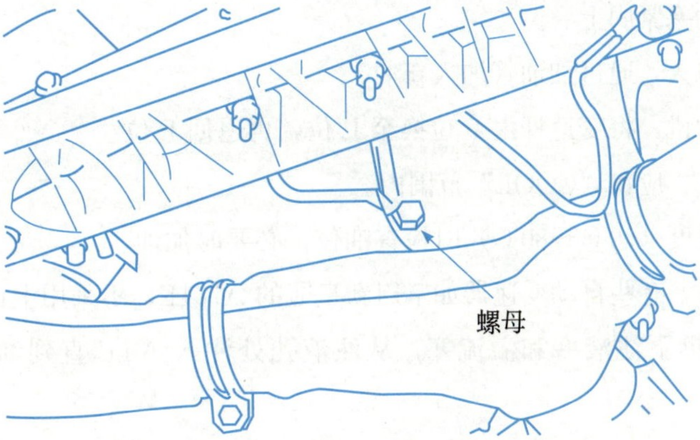


图 2-6　松开变速杆上的螺母

（2）将控制轴杆向后推足，然后将控制轴杆退回两个槽口到 N 位，如图 2-7 所示。

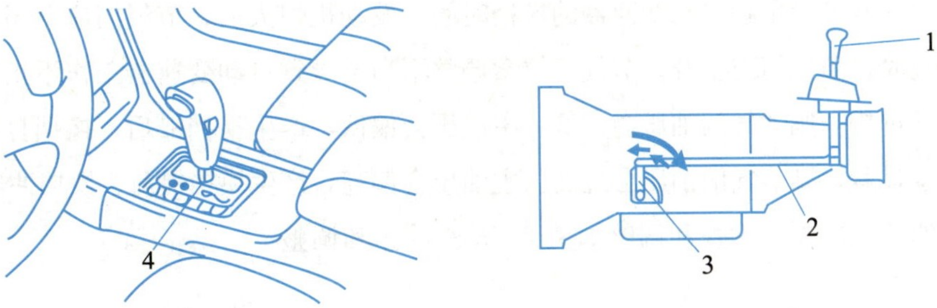


图 2-7　变速杆位置的调整

1—变速杆；2—控制轴杆；3—手动阀摇臂；4—空挡位置

（3）将变速杆定位在 N 位。

（4）稍稍朝 R 位定位变速杆，拧紧变速杆螺母。

（5）起动发动机，确认变速杆自 N 换到 D 位时，车辆向前移动，而换到 R 位时，车辆后退。

## 四、空挡起动开关检查和调整

将变速杆拨至各个挡位，检查挡位指示灯与变速杆位置是否一致，P 位和 N 位时发动机能否起动，R 位时倒挡灯是否亮起。发动机应只能在 N 位和 P 位时起动，其他挡位不能起动，若有异常，则应进行如下调整，如图 2-8 所示：

（1）松开挡位开关的固定螺钉，将变速杆放到 N 位。

（2）将槽口对准空挡基准线。

（3）定位位置并按规定力矩拧紧螺栓。

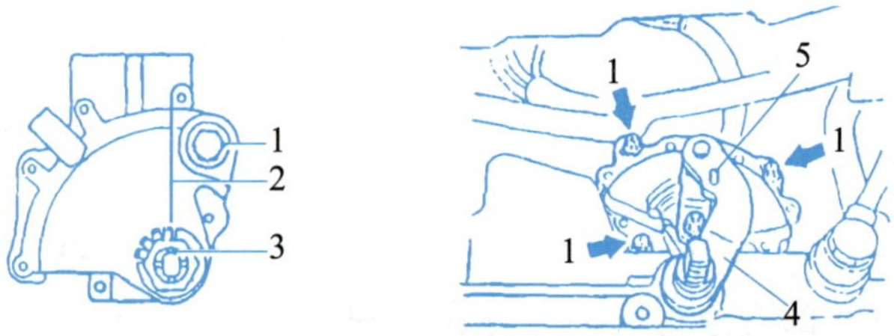


图 2-8 空挡起动开关的调整

1—固定螺钉；2—基准线；3—槽口；4—摇臂；5—调整用定位销

## 五、超速挡开关检查

对部分车型而言，这项检查可确认自动变速器的超速挡电控系统是否工作正常。

检查时的自动变速器油温应处于正常状态（70℃～80℃），然后将发动机熄火，打开点火开关，按动超速挡（O/D）控制开关，察听位于变速器内的相应电磁阀有无动作时发出的“咔嗒”声，如有“咔嗒”声，则说明被检的自动变速器的超速挡电控系统工作正常。

当 O/D 开关置于“ON”位时，ECU 控制 EAT，可以换到 O/D 挡。这时 O/D 开关实际上是将仪表板上的 O/D OFF 指示灯（如丰田车系）的接地电路断开了，所以，此时 O/D OFF 指示灯会熄灭。

## 六、发动机怠速检查和调整

发动机怠速不正常，会使自动变速器工作不正常。如果怠速过高，则会出现换挡冲击、怠速爬行等故障；如果怠速过低，当变速杆由 P 位或 N 位换至 D 位或 R 位时，则会导致车身振动，严重时导致发动机熄火，因此在对自动变速器进一步检查之前应先检查发动机的怠速是否正常。

若有异常，则应进行如下调整：

（1）发动机完成暖机之后，关闭所有用电设备。

（2）将自动变速器变速杆置于 P 位或 N 位。

（3）检查发动机怠速转速，具体数值应查看具体车型的维修手册，一般为 650～800r/min。

如 4 缸发动机的怠速常为（750±50）r/min，6 缸发动机的怠速常为（700±50）r/min。若发动机怠速过低或过高，都应予以调整并检修。

自动变速器的基本检查完毕后，应进行台架试验和道路试验，检查自动变速器的工作情况。

## 测试题

**一、填空题**

1. 换挡模式包括________、________、________、________模式。

2. 自动变速器汽车的变速杆大多装置在驾驶员________上，一般有以下 6 个挡位：________位、________位、________位、________位、________位和________位。

3. 如果节气门拉索过松，则________会过低，主油压会偏低，导致换挡________、换挡________；如果节气门拉索过紧，________会过高，主油压会偏高，导致换挡________、换挡________。

4. 发动机应只能在________位和________位时起动，其他挡位不能起动。

5. 检查超速挡开关时，自动变速器油温应处于________℃，然后将发动机熄火，打开点火开关，按动超速挡（O/D）控制开关，察听位于变速器内的相应________有无动作。

6. 自动变速器基本检查完毕，应进行________试验和________试验，检查自动变速器的工作情况。

**二、单项选择题**

1.（　　）是以汽车获得最佳的燃油经济性为目标来设计换挡规律的。

A. 经济模式　B. 动力模式　C. 标准模式　D. 雪地模式

2. 丰田汽车仪表板上的“EAT PWR”灯点亮时，自动变速器处于（　　）。

A. 经济模式　B. 动力模式　C. 标准模式　D. 雪地模式

3. 装备有自动变速器的汽车，在被牵引时，最大牵引距离不得超过（　　）km。

A. 20　B. 50　C. 80　D. 120

4. 装备有自动变速器的汽车，在被牵引时，最大牵引速度不得超过（　　）km/h。

A. 30　B. 50　C. 70　D. 80

5. 当汽车向前运行时，不可将变速杆置入（　　）挡，以防变速器损坏。

A. N　B. R　C. D　D. 2

6. 甲说，离合器、制动器的自由间隙过小会导致 ATF 变质；乙说，主油路油压太低会导致 ATF 变质。（　　）

A. 甲正确　B. 乙正确　C. 两人均不正确　D. 两人都正确

7. 甲说，ATF 散热器管路堵塞会导致 ATF 变质；乙说，油路油压太低会导致 ATF 变质。（　　）

A. 甲正确　B. 乙正确　C. 两人均不正确　D. 两人都正确

8. ATF 易变质的主要原因是（　　）。

A. 执行元件打滑、系统压力过低　　B. 长期超负荷使用

C. 油冷却系统故障　　D. 全部正确

9. 下列不是 ATF 牌号的是（　　）。

A. DEXRON　　B. MERCON　　C. DEXRONⅡ　　D. GL-4

10. 甲说，油平面太低会导致自动变速器打滑；乙说，油平面太高会导致自动变速器打滑。（　　）

A. 甲正确　　B. 乙正确　　C. 两人均不正确　　D. 两人都正确

11. 加注 ATF 时应注意的事项是（　　）。

A. 使用标准型号　　B. 应达到工作温度　　C. 动态检查油位　　D. 都要注意

**三、判断题**

1. O/D 开关用于控制巡航装置。（　　）

2. O/D OFF 指示灯闪烁，说明此时接通了超速挡。（　　）

3. 在接通超速挡时，如果车速高于设定车速 5～10km/h，车辆解除超速设定。（　　）

4. ATF 正常情况下应为白色透明的液体，若颜色变白，则说明被水污染了。（　　）

5. 汽车长期超负荷行驶或经常急加速等会导致 ATF 易变质。（　　）

6. 正常情况下 ATF 是鲜红或粉红色的液体，若离合器、制动器摩擦片严重打滑，则致使 ATF 颜色呈褐色，并带有焦臭味。（　　）

7. 装配新的湿式多片离合器、制动器时，应在自动变速器油中浸泡至少 15 分钟。（　　）

8. 开口销密封垫、O 形圈和油封等一次性零件可重复使用，每次检修时可不更换。（　　）

**四、实际操作题**

进行 ATF 检查和更换的实操练习。

**五、思考题**

1. 自动变速器变速杆有哪些位置？各自完成哪些功能？

2. 挡位开关应如何正确使用？

3. 自动变速器的基本检查都包括哪些项目？

项目三

# 液力变矩器的检修

| 学习目标 | 学习要求 | 教学建议 |
| --- | --- | --- |
| 1. 了解液力变矩器的功用。<br>2. 掌握液力变矩器各元件的名称。<br>3. 掌握液力变矩器的工作原理。<br>4. 掌握单向离合器和锁止离合器的功用与工作原理。<br>5. 能够正确检修液力变矩器。 | 应知：液力变矩器的功用、组成、结构、工作原理。<br>应会：液力变矩器的检修。 | 1. 以教师讲解和示范为主，并可结合多媒体课件或录像组织教学。<br>2. 检修部件，由学生分组讨论，然后由教师总结。 |

## 项目准备

液力变矩器解剖实物1套。

## 理论学习

### 一、液力变矩器的功用和组成

1. 功用

液力变矩器位于发动机和机械变速器之间，以ATF为工作介质，主要实现以下功能：

（1）传递转矩。发动机的转矩通过液力变矩器的主动元件，再通过ATF传给液力变矩器的从动元件，最后传给变速器。

（2）无级变速。根据工况的不同，液力变矩器可以在一定范围内实现转速和转矩的无级变化。

（3）自动离合。液力变矩器由于采用ATF传递动力，当踩下制动踏板时，发动机也不会熄火，此时相当于离合器分离；当抬起制动踏板时，汽车可以起步，此时相当于离合器接合。

（4）驱动油泵。ATF在工作的时候需要油泵提供一定的压力，而油泵一般是由液力变矩器壳体驱动的。由于采用 ATF 传递动力，因而液力变矩器的动力传递柔和，能防止传动系过载。

2. 组成

典型的液力变矩器由泵轮、涡轮和导轮组成，如图 3－1 所示。它们都是由铝合金精密铸造或用钢板冲压而成的。

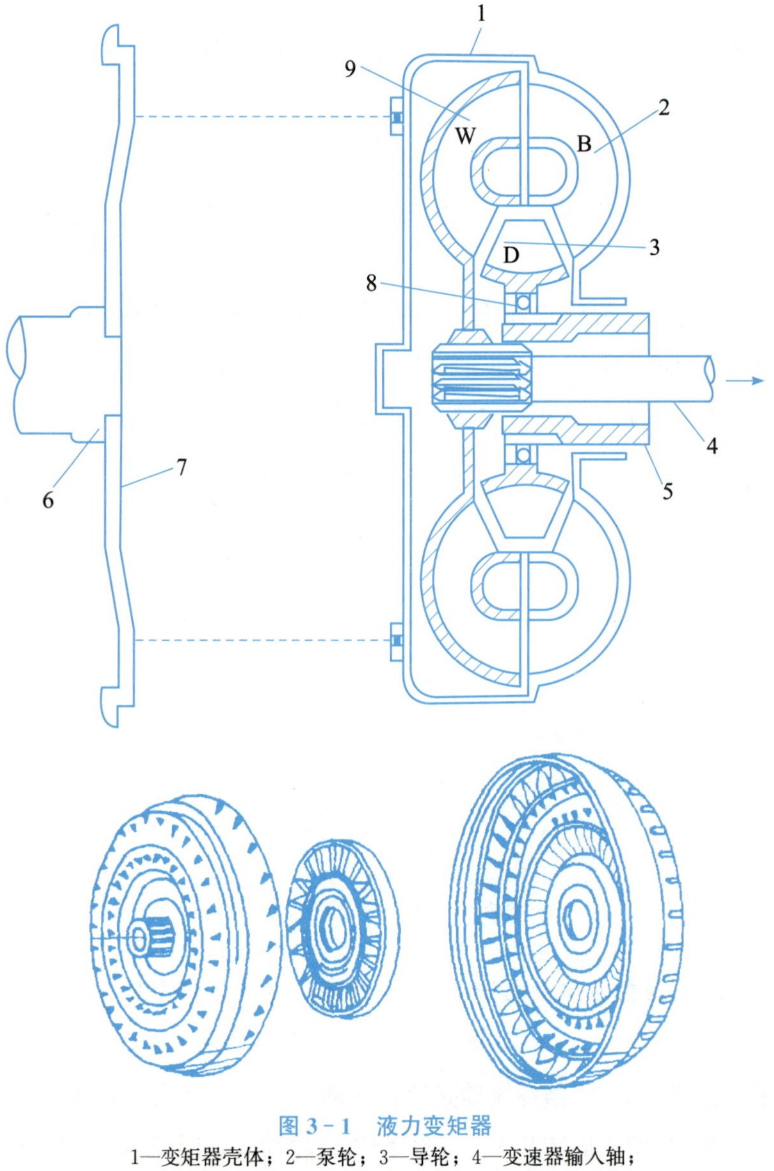


图 3－1 液力变矩器

1—变矩器壳体；2—泵轮；3—导轮；4—变速器输入轴；
5—导轮固定套管；6—曲轴；7—驱动端盖；8—单向离合器；9—涡轮

泵轮是液力变矩器的主动元件，位于液力变矩器的后端，泵轮与变矩器壳体连为一体。变矩器壳体总成用螺栓固定在发动机曲轴后端，随发动机曲轴一起旋转。

涡轮是液力变矩器的从动元件，悬浮在变矩器内，它通过花键孔与行星齿轮系统的输入轴相连。涡轮位于泵轮前方，其叶片和泵轮叶片相对安装。

导轮位于涡轮和泵轮之间，是液力变矩器的反应元件。它通过单向离合器单方向固定在导轮轴或导轮套管上。

泵轮、涡轮和导轮装配好后，会形成断面为循环圆的环状体，在环形内腔中充满液力自动变速器液 ATF。

⚠ **提示：** 为了掌握液力变矩器的基本结构，此处可观看剖开的实物或模型、录像等以加深了解。

## 二、液力变矩器的工作原理

### 1. 动力的传递

液力变矩器工作时，壳体内充满 ATF，发动机带动壳体旋转，壳体带动泵轮旋转，泵轮的叶片将 ATF 带动起来，并冲击涡轮的叶片。如果作用在涡轮叶片上的冲击力大于作用在涡轮上的阻力，涡轮将开始转动，并使机械变速器的输入轴一起转动。由涡轮叶片流出的 ATF 经过导轮后再流回到泵轮，形成如图 3-2 所示的循环流动。

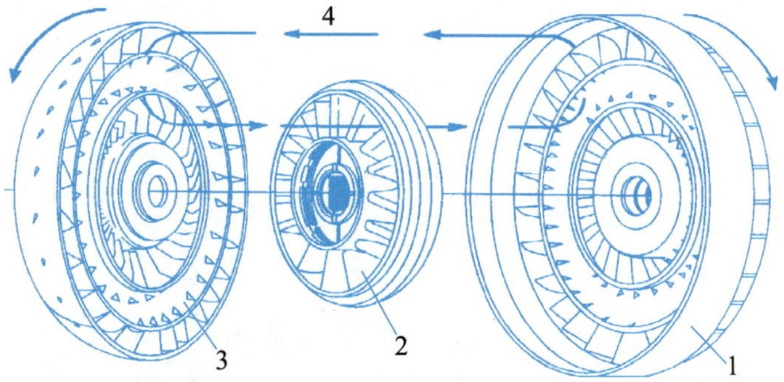


**图 3-2　ATF 在液力变矩器中的循环流动**

1—涡轮；2—导轮；3—泵轮；4—油流

⚠ **提示：** 涡轮的阻力包括 ATF 的摩擦阻力、与涡轮相联系的各元件的运动阻力等。

具体来说，上述 ATF 的循环流动是两种运动的合运动。当液力变矩器工作，泵轮旋转时，泵轮叶片带动 ATF 旋转起来，ATF 绕着泵轮轴线做圆周运动；同样随着涡轮的旋转，ATF 也绕着涡轮轴线做圆周运动。旋转起来的 ATF 在离心力的作用下，沿着泵轮和涡轮的叶片从内缘流向外缘。当泵轮转速大于涡轮转速时，泵轮叶片外缘的液压大于涡轮外缘的液压。因此，ATF 在做圆周运动的同时，在上述压差的作用下由泵轮流向涡轮，再流向导轮，最后返回泵轮，形成在液力变矩器环形腔内的循环运动。

## 总结

液力变矩器要想能够传递转矩，必须使 ATF 冲击到涡轮的叶片，即泵轮与涡轮之间一定要有转速差（泵轮转速大于涡轮转速）。

### 2. 转矩的放大

在泵轮与涡轮的转速差较大的情况下，由涡轮甩出的 ATF 以逆时针方向冲击导轮叶片，此时导轮是固定不动的，因为导轮上装有单向离合器，它可以防止导轮逆时针转动。导轮的叶片形状使得 ATF 的流向改变为顺时针方向流回泵轮，即与泵轮的旋转方向相同。泵轮将来自发动机和从涡轮回流的能量一起传递给涡轮，使涡轮输出转矩增大。液力变矩器的转矩放大倍数一般为 2.2 倍左右。

液力变矩器的变矩特性只有在泵轮与涡轮转速相差较大的情况下才成立，随着涡轮转速的不断提高，从涡轮回流的 ATF 会按顺时针方向冲击导轮。若导轮仍然固定不动，ATF 将会产生涡流，阻碍其自身的运动。为此绝大多数液力变矩器在导轮机构中增设了单向离合器，也称自由轮机构。当涡轮与泵轮转速相差较大时，单向离合器处于锁止状态，导轮不能转动。当涡轮转速达到泵轮转速的 85%～90%时，单向离合器导通，导轮空转，不起导流的作用，液力变矩器的输出转矩不能增加，只能等于泵轮的转矩，此时称为耦合状态。

液力变矩器的工作原理可以通过一对风扇的工作来描述，如图 3-3 所示，将风扇 A 通电，将气流吹动起来，并使未通电的电扇 B 也转动起来，此时动力由电扇 A 传递到电扇 B。为了实现转矩的放大，在两台电扇的背面加上一条空气通道，使穿过风扇 B 的气流通过空气通道的导向，从电扇 A 的背面流回，这会加强电扇 A 吹动的气流，使吹向电扇 B 的转矩增加。即电扇 A 相当于泵轮，电扇 B 相当于涡轮，空气通道相当于导轮，空气相当于 ATF。

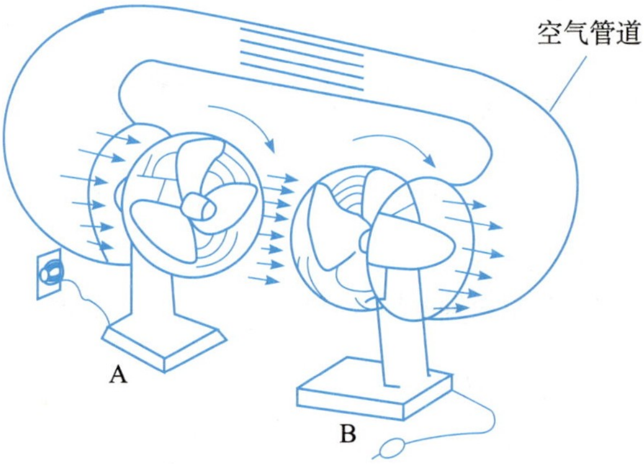


图 3-3 液力变矩器的工作原理

液力变矩器的液流如图 3－4 所示，由图可以看出，涡轮回流的 ATF 经过导轮叶片后改变流动方向，与泵轮旋转方向相同，从而使液力变矩器具有转矩放大的功能。

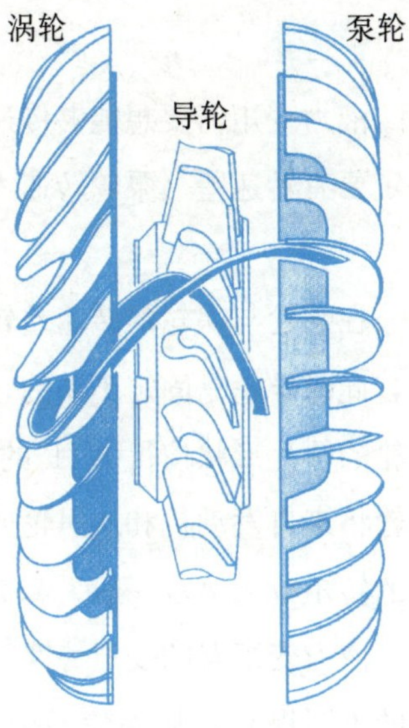

图 3－4 液力变矩器的液流

3. 无级变速

从上面的分析我们可以得出这样的结论：随着涡轮转速的逐渐提高，涡轮输出的转矩逐渐下降，而且这种变化是连续的。同样，如果涡轮上的负荷增加了，则涡轮的转速要下降，而涡轮输出转矩的增加正好适应负荷的增加。

**总结**

可以把液力变矩器的工作过程概括为两个工况：一个是变矩，另一个是耦合。当泵轮与涡轮转速相差较大，或者说在低速区时，液力变矩器实现变矩（增矩）；当涡轮转速达到泵轮转速的 85%～90%，或者说在高速区时，液力变矩器实现耦合传动，即输出（涡轮）转矩等于输入（泵轮）转矩。

## 三、液力变矩器的特性

1. 液力变矩器的三个特性参数

（1）变矩比 $K$。

变矩比 $K$ 为涡轮轴上的转矩 $T_W$ 与泵轮轴上的转矩 $T_B$ 之比，即：

$$K=T_W/T_B$$

涡轮轴转速 $n_W=0$ 时的变矩比称为起动变矩比，以 $K_0$ 来表示。$K_0$ 越大，说明汽车的加速性能越好。在附着力允许的条件下，$K_0$ 越大，则汽车在起步工况下的牵引力也越大。

（2）传动比 $i$。

涡轮轴转速 $n_W$ 与泵轮轴转速 $n_B$ 之比称为传动比，用 $i$ 表示，即：

$$i=n_W/n_B$$

（3）传动效率 $\eta$。

涡轮轴的输出功率 $P_W$ 与泵轮轴的输入功率 $P_B$ 之比称为传动效率，用 $\eta$ 表示，即：

$$\eta=P_W/P_B=T_WP_W/T_BP_B=K_i$$

2. 外特性曲线

当泵轮转速一定时，泵轮转矩 $T_B$、涡轮转矩 $T_W$、变矩器效率 $\eta$ 与涡轮轴转速 $n_W$ 的一组关系曲线，称为变矩器的特性曲线。这组曲线可通过试验测得。图 3－5 所示为三元件液力变矩器外特性曲线。

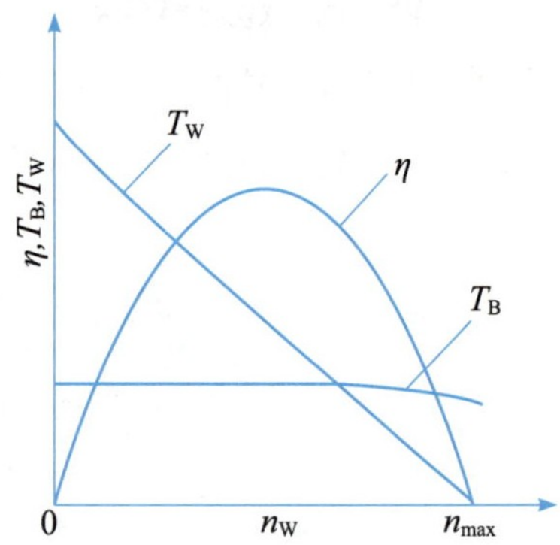


图 3－5　三元件液力变矩器外特性曲线

从图 3－5 外特性曲线可以看出，随着涡轮轴转速 $n_W$的提高，涡轮转矩 $T_W$逐渐减小。在 $n_W=0$ 时涡轮转矩 $T_W$最大，它要比泵轮转矩 $T_B$大得多。对于泵轮，在涡轮转速变化时，其转矩变化是不大的。在图上还可以看到，在整个涡轮转速变化范围内，最高效率只有一个；当 $n_W=0$ 和 $n_W=n_{max}$时，效率皆为零。在效率最高点工作，称为液力变矩器的最佳工况，这时 ATF 进入三个工作轮时，都没有冲击，变矩器内部只有液体摩擦阻力的损失，因此传动效率最高。在 $n_W=0$ 和 $n_W=n_{max}$时，都没有功率输出，因此效率为零。

## 四、综合式液力变矩器

综合式液力变矩器如图 3－6 所示，主要由泵轮、涡轮、带单向离合器的导轮、变矩器壳体、涡轮轴、锁止离合器等组成。下面只介绍单向离合器和锁止离合器。

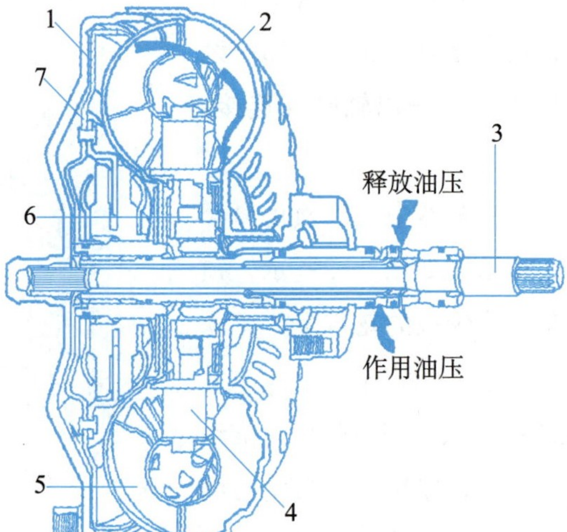


图 3－6　综合式液力变矩器

1—变矩器壳体；2—泵轮；3—油泵输出轴；4—导轮；5—涡轮；6—单向离合器；7—锁止离合器压盘

**提示：** 此部分内容最好以剖开的实物进行讲解。

### 1. 单向离合器

为了在使用中避免液力变矩器出现不利的减矩情况，在变矩器导轮上使用了单向离合器，又称为自由轮机构、超越离合器，它安装在连接于变速器壳体的导轮固定套上，如图 3 - 7 所示。其功用是实现导轮的单向锁止，即导轮只能顺时针转动而不能逆时针转动，从而确保当涡轮转速较低，涡轮出口液流冲击导轮叶片正面时，导轮锁定不动，使变矩器具有增矩作用。

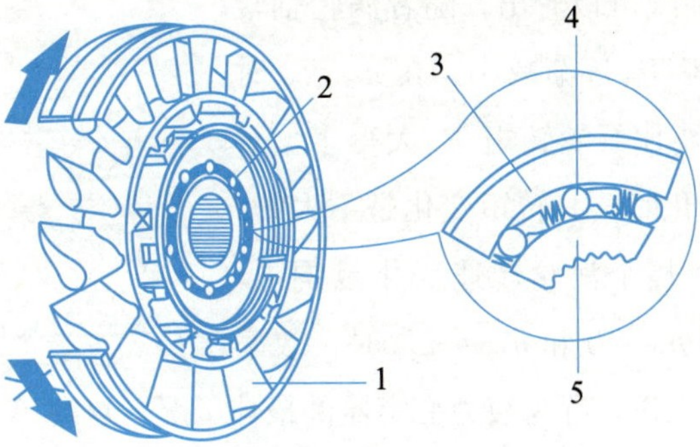


图 3 - 7 单向离合器

1—导轮；2—单向离合器；3—单向离合器外圈；4—滚柱；5—单向离合器内圈

2. 锁止离合器

由于液力变矩器的泵轮和涡轮之间存在能量损失，其效率不如普通机械式变速器高，因此，为提高液力变矩器在高转速比工况下的效率及汽车正常行驶时的燃油经济性，绝大部分液力变矩器都增设了锁止机构，使变矩器输入轴与输出轴刚性连接，增大传动效率。

在带有锁止机构的液力变矩器中，以锁止离合器作为锁止机构最常见，其结构如图3 - 8所示。锁止离合器的从动盘安装在涡轮轮毂的花键上，主动压盘（包括传力盘和活塞）与泵轮固连。

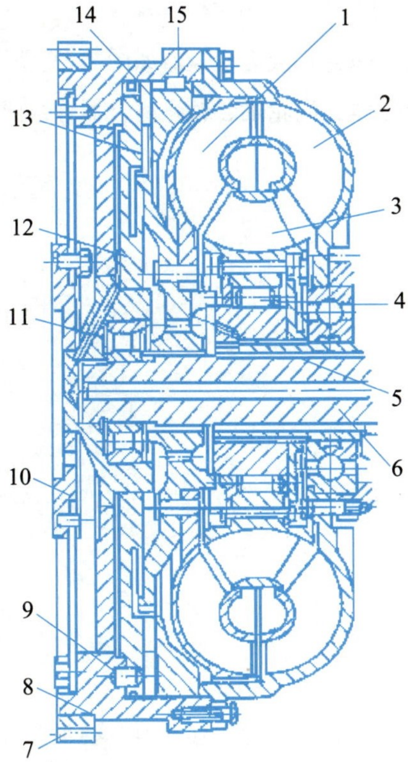


图 3 - 8 带锁止离合器的液力变矩器

1—涡轮；2—泵轮；3—导轮；4—单向离合器；5—涡轮轮毂；6—输出轴；7—起动齿圈；8—伺服油缸；9—导向销；10—曲轴凸缘盘；11—油道；12—活塞；13—从动盘；14—传力盘；15—连接键

工作原理：ATF 经油道进入活塞左腔室，推动主动压盘右移压紧从动盘，离合器接合，泵轮与涡轮固连在一起，于是变矩器的输入轴与输出轴刚性连接。当活塞左腔室油压被卸除后，主、从动部分分离，锁止离合器解除锁止状态，变矩器恢复正常液力传动。当锁止离合器接合时，单向离合器脱开，导轮可在油液中自由旋转。

电控自动变速器必须满足下列五个方面的条件，ECU 才能使锁止离合器进入锁止工况：

(1) 发动机冷却液温度不得低于 53℃。

(2) 挡位开关指示变速器处于行驶挡。

(3) 制动灯开关必须指示没有进行制动。

(4) 车速必须高于 37～65km/h。

(5) 来自节气门开度的传感器信号，必须高于最低电压，以指示节气门处于开启状态。

图 3－9 所示为带锁止离合器的液力变矩器的另一种常见结构，它的工作状态由传动液的流向进行控制，锁止离合器的控制油道分为内油道 A 和外油道 B。

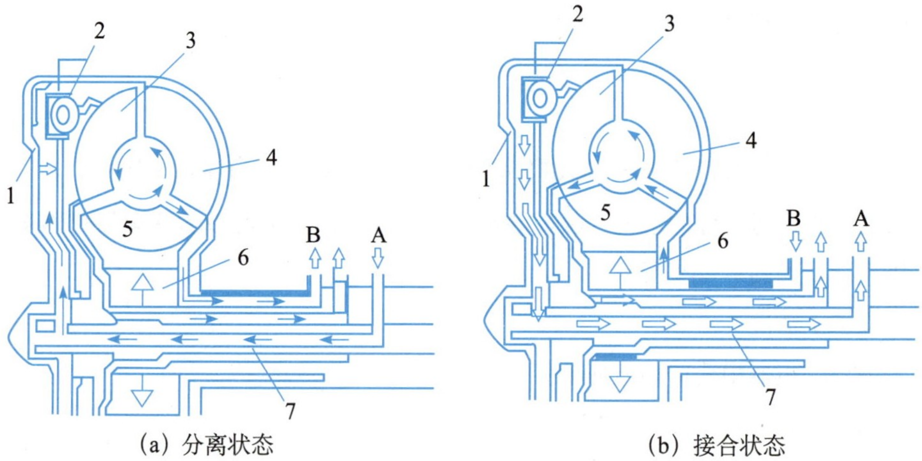


**图 3－9　锁止离合器的控制原理**

1—变矩器前盖；2—锁止压盘；3—涡轮；4—泵轮；5—导轮；6—单向离合器；7—输出轴；A—内油道；B—外油道

汽车低速行驶时速比较小时，变矩器处于变矩工作工况。液压控制系统控制 ATF 由变速器输入轴的中心油道（内油道 A）流入锁止压盘左侧，如图 3－9（a）所示，锁止压盘在油压作用下向后移动，离合器处于分离状态。ATF 由变速器轴中心的油道（内油道 A）流入，经变矩器从外油道 B 流出至冷却器冷却。此时动力传递路线为：发动机→曲轴上的驱动盘→变矩器前盖→泵轮→涡轮→涡轮毂→变矩器输出轴（即变速器输入轴）。

当汽车高速行驶、速比增大到一定值（$i=0.8$）时，变矩器转换成液力耦合器工况。此时液压控制系统控制传动液 ATF 流向反向，ATF 由导轮固定套中的油道（外油道 B）流入变矩器，从变速器输入轴中心油道（内油道 A）和导轮固定套与变速器轴之间的油道（外油道 B）流出。由于传动液从变速器输入轴的中心油道流出，因此锁止压盘左侧油压降低，而压盘右侧仍为变矩器油压。锁止压盘在左、右两侧压力差作用下前移并压在变矩器壳体前盖上，如图 3－9（b）所示，锁止离合器处于接合状态。因为锁止压盘内缘铆接在涡轮毂上，所以离合器接合便将涡轮与泵轮接合成一体，发动机输入的动力由变矩器壳体前盖、锁止压盘和涡轮毂直接传递到变速器输入轴，传动效率为100%。此时动力传递路线为：发动机→曲轴上的驱动盘→变矩器前盖→锁止压盘→涡轮毂→变矩器输出轴（即变速器输入轴）。由于锁止式液力变矩器既能自动适应汽车行驶阻力的变化，又能提高传动效率，因此被现代轿车普遍采用。

## 项目实施

液力变矩器的外壳采用焊接式的整体结构，不可分解。其内部除了导轮的单向离合器和锁止离合器压盘之外，没有互相接触的零件，因此在使用中基本上不会出现故障。其主要维修内容是清洗和检查。

### 一、液力变矩器的清洗

当自动变速器曾有过热现象或ATF被污染后，在ATF中可见到金属粉末，这些粉末大多数来自换挡执行元件的磨耗，故应该清洗液力变矩器。清洗液力变矩器可以采用专用的冲洗机进行，如图3-10所示。

也可以手工清洗：

（1）倒出变矩器中残留的液压油。

（2）加入2L干净的ATF，用力摇晃、振荡液力变矩器，然后排净油液。

（3）反复进行这样的操作，直到排出的油液干净为止。

（4）用压缩空气吹干所有的供油孔或油道，确保清洁。

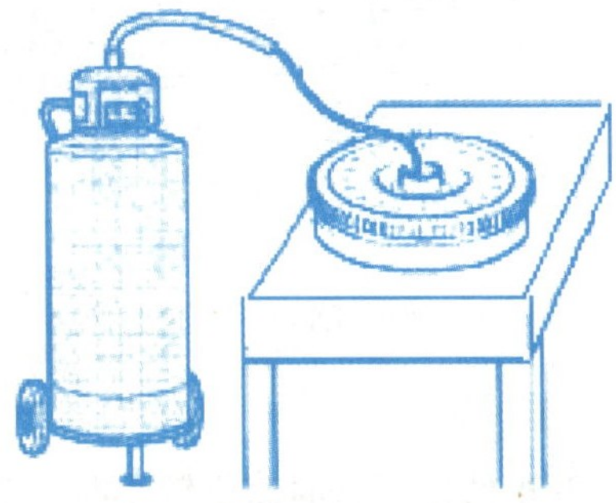

图3-10　专用清洗机清洗液力变矩器

**总结**

当自动变速器发生较严重的故障时，如离合器烧片、锁止离合器或单向离合器过度磨损等，在液力变矩器中往往会沉积大量的金属碎屑，采用浸泡、清洗的方法是不能除净的，所以需要更换液力变矩器。当液力变矩器中存在大量的金属碎屑时，自动变速器工作时会产生哨声。

### 二、液力变矩器的检查

#### 1. 外观检查

检查液力变矩器外部有无损坏和裂纹，轴套外径有无磨损，驱动油泵的轴套缺口有无损伤。如有异常，应更换液力变矩器。

### 2. 导轮单向离合器的检查

单向离合器损坏失效后，液力变矩器就没有了转矩放大的功用，将出现如下故障现象：车辆加速起步无力，不踩加速踏板车辆不走，但车辆行驶起来之后换挡正常，发动机功率正常；如果做失速试验，即在前进挡或倒挡中，踏住制动踏板并完全踏下加速踏板时，自动变速器的输入轴和输出轴均静止不动，变矩器的涡轮不动，只有变矩器壳及泵轮随发动机一同转动；会发现失速转速比正常值低 400～800r/min（失速转速标准为 2 300r/min）。

（1）用专用工具插入变矩器用以转动单向离合器内座圈，如图 3－11 所示。

（2）然后用另一工具卡在轴套的缺口上（或用手指压住单向离合器的内座圈），用以阻止轴套（单向离合器外座圈）转动，如图 3－12 所示。

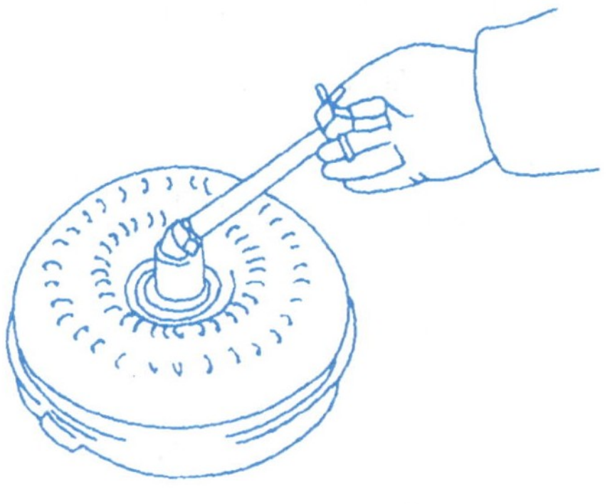

图 3－11　插入内座圈驱动杆

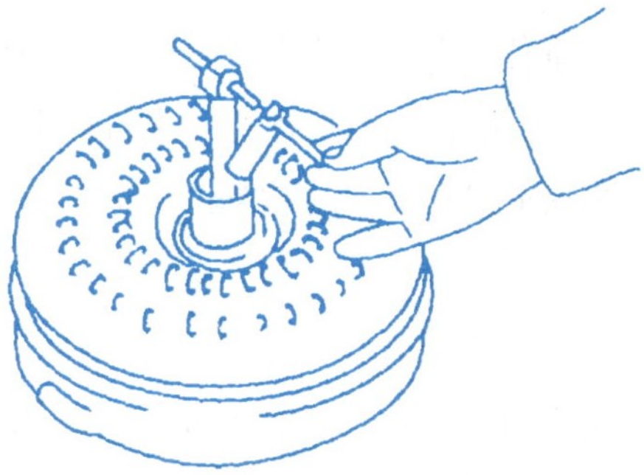

图 3－12　插入外座圈固定器

（3）转动单向离合器内座圈，检查单向离合器是否良好，如图 3－13 所示。

如果顺时针转动时有卡滞，或逆时针转动时能转动，都应更换液力变矩器总成。如果单向离合器损坏则需要更换液力变矩器总成。

### 3. 径向跳动的检查

将液力变矩器安装在发动机飞轮上。用千分表按图 3－14 所示的方法检查变矩器轴套的径向跳动。

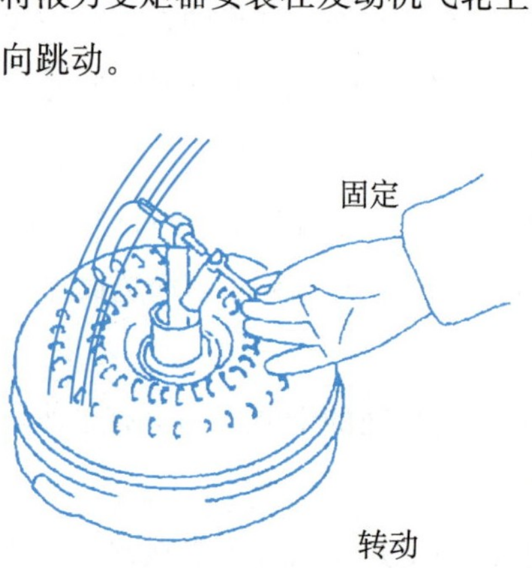


图 3－13　转动驱动杆

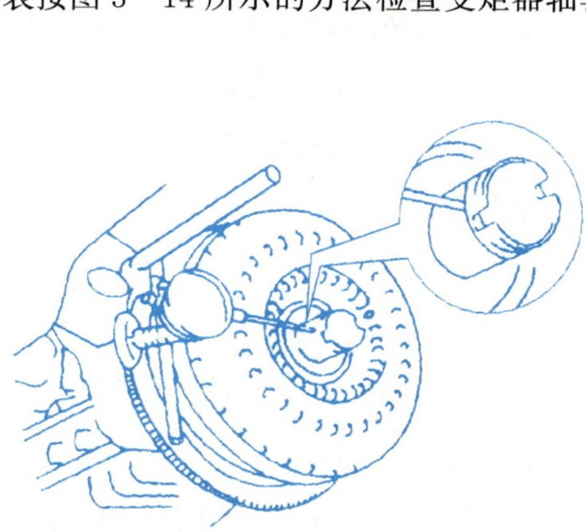

图 3－14　变矩器轴套径向跳动的检查

转动飞轮一周，千分表的指针偏摆应小于 0.03mm，否则，需转换一个角度后重新安装，然后再进行测量。如果径向跳动在允许的范围之内，应作一记号，以保证安装正确。如果径向跳动始终不能调整到允许的范围以内，则应更换液力变矩器。

### 4. 锁止离合器的检查

锁止离合器的常见故障有不锁止和常锁止。不锁止的现象是车辆的油耗高、发动机高速运转而车速不够快。具体检查时要相应检查电路部分、阀体部分以及锁止离合器本身。常锁止的现象是发动机怠速正常，但变速杆置于动力挡（R、D、2、L）后发动机熄火。

锁止离合器的检查需要将液力变矩器切开后才能进行，但这只能由专业的自动变速器维修站来完成。

可将车速稳定在 80km/h 范围，在保持车速稳定的同时，轻踩制动踏板，此时应解除锁止，即发动机转速和进气管真空度都有所增加，如果无任何变化，则锁止离合器没有正常工作，可能根本就没锁止，也可能根本就不解除锁止。

若汽车保持稳定的 80km/h 车速，突然紧急制动，发动机熄火，说明锁止离合器不能解除。

### 5. 涡轮轴的检查

涡轮轴也是变速器输入轴，涡轮轴将扭矩从液力变矩器涡轮传递到离合器组件，输入轴上的 O 形圈负责保持变矩器进行锁止操作所需要的油压，如图 3－15 所示。

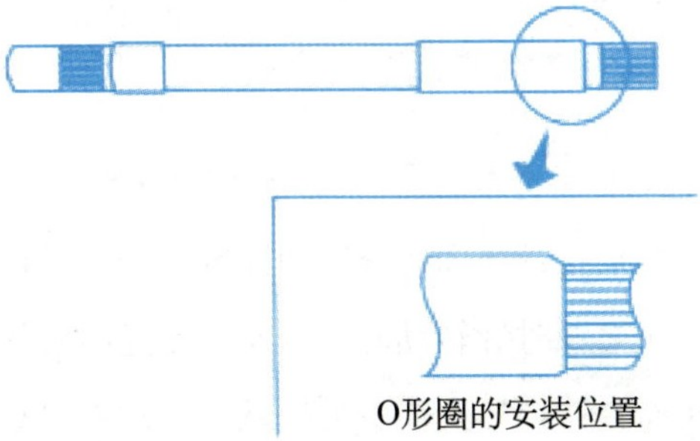

图 3－15　输入轴与油封

每次对变速器的输入轴进行安装时，必须检查输入轴上的花键是否发生损坏，检查时要特别注意 O 形圈部位，O 形圈的损伤可能导致锁止回路内的压力下降，进而阻碍锁止操作的进行。此外，O 形圈在使用一段时间后可能由于磨损而嵌入变矩器的表面，如果发生这种现象，变矩器表面可能形成磨损沟槽，且 ATF 可能出现内部泄漏。

如果输入轴的花键或 O 形圈发生损坏，其症状为选择前进挡后车辆不行驶或由于 O 形圈处的泄漏变矩器锁止失效。上述情况通常是由于安装过程中操作不当而造成的。

### 6. 液力变矩器内部干涉的检查

液力变矩器内部干涉主要指导轮和涡轮、导轮和泵轮之间的干涉。如果有干涉，液力变矩器运转时会有噪声。

导轮和涡轮之间的干涉检查如图 3－16 所示。将液力变矩器与飞轮连接侧朝下放在台架上，然后装入油泵总成，确保液力变矩器油泵驱动毂与油泵主动部分接合好。把变速器输入轴（涡轮轴）插入涡轮轮毂中，使油泵和液力变矩器保持不动，然后顺时针、逆时针反复转动涡轮轴，如果转动不顺畅或有噪声，则更换液力变矩器。

导轮和泵轮之间的干涉检查如图 3 - 17 所示，将油泵放在台架上，并把液力变矩器安装在油泵上，旋转液力变矩器使液力变矩器的油泵驱动毂与油泵主动部分接合好，然后固定住油泵并逆时针转动液力变矩器，如果转动不顺畅或有噪声，则更换液力变矩器。

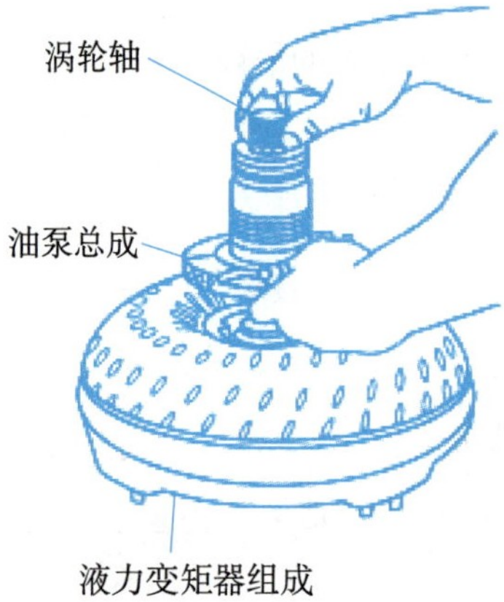


图 3 - 16　导轮和涡轮之间的干涉检查

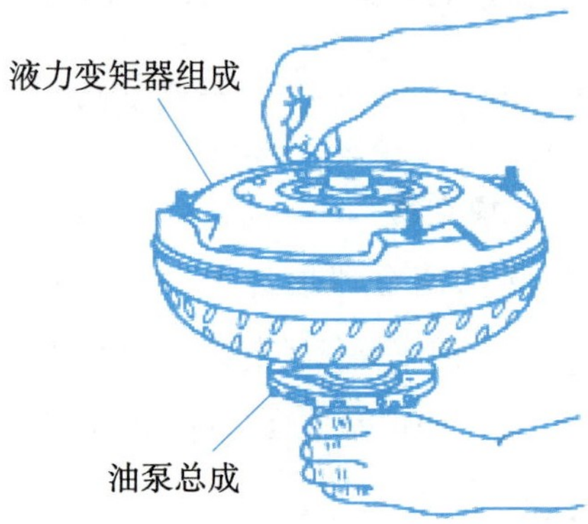


图 3 - 17　导轮和泵轮之间的干涉检查

## 三、安装液力变矩器

把液力变矩器安装到自动变速器上时，要使油泵驱动毂的缺口完全落入油泵主动齿轮的凸块内，并检查自动变速器壳体前端面与液力变矩器前端面的距离，如图 3 - 18 所示，如果该距离小于标准值，则自动变速器装到车辆后会压坏油泵齿轮。

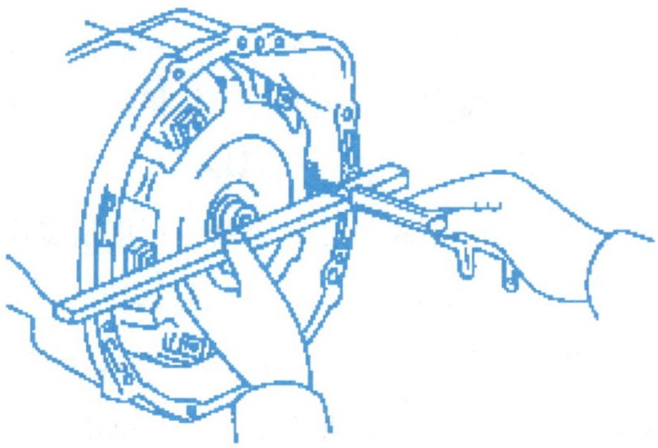

图 3 - 18　检查两端面间的距离

## 四、液力变矩器检修注意事项

（1）液力变矩器在装车前要加注 ATF，以免在发动机刚工作时，因变矩器内缺油而损坏。

（2）拆卸自动变速器时，应将液力变矩器一同拆下，安装自动变速器时，应先将变矩器安装在自动变速器上，并确认已安装到位，然后再将其一起安装到车上，在变速器和发动机完全贴靠前，不允许拧紧变矩器壳和发动机机体间的连接螺栓。

（3）在更换变矩器时，要注意其型号与变速器的匹配关系，新变矩器与旧变速器的型号、外形尺寸、失速转速和转矩应完全相同。同一型号的自动变速器配用在不同厂家的不同车型或同一型号的自动变速器配用在不同排量的同一车型都是错误的。

（4）大多数变速器的油泵都是由变矩器直接驱动的，尽管变矩器驱动毂端有的是两个缺口，有的是两个扁块，有的是两个三角形，还有的为外花键或六方，但组装时往往先将变矩器装入变速器上，然后再装变速器，安装时需一边旋转发动机，一边往里推变速器，待变速器壳与发动机缸体后平面间没有间隙时，再紧固连接螺栓。如不旋转发动机，直接紧固螺栓，变矩器驱动毂会顶坏油泵主动轮，造成汽车无法行驶的故障。

## 测试题

### 一、填空题

1. 单向离合器损坏失效后会出现：车辆加速起步________，不踩加速踏板车辆________，但车辆行驶起来之后换挡________，发动机功率________。

2. 液力变矩器是汽车自动变速器的关键部件，它的主要功能是________、________、________、________。

### 二、单项选择题

1. 自动变速器中实现无级变速能力的组成部分是（　　）。

A. 液力变矩器　　B. 电子控制系统　　C. 换挡执行机构　　D. 液压控制系统

2. 液力变矩器中与变速器壳体相连的元件是（　　）。

A. 泵轮　　B. 涡轮　　C. 导轮　　D. 锁止离合器

3. 液力变矩器中锁止离合器的作用是实现（　　）的连锁，以提高传动效率。

A. 飞轮和泵轮　　B. 泵轮和涡轮　　C. 泵轮和导轮　　D. 涡轮和导轮

4. 甲技师说：液力变矩器和液力耦合器都具有增大扭矩的作用。乙技师说：液力变矩器由于导轮的存在，使其具有增大扭矩的作用，而液力耦合器不具有增大扭矩的作用。你认为（　　）。

A. 仅甲正确　　B. 仅乙正确　　C. 甲和乙都正确　　D. 甲和乙都不正确

5. 在自动变速器的液力变矩器中，当导轮单向离合器损坏被卡滞时，将会造成汽车（　　）的结果。

A. 低速性能优良而高速性能不良　　B. 起步十分困难

C. 高速换挡困难　　D. 低速性能不良而高速性能优良

### 三、多项选择题

1. 在自动变速器中，液力变矩器内部油流的特点有（　　）。

A. 既有圆周运动，又有环形运动，形成首尾相接的油流

B. 只有环形流动，在环流冲击下，使输出轴的转矩增大

C. 被泵轮加速的油流先到达较小的导轮，再冲击涡轮

D. 被泵轮加速的油流先冲击涡轮，再流向导轮并改变方向

2. 当液力变矩器的锁止离合器接合后，能达到（　　）的效果。

A. 增大输出转矩　　　　　　　　B. 减少发动机功率损耗，提高传动效率

C. 增速降矩　　　　　　　　　　D. 降低自动变速器油的温度

3. 液力变矩器的输出特性曲线能描述变矩器的重要特性，其描述的参数包括有（　　）。

A. 泵轮转速与涡轮转速的传动比　　B. 圆周油流与环流油流的能量比

C. 输出转矩与输入转矩的变矩比　　D. 涡轮转速与泵轮转速的转速比

**四、实际操作题**

1. 对照剖开的液力变矩器实物或模型、图片，说明液力变矩器的结构和原理。

2. 实操并说明如何检查单向离合器。

3. 实操并说明如何检查液力变矩器内部。

**五、思考题**

1. 综合式液力变矩器由哪些元件组成？它有几种工况？

2. 什么是液力变矩器的失速转速？

**六、案例分析**

1. 一辆沃尔沃（VOLVO）轿车某日吊下发动机做了检修，但装上后其自动变速器起步困难，早晨能勉强起步，热车后则起步十分困难。检查自动变速器油液的油质和颜色均正常，现在需检修自动变速器。请回答下述问题：

（1）参见液力变矩器的外特性曲线（见图 3－5），汽车准备起步瞬间，液力变矩器输出转矩________。

（2）根据本车故障状况，被怀疑的重点部件应是________和________。

（3）根据本车故障状况，应重点检查自动变速器的________油压。

（4）根据该车液力变矩器的外特性曲线（见图 3－5），请指出：

1）液力变矩器输出轴最大可获得发动机转矩的________倍。

2）指出图上的液力变矩器的耦合工作区是________。

3）在耦合工作状况下，其转矩比为________。

4）在液力变矩器被锁止状况下，其输出转矩为________。

2. 某自动变速器起步、加速均工作不良，检查油质有焦煳味，更换新油后故障未消除，而且新油也是黑色状，油温较高，仔细检查油底壳有较多粉状物不能被油底壳中的磁

铁吸附。根据上述情况，请回答下列问题：

（1）判断：因检查油底壳内有大量非金属粉末，表明离合器、制动器摩擦片有较严重磨损。（　　）

（2）经解体自动变速器发现摩擦盘片较干燥，均有严重磨损，那么应重点检查的部位是________和________。

（3）从自动变速器油液散热器中流出的油流，正常温度应在________范围内。

（4）在自动变速器中，产生热量最多的部位是（　　）。

A. 离合器和制动器　　B. 齿轮传动及各轴承

C. 锁止状态时的液力变矩器　　D. 处于起步或低速时的液力变矩器

项目四

# 齿轮变速机构的检修

| 学习目标 | 学习要求 | 教学建议 |
|---|---|---|
| 1. 掌握单排行星齿轮机构的基本组成和运动规律。<br>2. 对照实物或结构简图说明四挡辛普森式行星齿轮变速器各挡的动力传动路线。<br>3. 掌握换挡执行元件的结构、原理与检修。 | 应知：辛普森式行星齿轮变速器的组成、结构、工作原理。<br>应会：辛普森式行星齿轮变速器的检修和简单故障的诊断与排除。 | 1. 以教师讲解和示范为主，并结合多媒体课件或录像组织教学。<br>2. 故障检修部分可由学生分组讨论，然后由教师总结。 |

## 项目准备

1. 完整的丰田 A342 电控液力自动变速器实物 1 台。
2. 电控液力自动变速器解剖教具 1 台。
3. 常用工具、专用工具 1 套。

## 理论学习

液力变矩器可以在一定范围内自动无级地改变转矩和传动比，以适应行驶阻力的变化，但其变矩比小，不能完全满足汽车使用的要求，必须与齿轮变速器组合使用，扩大传动比的变化范围，才能满足汽车行驶的要求。自动变速器的齿轮变速机构主要有行星齿轮变速机构和平行轴齿轮变速机构，目前绝大多数自动变速器采用行星齿轮变速机构与液力变矩器配合使用。行星齿轮变速机构由行星齿轮机构和换挡执行机构组成，换挡执行机构根据自动变速器控制系统的命令来接合或分离、制动或放松行星齿轮机构的某个元件，通过改变动力传递路线得到不同的传动比。

### 一、平行轴齿轮变速机构

平行轴齿轮变速机构应用于本田（HONDA）车系和部分福特（FORD）车系。

1. 基本变速机构的组成

平行轴齿轮变速机构由普通齿轮及平行轴组成，如图 4－1 所示。

2. 变速原理

图 4－2 所示的一对齿轮中，设主动齿轮的转速为 $n_1$，齿数为 $z_1$；从动齿轮的转速为 $n_2$，齿数为 $z_2$，则其转过的齿数为 $z_2n_2$。由于两轮转过的齿数应相等，即 $z_1n_1=z_2n_2$，由此可得出该对齿轮的传动比为：

$$i_{12}=n_1/n_2=z_2/z_1$$

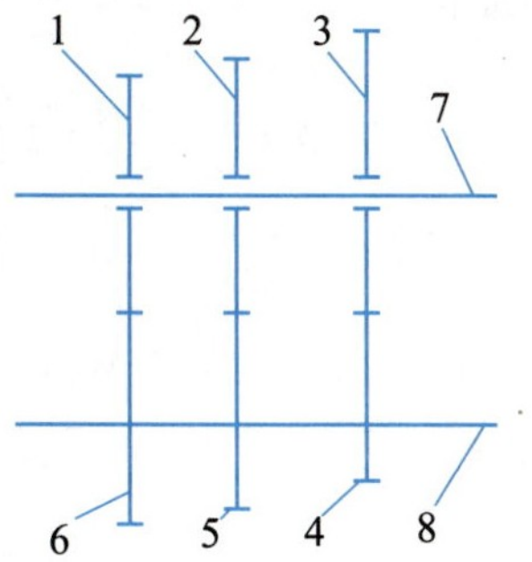


图 4－1　平等轴齿轮变速机构

1、2、3、4、5、6—挡位齿轮；7、8—平行轴

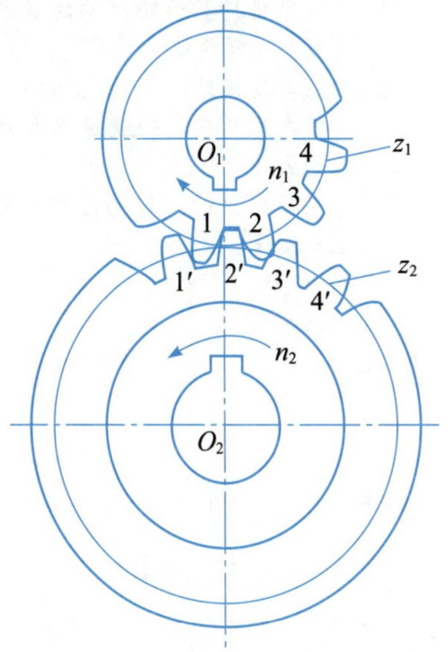


图 4－2　普通齿轮变速器原理示意图

由多个齿轮组成的轮系传动比为：

$$i=i_1i_2\cdots i_n=\frac{\text{所有从动齿轮齿数的连乘积}}{\text{所有主动齿轮齿数的连乘积}}$$

## 二、行星齿轮变速机构

行星齿轮变速机构是指：在齿轮变速机构中，至少有一个轴线可以绕共同的固定轴线转动。自动变速器由多个行星排组成，行星排的多少取决于排挡数量。

1. 单行星排

最简单的行星齿轮变速机构称为单排行星齿轮变速机构，其结构如图 4－3 所示，由太阳轮、齿圈、行星架、行星轮和行星轮轴组成。齿圈又称齿环，制有内齿，其余齿轮均为外齿轮。行星齿轮通过齿轮轴支撑在行星架上。整个行星齿轮变速机构装配好后，太阳轮位于中心，所有行星齿轮在与太阳轮外啮合的同时还与齿圈内啮合。

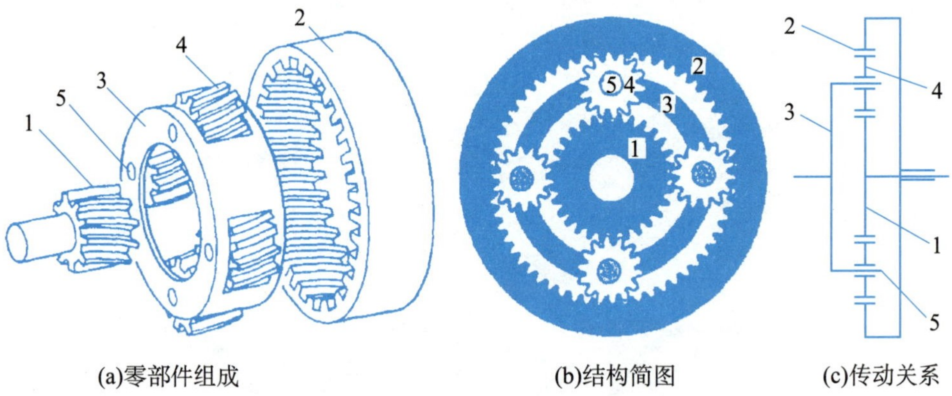


图 4－3　单排行星齿轮变速机构的结构

1—太阳轮；2—齿圈；3—行星架；4—行星轮；5—行星轮轴

太阳轮为中心齿轮；行星齿轮（简称行星轮）有 3～6 个，对称布置在太阳轮与内齿圈（环形齿圈）之间，行星轮轴上安装有滚针轴承。各行星轮用行星齿轮架（简称行星架）连接成为一个整体。因为各行星轮与太阳轮和内齿圈保持啮合，所以行星轮既能绕行星轮轴自转，又能围绕太阳轮公转，这种关系如同太阳系中地球与太阳的关系，因此，将其称为行星齿轮变速机构。

由于太阳轮与行星轮是外啮合，所以二者的旋转方向是相反的；而行星轮与齿圈是内啮合，这二者的旋转方向是相同的。

2. 单排行星齿轮变速机构的运动规律

根据单排行星齿轮变速机构的受力情况建立力矩平衡方程式，再根据能量守恒定律可得太阳轮、内齿圈和行星架三个部件上输入与输出功率的代数和等于零方程式，可导出表示单排行星齿轮变速机构一般运动规律的特性方程式：

$$n_1+\alpha n_2-(1+\alpha)n_3=0 \qquad (4-1)$$

式中，$n_1$为太阳轮转速；$n_2$为齿圈转速；$n_3$为行星架转速；$\alpha$ 为齿圈齿数 $z_2$与太阳轮齿数 $z_1$之比，即 $\alpha=z_2/z_1$，且 $\alpha>1$。

由于一个方程有三个变量，如果将太阳轮、齿圈和行星架中某个元件作为主动（输入）部分，让另一个元件作为从动（输出）部分，则由于第三个元件不受任何约束和限制，所以从动部分的运动是不确定的。因此为了得到确定的运动，必须对太阳轮、齿圈和行星架三者中的某个元件的运动进行约束和限制。

3. 行星齿轮变速机构不同的动力传动方式

如图 4－4 所示，通过对不同的元件进行约束和限制，可以得到不同的动力传动方式。

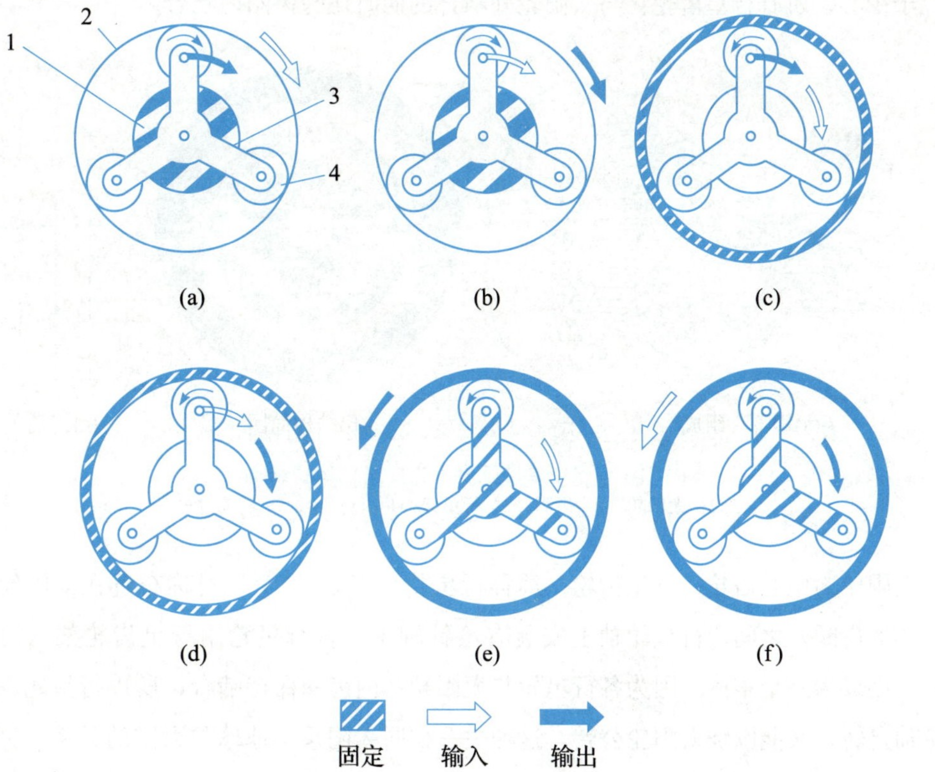


图 4－4　单排行星齿轮变速机构的动力传动方式

1—太阳轮；2—齿圈；3—行星架；4—行星轮

(1) 太阳轮固定 ($n_1=0$)。

1) 齿圈为主动件（输入），行星架为从动件（输出），如图 4－4 (a) 所示。由式 (4－1) 可得传动比 $i_{23}$ 为：

$$i_{23}=n_2/n_3=1+1/\alpha>1$$

由于传动比大于 1，说明为减速传动，可以作为降速挡。

2) 行星架为主动件（输入），齿圈为从动件（输出），如图 4－4 (b) 所示。由式 (4－1) 可得传动比 $i_{32}$ 为：

$$i_{32}=n_3/n_2=\alpha/(1+\alpha)<1$$

由于传动比小于 1，说明为增速传动，可以作为超速挡。

(2) 齿圈固定 ($n_2=0$)。

1) 太阳轮为主动件（输入），行星架为从动件（输出），如图 4－4 (c) 所示。由式 (4－1) 可得传动比 $i_{13}$ 为：

$$i_{13}=n_1/n_3=1+\alpha>1$$

由于传动比大于1，说明为减速传动，可以作为降速挡。

对比$i_{23}$、$i_{13}$两种情况的传动比，由于$i_{13}>i_{23}$，虽然都为降速挡，但$i_{13}$是降速挡中的低挡，而$i_{23}$为降速挡中的高挡。

2）行星架为主动件（输入），太阳轮为从动件（输出），如图4-4（d）所示。由式（4-1）可得传动比$i_{31}$为：

$$i_{31}=n_3/n_1=1/(1+\alpha)<1$$

由于传动比小于1，说明为增速传动，可以作为超速挡。

（3）行星架固定（$n_3=0$）。

1）太阳轮为主动件（输入），齿圈为从动件（输出），如图4-4（e）所示。由式（4-1）可得传动比$i_{12}$为：

$$i_{12}=n_1/n_2=-\alpha$$

由于传动比为负值，说明主从动件的旋转方向相反；又由于$|i_{12}|>1$，说明为减速传动，可以作为倒挡。

2）齿圈为主动件（输入），太阳轮为从动件（输出），如图4-4（f）所示。由式（4-1）可得传动比$i_{21}$为：

$$i_{21}=n_2/n_1=-1/\alpha$$

由于传动比为负值，说明主从动件的旋转方向相反；又由于$|i_{21}|<1$，说明为增速传动，由于不实用，不作为倒挡。

（4）联锁任意两个元件（$n_1=n_2$，$n_1=n_3$或$n_2=n_3$）——直接挡传动。

如$n_1=n_2$，则各齿轮间就没有相对运动，由式（4-1）可以得到$n_3=n_1=n_2$。同样，$n_1=n_3$或$n_2=n_3$时，均可以得到$n_1=n_2=n_3$的结论。因此，若使太阳轮、齿圈和行星架三个元件中的任何两个元件连为一体转动，则另一个元件必然与前两者等速同向转动。即行星齿轮机构中所有元件（包含行星轮）之间均无相对运动，传动比$i=1$。这种传动方式用于变速器的直接挡传动。

（5）所有元件都不受约束——空挡。

如果太阳轮、齿圈和行星架三个元件没有任何约束（固定），任何两个元件也没有联成一体，则各元件将自由转动，即当输入轴转动时，输出轴不动，行星齿轮机构将不传递动力，此时为空挡。

综上所述，单排行星齿轮变速机构的运动规律可归纳为5种（减速、超速、反向、直接、空挡）传动方式和8种工作状态，见表4-1。

表 4－1 单排行星齿轮变速机构的运动规律

<table>
<tr><th>序号</th><th>固定件</th><th>主动件</th><th>从动件</th><th>传动比 $i$</th><th>工作状态</th><th>挡位应用</th></tr>
<tr><td>1</td><td rowspan="2">齿圈</td><td>太阳轮</td><td>行星架</td><td>$i_{13}=n_1/n_3=1+\alpha>1$</td><td>减速传动低挡</td><td>1 挡</td></tr>
<tr><td>2</td><td>行星架</td><td>太阳轮</td><td>$i_{31}=n_3/n_1=1/(1+\alpha)<1$</td><td>超速传动</td><td>未被采用</td></tr>
<tr><td>3</td><td rowspan="2">太阳轮</td><td>齿圈</td><td>行星架</td><td>$i_{23}=n_2/n_3=1+1/\alpha>1$</td><td>减速传动高挡</td><td>2 挡</td></tr>
<tr><td>4</td><td>行星架</td><td>齿圈</td><td>$i_{32}=n_3/n_2=\alpha/(1+\alpha)<1$</td><td>超速传动</td><td>超速挡</td></tr>
<tr><td>5</td><td rowspan="2">行星架</td><td>太阳轮</td><td>齿圈</td><td>$i_{12}=n_1/n_2=-\alpha$</td><td>反向减速传动</td><td>倒挡</td></tr>
<tr><td>6</td><td>齿圈</td><td>太阳轮</td><td>$i_{21}=n_2/n_1=-1/\alpha$</td><td>反向超速传动</td><td>不实用未被采纳</td></tr>
<tr><td>7</td><td colspan="3">三个元件中任意两个联成一体</td><td>$i=1$</td><td>直接传动</td><td>直接挡（3 挡）</td></tr>
<tr><td>8</td><td colspan="3">所有元件不受约束</td><td>自由转动</td><td>失去传动作用</td><td>空挡</td></tr>
</table>

注：(1) $\alpha$ 为齿圈齿数 $z_2$ 与太阳轮齿数 $z_1$ 之比，即 $\alpha=z_2/z_1$；

(2)"－"号表示从动件与主动件转动方向相反。

单排行星齿轮变速机构的变速范围有限，不能满足汽车的实际需要，自动变速器中的行星齿轮变速器一般是采用 2～3 排行星齿轮变速机构传动，其各挡传动比就是根据上述单排行星齿轮变速机构的传动特点进行合理组合得到的。将两个以上的行星排进行组合，选取不同的基本元件作为输入或输出，以及采用不同的执行元件的工作方式，可得到不同类型的行星齿轮变速器。但考虑效率的高低、行星齿轮变速机构的复杂程度，目前常用的自动变速器的行星齿轮装置只有辛普森（*Simpson*）式和拉维娜（*Ravigneaux*）式两种。

## 三、辛普森式行星齿轮变速机构

### 1. 三挡辛普森式行星齿轮变速机构

辛普森式行星齿轮变速器是在自动变速器中应用最广泛的一种行星齿轮变速器，它以美国福特公司的工程师霍华德·辛普森的名字命名，是三速行星齿轮系统，能提供三个前进位和一个倒挡。其结构特点是：前后两个行星齿轮变速机构共用一个太阳轮。

典型的三挡辛普森式行星齿轮变速机构如图 4－5 所示，包括两个行星排，其执行机构由前进离合器、直接挡离合器、单向离合器、2 挡制动器，以及低、倒挡制动器组成。

### 2. 四挡辛普森式行星齿轮变速器

(1) 结构、组成。

目前采用的多是四挡辛普森式行星齿轮变速器，图 4－6、图 4－7 所示为四挡辛普森式行星齿轮变速器的结构简图和元件位置图。

**注意：**不同厂家的四挡辛普森式行星齿轮变速器的元件位置稍有不同。

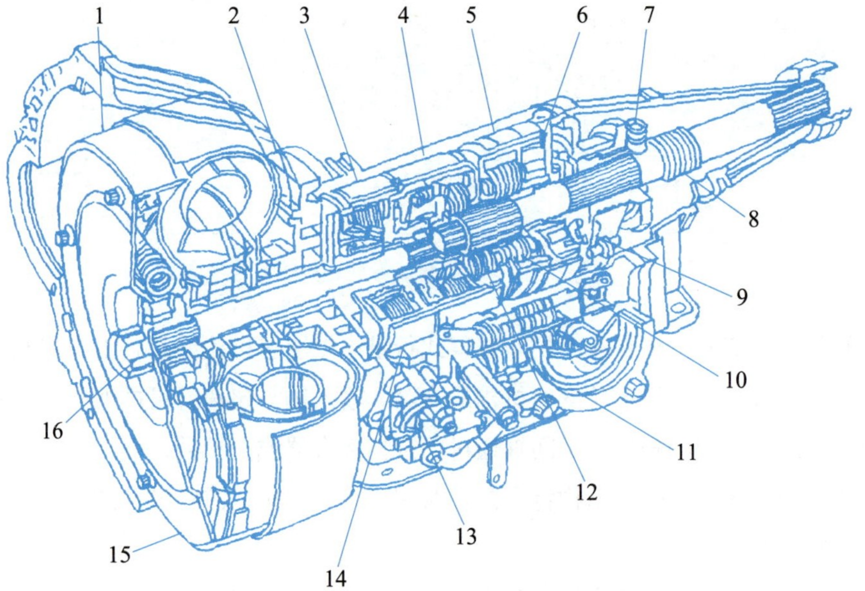


图 4-5　三挡辛普森式行星齿轮变速机构

1—液力变矩器；2—油泵；3—直接挡离合器；4—前进离合器；5—低、倒挡制动器；
6—单向离合器；7—离心调速器；8—输出轴；9—输出轴外齿圈；
10—后行星齿轮排；11—低、倒挡制动器伺服装置；12—前行星齿轮排；
13—控制阀体总成；14—2 挡制动器；15—锁止离合器；16—输入轴

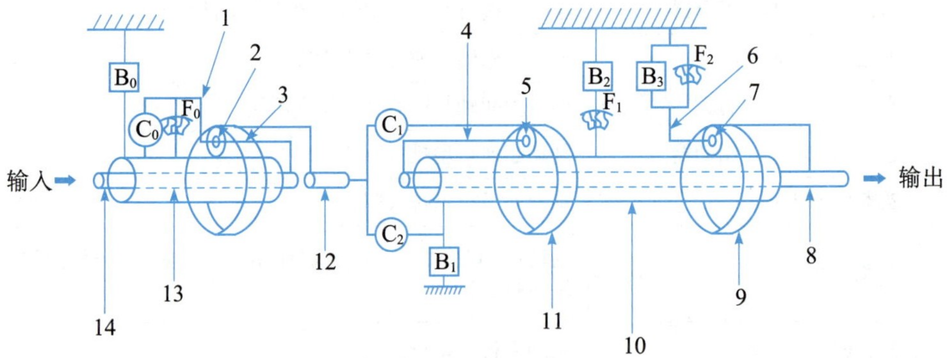


图 4-6　四挡辛普森式行星齿轮变速器结构简图

1—超速（O/D）行星排行星架；2—超速（O/D）行星排行星轮；3—超速（O/D）行星排齿圈；
4—前行星排行星架；5—前行星排行星轮；6—后行星排行星架；7—后行星排行星轮；
8—输出轴；9—后行星排齿圈；10—前后行星排太阳轮；11—前行星排齿圈；12—中间轴；
13—超速（O/D）行星排太阳轮；14—输入轴；$C_0$—超速挡（O/D）离合器；
$C_1$—前进挡离合器；$C_2$—直接挡、倒挡离合器；$B_0$—超速挡（O/D）制动器；
$B_1$—2 挡滑行制动器；$B_2$—2 挡制动器；$B_3$—低、倒挡离合器；
$F_0$—超速挡（O/D）单向离合器；$F_1$—2 挡（1 号）单向离合器；$F_2$—低挡（2 号）单向离合器

四挡辛普森式行星齿轮变速器由四挡辛普森式行星齿轮变速机构和换挡执行元件两大部分组成。其中四挡辛普森式行星齿轮变速机构由三排行星齿轮变速机构组成，前面一排为超速行星排，中间一排为前行星排，后面一排为后行星排，之所以这样命名是由于四挡

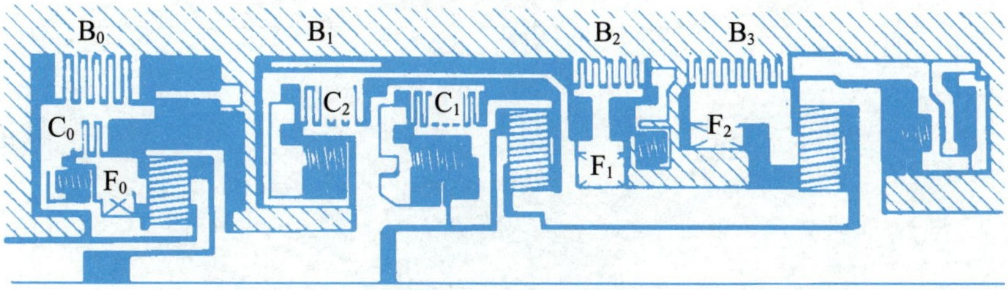


图 4－7　四挡辛普森式行星齿轮变速机构元件位置图

辛普森式行星齿轮变速机构是在三挡辛普森式行星齿轮变速机构的基础上发展起来的，因而沿用了三挡辛普森式行星齿轮变速机构的命名。输入轴与超速行星排的行星架相连，超速行星排的齿圈与中间轴相连，中间轴通过前进挡离合器或直接挡、倒挡离合器与前、后行星排相连。前、后行星排的结构特点是，共用一个太阳轮，前行星排的行星架与后行星排的齿圈相连并与输出轴相连。

换挡执行机构包括三个离合器、四个制动器和三个单向离合器共十个元件，具体的功能见表 4－2。

表 4－2　换挡执行元件的功能

| 换挡执行元件 | | 功能 |
|---|---|---|
| $C_0$ | 超速挡（O/D）离合器 | 连接超速行星排太阳轮与超速行星排行星架 |
| $C_1$ | 前进挡离合器 | 连接中间轴与前行星排齿圈 |
| $C_2$ | 直接挡、倒挡离合器 | 连接中间轴与前后行星排太阳轮 |
| $B_0$ | 超速挡（O/D）制动器 | 制动超速行星排太阳轮 |
| $B_1$ | 2 挡滑行制动器 | 制动前后行星排太阳轮 |
| $B_2$ | 2 挡制动器 | 制动 $F_1$ 外座圈，当 $F_1$ 也起作用时，可防止前后行星排太阳轮逆时针转动 |
| $B_3$ | 低、倒挡离合器 | 制动后行星排行星架 |
| $F_0$ | 超速挡（O/D）单向离合器 | 连接超速行星排太阳轮与超速行星排行星架 |
| $F_1$ | 2 挡（1 号）单向离合器 | 当 $B_2$ 工作时，防止前后行星排太阳轮逆时针转动 |
| $F_2$ | 低挡（2 号）单向离合器 | 防止后行星排行星架逆时针转动 |

**提示：**各换挡执行元件的名称与其功能有关系。

（2）各挡的传动路线。

变速器各挡位对应的换挡执行元件的动作情况见表 4－3。

表 4-3　各挡位对应的换挡执行元件的动作情况

| 变速杆位置 | 挡位 | 换挡执行元件 | | | | | | | | | | 发动机制动 |
|---|---|---|---|---|---|---|---|---|---|---|---|---|
| | | $C_0$ | $C_1$ | $C_2$ | $B_0$ | $B_1$ | $B_2$ | $B_3$ | $F_0$ | $F_1$ | $F_2$ | |
| P | 驻车挡 | ● | | | | | | | | | | |
| R | 倒挡 | ● | | ● | | | | ● | ● | | | |
| N | 空挡 | ● | | | | | | | | | | |
| D | 1 挡 | ● | ● | | | | | | ● | | ● | |
| | 2 挡 | ● | ● | | | | ● | | ● | ● | | |
| | 3 挡 | ● | ● | ● | | | ● | | ● | | | |
| | 4 挡（O/D 挡） | | ● | ● | ● | | ● | | | | | |
| 2 | 1 挡 | ● | ● | | | | | | ● | | ● | |
| | 2 挡 | ● | ● | | | ● | ● | | ● | ● | | ● |
| | 3 挡 | ● | ● | ● | | | ● | | ● | | | ● |
| L | 1 挡 | ● | ● | | | | | ● | ● | | ● | ● |
| | 2 挡 | ● | ● | | | ● | ● | | ● | ● | | ● |

注：●——接合、制动或锁止。

1）D—1 挡。

如图 4-8 所示，D—1 挡时，$C_0$、$C_1$、$F_0$、$F_2$ 工作。$C_0$ 和 $F_0$ 工作将超速行星排的太阳轮和行星架相连，此时超速行星排成为一个刚性整体，输入轴的动力顺时针传到中间轴。$C_1$ 工作将中间轴与前行星排齿圈相连，前行星排齿圈顺时针转动驱动前行星排行星轮，前行星排行星轮既顺时针自转又顺时针公转，前行星排行星轮顺时针公转则输出轴也顺时针转动，这是一条动力传动路线。由于前行星排行星轮顺时针自转，则前后行星排太阳轮逆时针转动，再驱动后行星排行星轮顺时针自转，此时后行星排行星轮在前后行星排太阳轮的作用下有逆时针公转的趋势，但由于 $F_2$ 的作用，使得后行星排行星架不动。这样顺时针转动的后行星排行星轮驱动齿圈顺时针转动，从输出轴也输出动力，这是第二条动力传动路线。

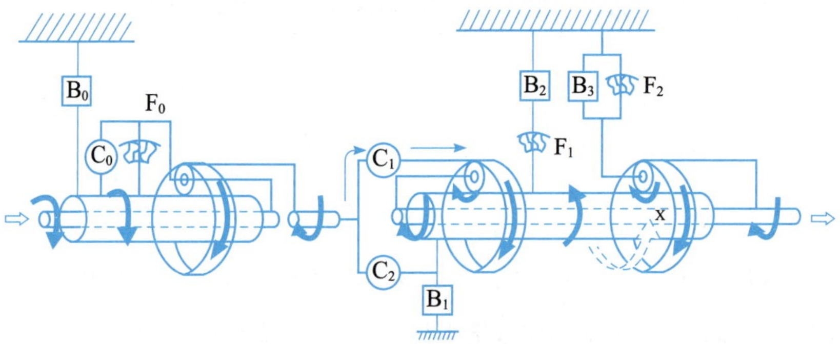


图 4-8　D—1 挡动力传动路线

2）D—2 挡。

如图 4－9 所示，D—2 挡时，$C_0$、$C_1$、$B_2$、$F_0$、$F_1$工作。如前所述，$C_0$和 $F_0$工作直接将动力传给中间轴。$C_1$工作，动力顺时针传到前行星排齿圈，驱动前行星排行星轮顺时针转动，并使前后太阳轮有逆时针转动的趋势。由于 $B_2$的作用，$F_1$将防止前后太阳轮逆时针转动，即前后太阳轮不动。此时前行星排行星轮将带动行星架也顺时针转动，从输出轴输出动力。后行星排不参与动力的传动。

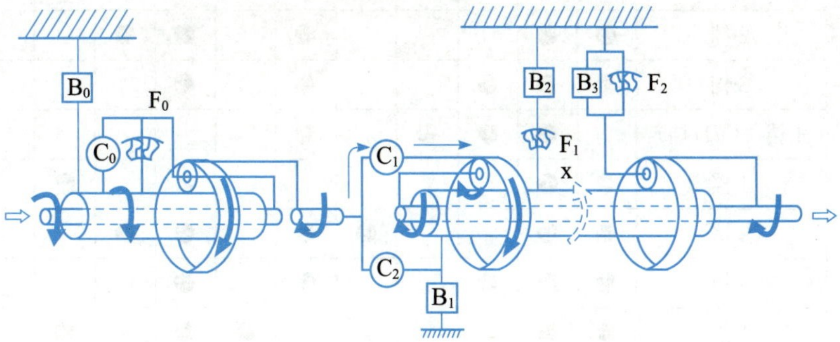


图 4－9　D—2 挡动力传动路线

3）D—3 挡。

如图 4－10 所示，D—3 挡时，$C_0$、$C_1$、$C_2$、$B_2$、$F_0$工作。如前所述，$C_0$和 $F_0$工作直接将动力传给中间轴，$C_1$、$C_2$工作将中间轴与前行星排的齿圈和太阳轮同时连接起来，前行星排成为刚性整体，动力直接传给前行星排行星架，从输出轴输出动力。此挡为直接挡。

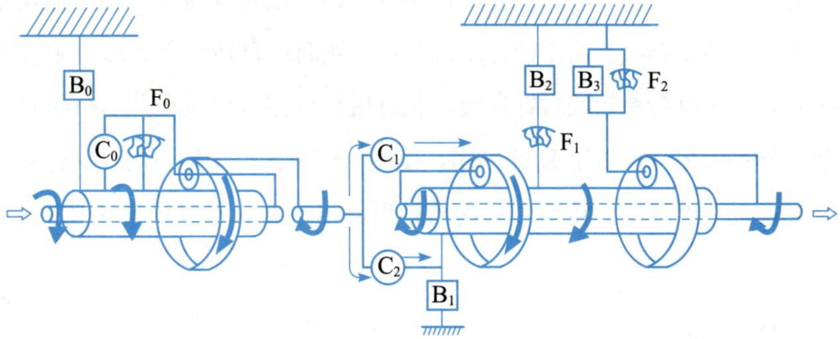


图 4－10　D—3 挡动力传动路线

4）D—4 挡。

如图 4－11 所示，D—4 挡时，$C_1$、$C_2$、$B_0$、$B_2$工作。$B_0$工作，将超速行星排太阳轮固定，动力由输入轴输入，带动超速行星排行星架顺时针转动，并驱动行星轮及齿圈顺时针转动，此时的传动比小于 1，$C_1$、$C_2$工作使得前后行星排的工作同 D—3 挡，即处于直接挡，所以整个机构以超速挡传递动力。$B_2$的作用同前所述。

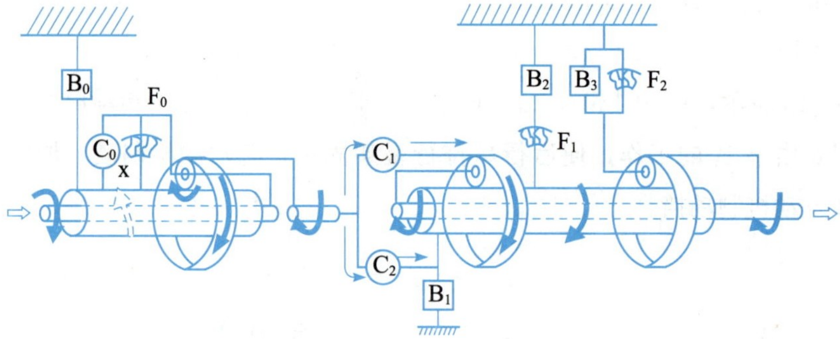


图 4-11　D—4 挡动力传动路线

5）2—1 挡。

2—1 挡的工作与 D—1 挡相同。

6）2—2 挡。

如图 4-12 所示，2—2 挡时，$C_0$、$C_1$、$B_1$、$B_2$、$F_0$、$F_1$工作。动力传动路线与 D—2 挡相同。区别只是由于 $B_1$的工作，使得 2—2 挡有发动机制动，而 D—2 挡没有。此挡为高速发动机制动挡。

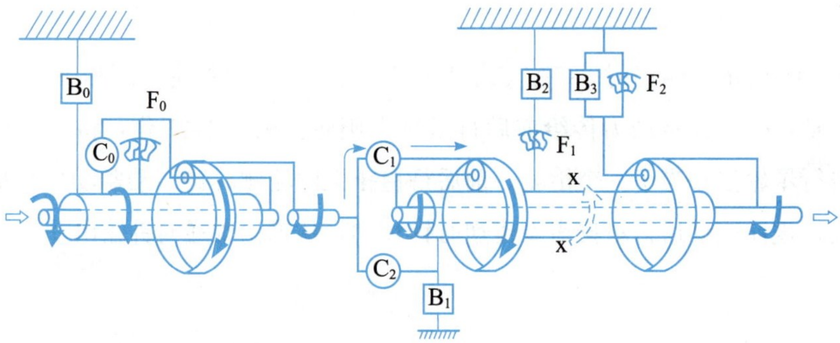


图 4-12　2—2 挡动力传动路线

发动机制动是指利用发动机怠速时的较低转速以及变速器的较低挡位来使较快的车辆减速。D—2 挡时，如果驾驶员抬起加速踏板，发动机就进入怠速工况，而汽车在原有的惯性作用下仍以较高的车速行驶。此时，驱动车轮将通过变速器的输出轴反向带动行星齿轮机构运转，各元件都将以相反的方向转动，即前后太阳轮将有顺时针转动的趋势，$F_1$不起作用，使得反传的动力不能到达发动机，无法利用发动机进行制动。而在 2—2 挡时，$B_1$工作使得前后太阳轮固定，既不能逆时针转动也不能顺时针转动，这样反传的动力就可以传到发动机，所以有发动机制动。

7）2—3 挡。

2—3 挡的工作与 D—3 挡相同。

8）L—1 挡。

如图 4-13 所示，L—1 挡时，$C_0$、$C_1$、$B_3$、$F_0$、$F_2$工作。动力传动路线与 D—1 挡相同。区别只是由于 $B_3$ 的工作，使后行星排行星架固定，有发动机制动，原因同前所述。此挡为低速发动机制动挡。

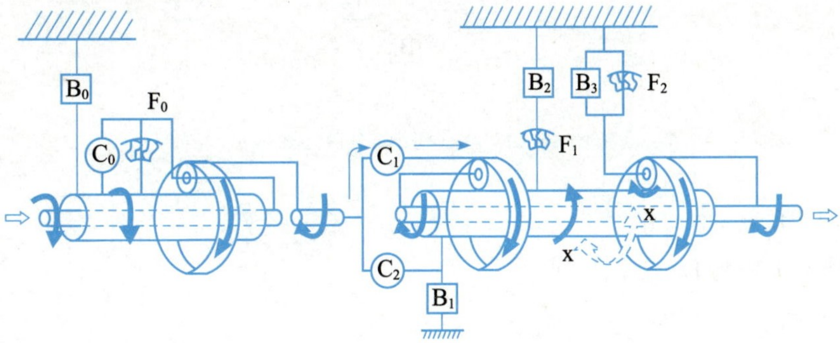


图 4-13　L—1 挡动力传动路线

9）L—2 挡。

L—2 挡的工作与 2—2 挡相同。

10）R 挡。

如图 4-14 所示，倒挡时，$C_0$、$C_2$、$B_3$、$F_0$ 工作。如前所述，$C_0$ 和 $F_0$ 工作直接将动力传给中间轴，$C_2$工作将动力传给前后行星排太阳轮。由于 $B_3$ 工作，将后行星排行星架固定，使得行星轮仅相当于一个惰轮。前后行星排太阳轮顺时针转动驱动后行星排行星架逆时针转动，进而驱动后行星排齿圈也逆时针转动，从输出轴逆时针输出动力。

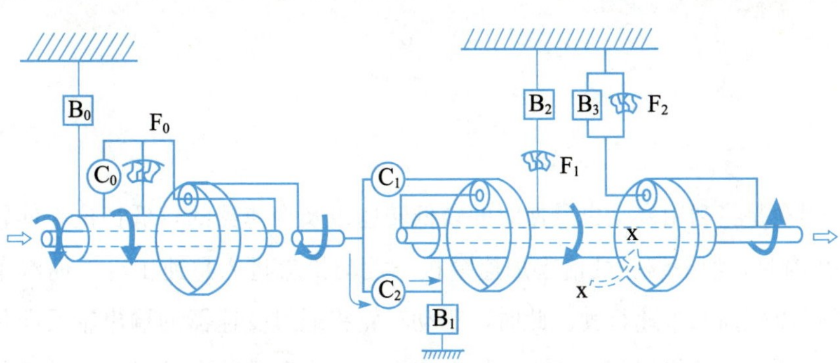


图 4-14　R 位动力传动路线

11）P 挡（驻车挡）。

变速杆置于 P 位时，一般自动变速器都是通过驻车锁止机构将变速器输出轴锁止实现驻车。如图 4-15 所示，驻车锁止机构由输出轴外齿圈、锁止棘爪、锁止凸轮等组成。锁止棘爪与固定在变速器壳体上的枢轴相连。当变速杆处于 P 位时，与变速杆相连的手动阀通过锁止凸轮将锁止棘爪推向输出轴外齿圈，并嵌入齿中，使变速器输出轴与壳体相连而无法转动，如图 4－15（a）所示。当变速杆处于其他位置时，锁止凸轮退回，锁止棘爪在回位弹簧的作用下离开输出轴外齿圈，锁止撤销，如图 4－15（b）所示。

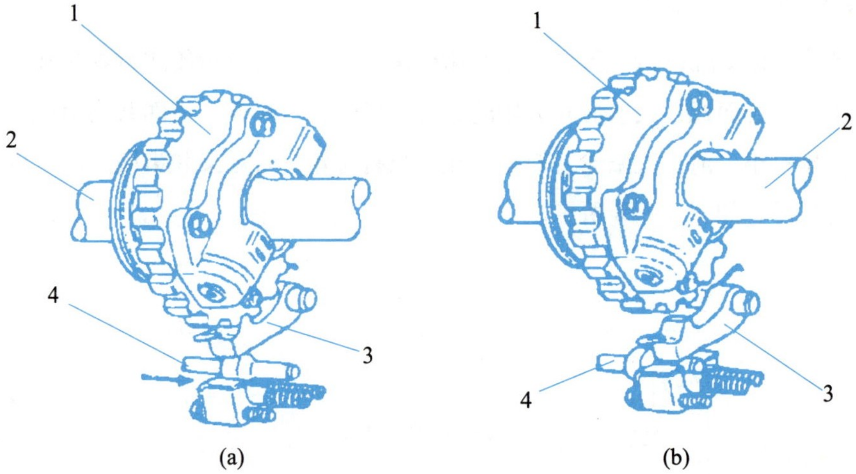


图 4－15　驻车锁止机构

1—输出轴外齿圈；2—输出轴；3—锁止棘爪；4—锁止凸轮

通过分析各挡位换挡执行元件的工作情况及各挡位动力的传动路线，可以得出以下结论：

1）如果 $C_1$ 故障，则自动变速器没有前进挡，即将变速杆置于 D 位、2 位或 L 位时车辆都无法起步行驶。但对于倒挡没有影响。

2）如果 $C_2$ 故障，则自动变速器没有 3 挡，倒挡也将没有。

3）如果 $B_2$ 或 $F_1$ 故障，则自动变速器没有 D—2 挡，但对于 2—2 挡没有影响。

4）如果 $B_3$ 故障，则自动变速器没有倒挡。

5）如果 $F_0$ 故障，则自动变速器 3 挡升 4 挡时会产生换挡冲击。这是由于 3 挡升 4 挡时，相当于由 $C_0$ 切换到 $B_0$，但 $C_0$、$B_0$ 有可能同时不工作。此时负荷的作用将使超速行星排的齿圈不动，如果没有 $F_0$，在行星架的驱动下太阳轮将顺时针超速转动，当 $B_0$ 工作时产生换挡冲击。

6）如果 $F_2$ 故障，则自动变速器没有 D—1 挡和 2—2 挡，但对于 L—1 挡没有影响。

7）换挡时，单向离合器是自动参与工作的，所以只考虑离合器和制动器的工作即可。D—1 挡升 D—2 挡 $B_2$ 工作，D—2 挡升 D—3 挡 $C_2$ 工作，D—3 挡和 D—4 挡互换，相当于 $C_0$ 和 $B_0$ 互换。

8）如果某挡位的动力传动路线上有单向离合器工作，则该挡位没有发动机制动。

**提示：** 有些挡位虽然标明有单向离合器工作，但有可能被其他元件取代而实际上不工作。如 2—2 挡的 $B_1$ 工作后，$F_1$ 实际上已不起作用，$C_0$ 也可以取代 $F_0$，这样此挡虽标明有单向离合器工作，但都不起作用，所以有发动机制动。

## 四、拉维娜式行星齿轮变速机构

拉维娜式（Ravigneaux）行星齿轮变速机构由一个单行星齿轮式行星排和一个双行星齿轮式行星排组合而成：大（后）太阳轮和长行星轮、行星架、齿圈共同组成一个单行星齿轮式行星排；小（前）太阳轮、短行星轮、长行星轮、行星架和齿圈共同组成一个双行星齿轮式行星排，如图 4－16 所示。

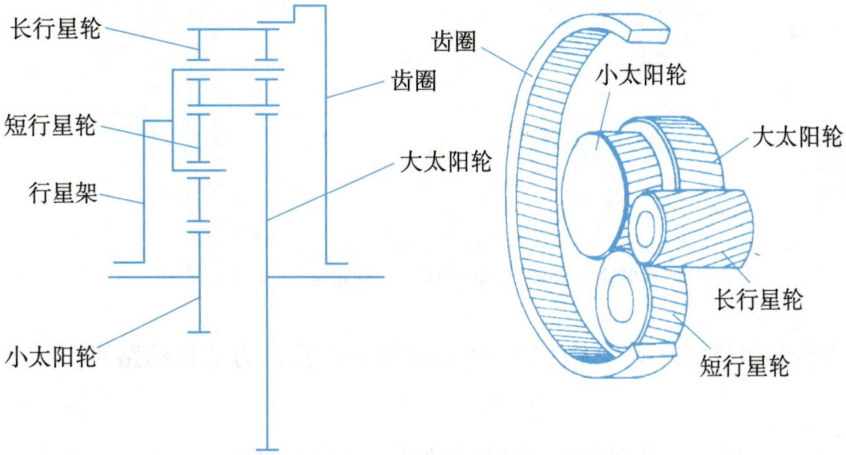


图 4－16　拉维娜式行星齿轮变速机构

拉维娜式行星齿轮变速机构的特点是：两行星排共用一个齿圈和一个行星架。因此它只有 4 个独立元件，即前太阳轮、后太阳轮、行星架、齿圈。这种行星齿轮式变速机构具有结构简单、尺寸小、传动比变化范围大、灵活多变等特点。自 20 世纪 70 年代开始，它应用于许多轿车自动变速器，特别是前轮驱动式轿车的自动变速器，如奥迪、大众、通用、福特、三菱等公司生产的自动变速器多采用此结构。

1. 01M 型

（1）结构和组成。

拉维娜式行星齿轮变速器的简图，如图 4－17 所示，其中离合器 $K_2$ 用于驱动大太阳轮，离合器 $K_3$ 用于驱动行星齿轮架，制动器 $B_1$ 用于制动行星齿轮架，制动器 $B_2$ 用于制动大太阳轮，单向离合器 F 防止行星架逆时针转动，锁止离合器 LC 将变矩器的泵轮和涡轮刚性连在一起。

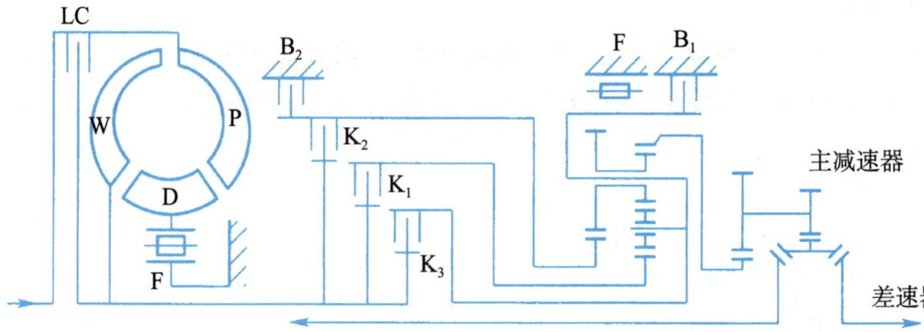


图 4-17 拉维娜式行星齿轮变速器的简图

(2) 各挡位执行元件工作情况。

各挡位执行元件的工作情况见表 4-4。

表 4-4 各挡位执行元件的工作情况

| 选择 | 挡位 | $B_1$ | $B_2$ | $K_1$ | $K_2$ | $K_3$ | F |
|---|---|---|---|---|---|---|---|
| R | 倒挡 | ● | | | ● | | ● |
| D | 1挡 | | | ● | | | ● |
| | 2挡 | | ● | ● | | | |
| | 3挡 | | | ● | | ● | |
| | 4挡 | | ● | | | ● | |

注：●—离合器、制动器或单向离合器工作。

(3) 各挡动力传递路线。

1) D—1 挡。

如图 4-18 所示，离合器 $K_1$ 接合，单向离合器 F 工作。动力传动路线为：泵轮→涡轮→涡轮轴→离合器 $K_1$ →小太阳轮→短行星轮→长行星轮驱动齿圈。

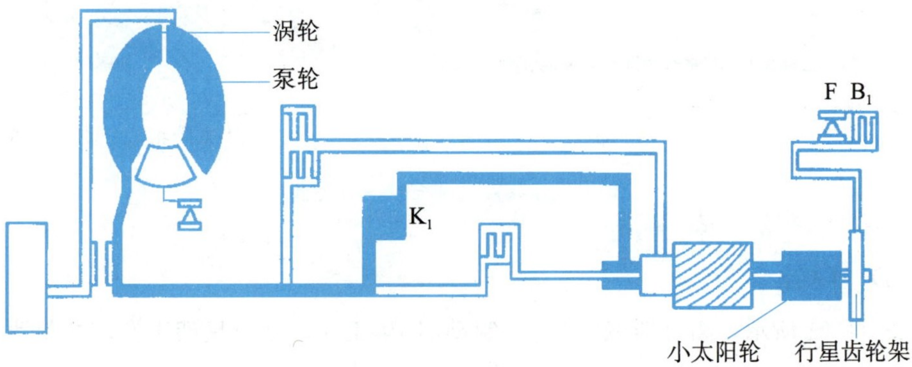


图 4-18 D—1 挡动力传动路线

2）D—2 挡。

如图 4－19 所示，离合器 $K_1$ 接合，制动器 $B_2$ 制动大太阳轮。动力传动路线为：泵轮→涡轮→涡轮轴→离合器 $K_1$ →小太阳轮→短行星轮→长行星轮围绕大太阳轮转动并驱动齿圈。

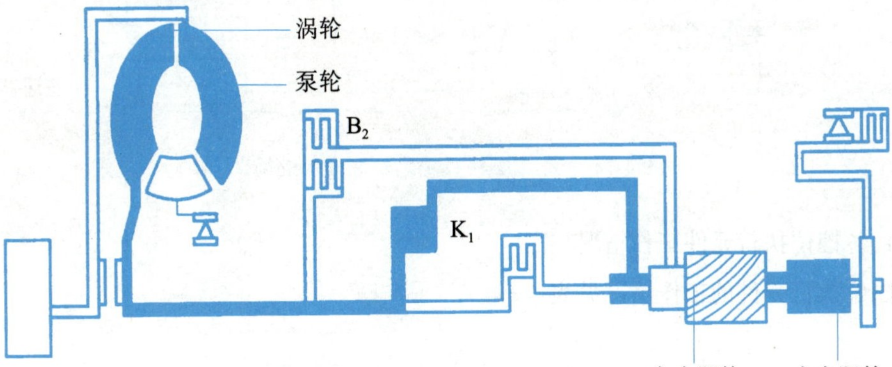


图 4－19　D—2 挡动力传动路线

3）D—3 挡。

如图 4－20 所示，离合器 $K_1$ 和 $K_3$ 接合，驱动小太阳轮和行星架，因而使行星齿轮机构锁止并一同转动。动力传动路线为：泵轮→涡轮→涡轮轴→离合器 $K_1$ 和 $K_3$ →整个行星齿轮转动。

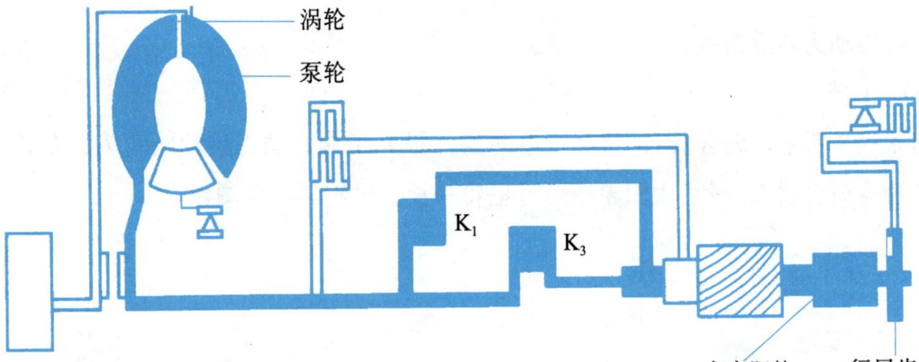


图 4－20　D—3 挡动力传动路线

4）D—4 挡。

如图 4－21 所示，离合器 $K_3$ 接合，制动器 $B_2$ 工作，使行星架工作，并制动大太阳轮。动力传动路线为：泵轮→涡轮→涡轮轴→离合器 $K_3$ →行星架→长行星轮围绕大太阳轮转动并驱动齿圈。

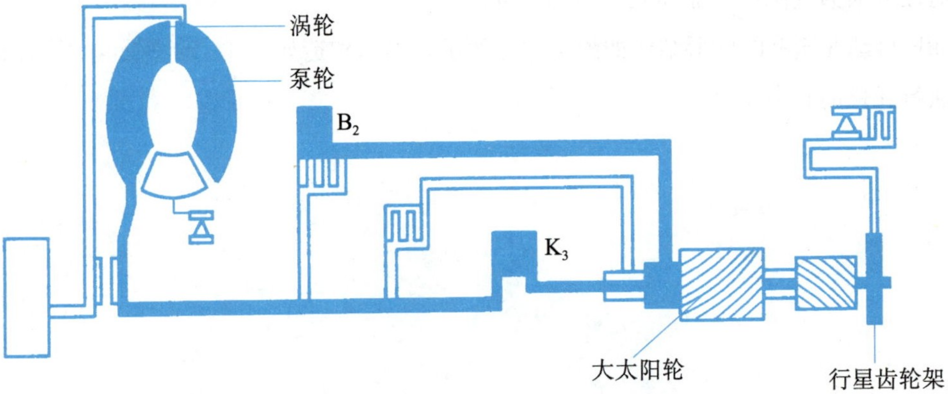


图 4-21 D—4 挡动力传动路线

5）R 挡。

如图 4-22 所示，变速杆在“R”位置时，离合器 $K_2$ 接合，驱动大太阳轮；制动器 $B_1$ 工作，使行星架制动，并制动大太阳轮。动力传动路线为：泵轮→涡轮→涡轮轴→离合器 $K_2$ →大太阳轮→长行星轮反向驱动齿圈。

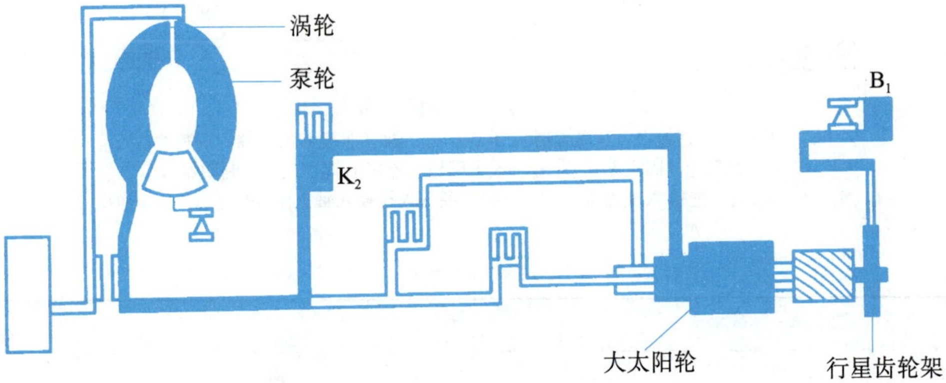


图 4-22 R 挡动力传动路线

2. 09E 型

(1) 简介。

09E 型（6HPP-26）6 速自动变速器是德国的 ZF 公司开发的，是新型 6 速自动变速器家族中的首位成员，取代了著名的 5 挡自动变速器 01V 和 01L。09E 型为电液控制的行星齿轮式自动变速器，带有液力变矩器和防滑的锁止离合器，其 6 速行星齿轮装置采用称为“Lepelletier”的齿轮副结构，该结构的特点是挡位分布合理，且只有 5 个换挡元件就可以实现 6 个前进挡和 1 个倒挡。

新型的 6 挡自动变速器 09E 代表了多级自动变速器的最新发展，它在经济性、动力性和舒适性方面为其同类产品设立了新的标准。

09E 自动变速器的外形结构如图 4-23 所示，内部构造如图 4-24 所示，不同挡位各换挡执行元件的状态见表 4-5。

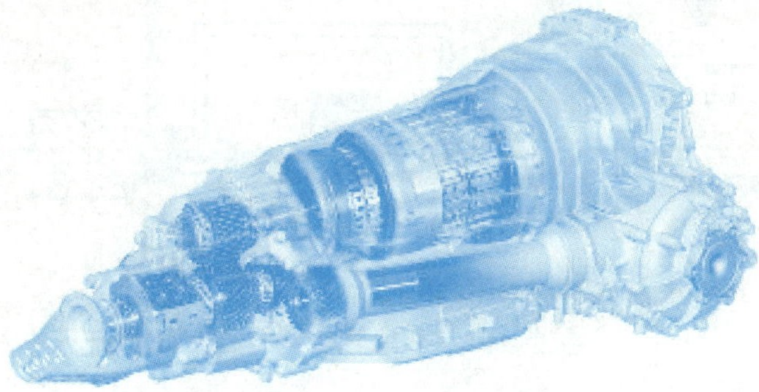

图 4-23　09E 自动变速器外形结构

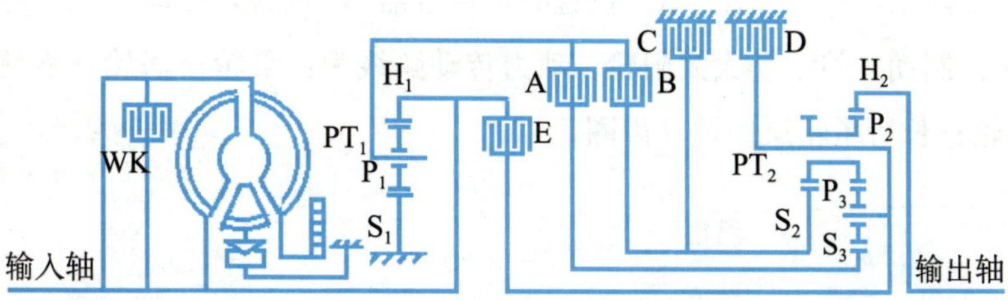


图 4-24　09E 内部构造

$PT_1$—行星架（连接 A、B 离合器）；$PT_2$—行星架（连接 E 离合器、D 制动器）；
$S_1$—太阳轮（固定不动）；$S_2$—大太阳轮（连接 B 离合器、C 制动器）；
$S_3$—小太阳轮（连接 A 离合器）；$H_1$—前齿圈（连接输入轴、E 离合器）；$H_2$—输出

表 4-5　不同挡位各换挡执行元件的状态

| 位杆 | 挡位 | 离合器 A | 离合器 B | 制动器 C | 制动器 D | 离合器 E | WK |
|---|---|---|---|---|---|---|---|
| P | P | | | | ● | | |
| R | R | | ● | | ● | | |
| N | N | | | | ● | | |
| D | 1 | ● | | | ● | | ● |
| | 2 | ● | | ● | | | ● |
| | 3 | ● | ● | | | | ● |
| | 4 | ● | | | | ● | ● |
| | 5 | | ● | | | ● | ● |
| | 6 | | | ● | | ● | ● |

注：●—接合、制动或锁止。

（2）各挡动力传递路线。

1）P/N 挡。

P/N 挡动力传递路线如图 4－25 所示。

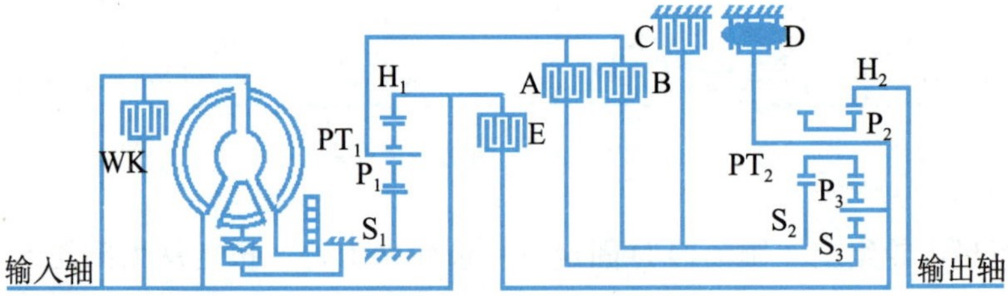


图 4－25　P/N 挡动力传动路线

在 P/N 挡，制动器 D 固定行星齿轮架 $PT_2$，其他换挡执行机构不工作，无动力输出。在 P 挡时，停车锁止器是防止车辆滑移的一种安全装置。它采用传统结构，即用挡位选择杆经由软套管钢丝索操作（纯机械式）。停车锁止轮与齿圈 2、驱动轴连接，因此，卡住停车锁止轮齿的锁止分动器阻塞了分配器的驱动，前后桥被锁止，车辆处在静止状态。

2）R 挡。

R 挡动力传递路线如图 4－26 所示。

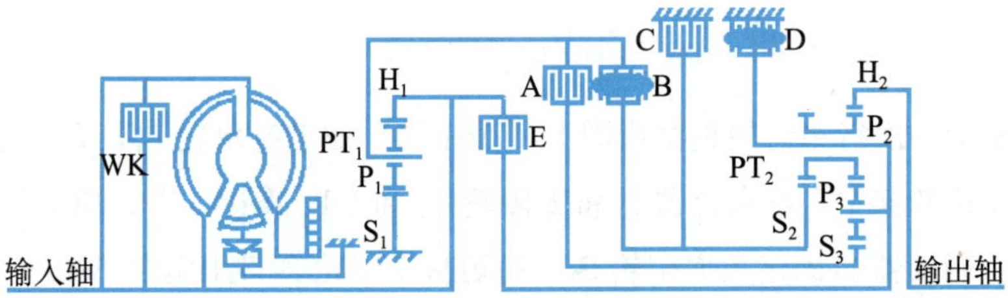


图 4－26　R 挡动力传递路线

涡轮轴驱动一级行星齿轮组的齿圈 $H_1$。齿圈 $H_1$ 驱动行星架上的行星轮 $P_1$，太阳轮 $S_1$ 固定，由此驱动行星架 $PT_1$。离合器 B 工作，将一级行星架 $PT_1$ 的动力传递至二级行星齿轮组的太阳轮 $S_2$，制动器 D 将制动器将二级行星齿轮组的行星架 $PT_2$ 制动，扭矩将太阳轮 $S_2$ 传到长行星轮 $P_2$，在 $PT_2$ 作用下扭矩传递到内齿圈 $H_2$ 上，这样齿圈 $H_2$ 形成反向输出。

3）D—1 挡。

D—1 挡动力传递路线如图 4－27 所示。

涡轮轴驱动一级行星齿轮组的齿圈 $H_1$。齿圈 $H_1$ 驱动行星架上的行星轮 $P_1$，太阳轮 $S_1$ 固定，由此驱动行星架 $PT_1$。离合器 A 工作，将后太阳轮 $S_3$ 和 $PT_1$ 连接起来，将扭矩

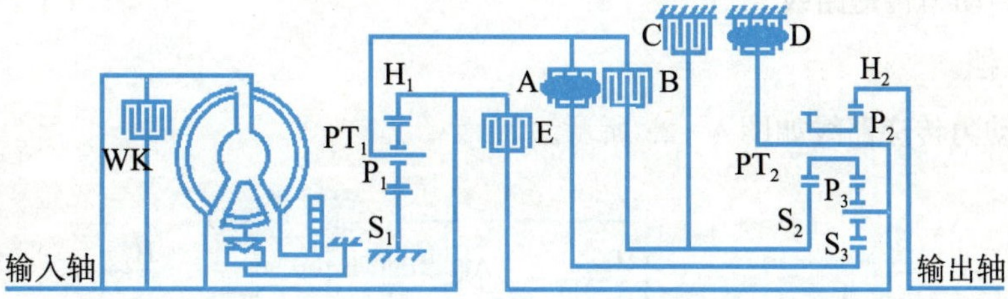


图 4-27 D—1 挡动力传递路线

传递到二次行星齿轮组上。制动器 D 固定行星齿轮架 $PT_2$。扭矩从太阳轮 $S_3$ 上传递到短行星轮 $P_3$ 上，并从 $P_3$ 传递到长行星轮 $P_2$ 上。长行星轮 $P_2$ 直接将扭矩传递到与驱动轴相连的齿圈 $H_2$ 上。

4）D—2 挡。

D—2 挡动力传递路线如图 4-28 所示。

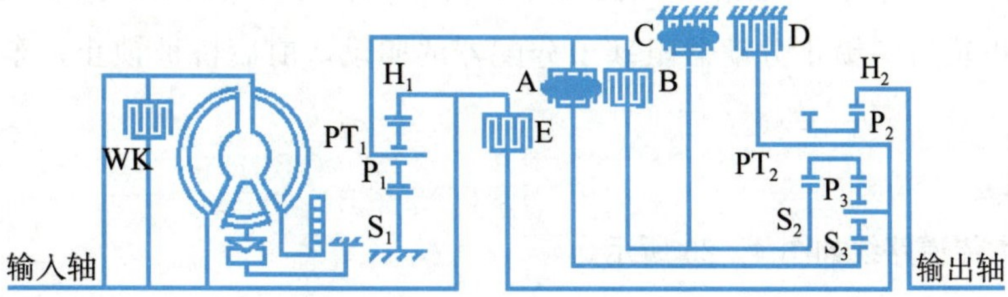


图 4-28 D—2 挡动力传递路线

涡轮轴驱动一次行星齿轮组的齿圈 $H_1$。齿圈 $H_1$ 驱动行星轮 $P_1$，太阳轮 $S_1$ 被固定，由此驱动行星齿轮架 $PT_1$。离合器 A 将太阳轮 $S_3$ 和 $PT_1$ 连接，以将扭矩传递到二次行星齿轮组上。制动器 C 固定大太阳轮 $S_2$。扭矩从太阳轮 $S_3$ 上传递到短行星轮 $P_3$ 上，并从那儿传递到长行星轮 $P_2$ 上。长行星轮 $P_2$ 在固定安装的中心轮 $S_2$ 上滚动，并驱动齿圈 $H_2$。

5）D—3 挡。

D—3 挡动力传递路线如图 4-29 所示。

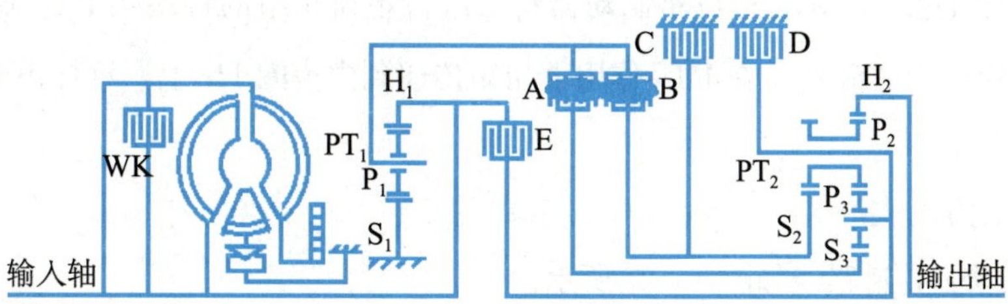


图 4-29 D—3 挡动力传递路线

涡轮轴驱动一次行星齿轮组的齿圈 $H_1$。齿圈 $H_1$ 驱动行星轮 $P_1$，太阳轮 $S_1$ 被固定，由此驱动行星齿轮架 $PT_1$。离合器 A 将太阳轮 $S_3$ 和 $PT_1$ 连接，以将扭矩传递到二次行星齿轮组上。同样，离合器 B 将力矩传递到二次行星齿轮组太阳轮 $S_2$ 上。两个离合器 A 和 B 就以同样的速度传递至二次行星齿轮组。这样力矩直接从一级行星齿轮组传递到驱动轴上。

6）D—4 挡。

D—4 挡动力传递路线如图 4－30 所示。

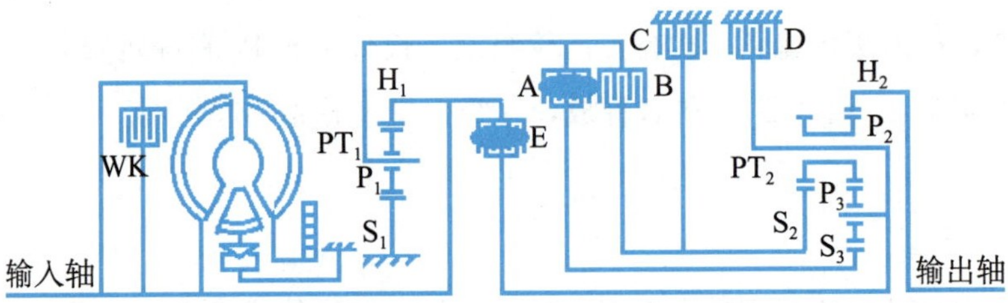


图 4－30　D—4 挡动力传递路线

涡轮轴驱动一次行星齿轮组的齿圈 $H_1$，齿圈 $H_1$ 驱动行星齿轮 $P_1$，太阳轮 $S_1$ 被固定，由此驱动行星齿轮架 $PT_1$。离合器 A 将太阳轮 $S_3$ 和 $PT_1$ 连接，以将扭矩传递到二次行星齿轮组上。离合器 E 工作，将涡轮轴的动力直接传递到行星架 $PT_2$。与短行星轮 $P_3$ 啮合的长行星轮 $P_2$ 和行星齿轮架 $PT_2$ 一起驱动齿圈 $H_2$。

7）D—5 挡。

D—5 挡动力传递路线如图 4－31 所示。

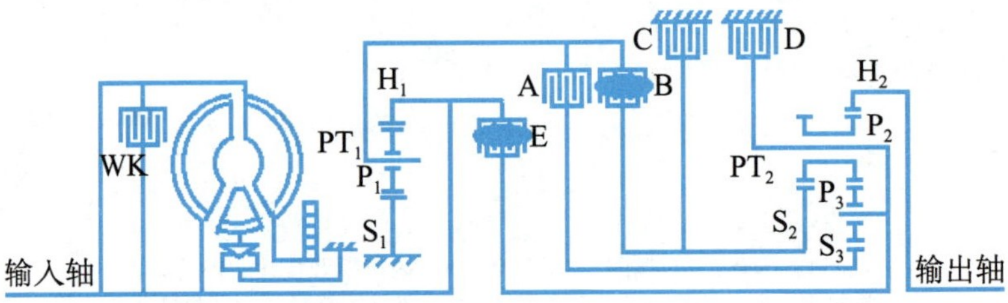


图 4－31　D—5 挡动力传递路线

涡轮轴驱动一次行星齿轮组的齿圈 $H_1$，齿圈 $H_1$ 驱动行星齿轮 $P_1$，太阳轮 $S_1$ 被固定，由此驱动行星齿轮架 $PT_1$。离合器 B 工作，将 $PT_1$ 输出动力传递至太阳轮 $S_2$；离合器 E 工作，将涡轮轴的动力直接传递到行星架 $PT_2$。长行星轮 $P_2$ 和行星齿轮架 $PT_2$、太阳轮 $S_2$ 一起驱动齿圈 $H_2$。

8）D—6 挡。

D—6 挡动力传递路线如图 4－32 所示。

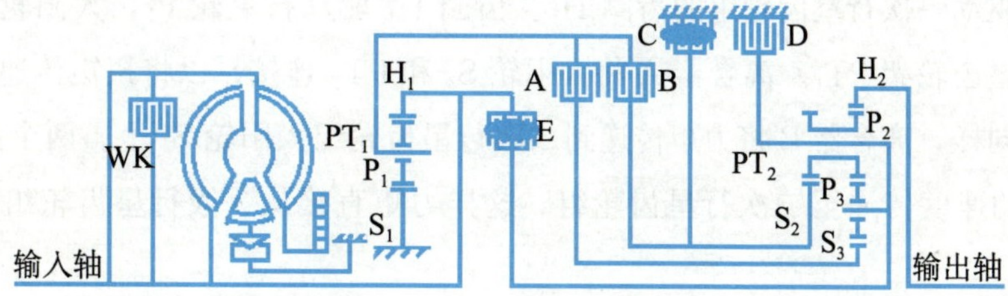


图 4-32 D—6 挡动力传递路线

制动器 C 固定太阳轮 $S_2$。离合器 E 工作，将二次行星齿轮组的行星齿轮架 $PT_2$ 和涡轮轴连接起来，将力矩传递到二次行星齿轮组上。长行星轮 $P_2$ 在固定安装的太阳轮 $S_2$ 上滚动并驱动齿圈 $H_2$。离合器 A 和 B 释放，一级行星齿轮组不起作用。

## 项目实施

从电控液力自动变速器实物中拆下一排完整的行星齿轮排；掌握行星齿轮机构的结构（三元件和附带的执行原件）和变速原理；学习行星齿轮机构的检修。

### 一、行星齿轮机构的分解

按顺序分解超速挡行星排和超速挡单向离合器，如图 4-33 所示。

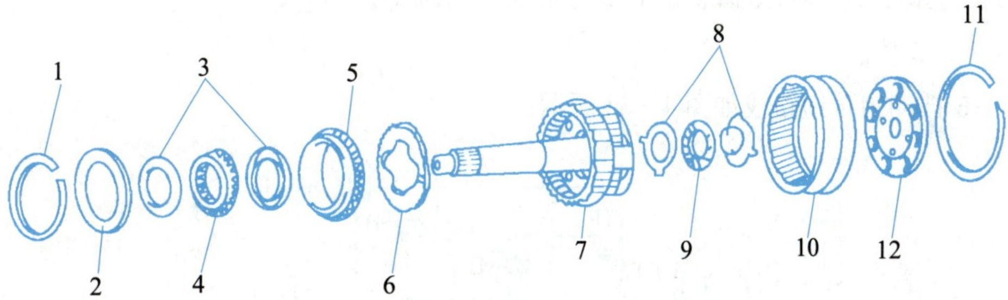


图 4-33 A341E 型自动变速器超速行星排分解图

1、11—卡环；2—挡圈；3—挡环；4—内座圈及楔块、保持架；
5—单向离合器外座圈；6—止推垫片；7—超速挡行星架和行星轮组件；
8—止推垫圈；9—推力轴承；10—齿圈；12—齿圈凸缘盘

### 二、单向离合器的检查

检查附带的单向离合器的锁止方向，应使该单向离合器外圈相对于内圈在逆时针方向锁止，在顺时针方向（由自动变速器前方看，下同）可以自由转动，如图 4-34 所示。检查单向离合器滚柱或楔块、保持架、内外滚道有无破损、磨损、起槽等。若有，应更换新件。

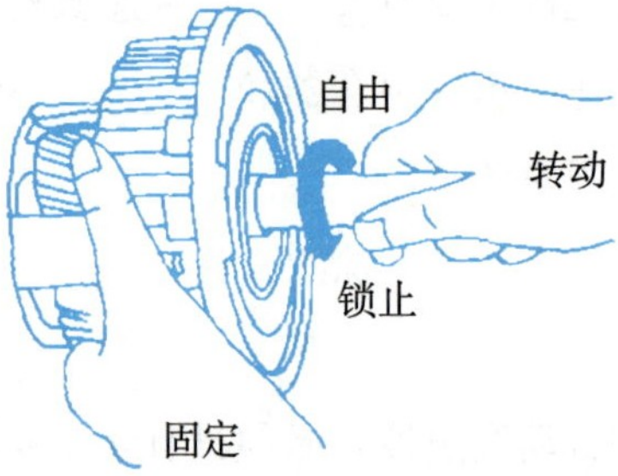


图 4-34　检查单向离合器运转情况

## 三、行星排和单向离合器的检查

（1）目视检查太阳轮、行星轮和齿圈的齿面，如有磨损、斑点或削落，应更换整个行星排。

（2）检查行星轮与行星架之间的间隙，如图 4-35 所示。其标准间隙为 0.2～0.6mm，否则应更换止推垫片或行星架和行星轮组件。

（3）检查太阳轮、行星架、齿圈等零件的轴颈或滑动轴承处有无磨损，如有磨损，应更换新件。

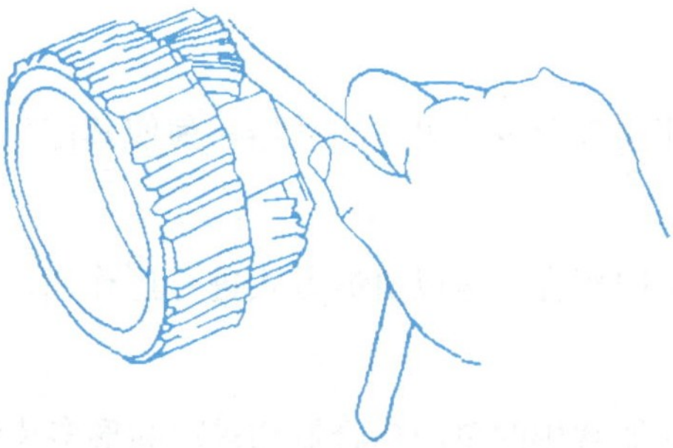

图 4-35　检查行星轮与行星架间隙

## 四、行星排的装配

（1）清洗所有零件，涂上少许 ATF，按分解相反的顺序进行装配。

（2）装好单向离合器之后，应再次检查，保证其锁止方向正确，在自由转动方向上转动灵活。

## 测试题

**一、填空题**

1. 单排行星齿轮机构由________、________和________组成。

2. 自动变速器的齿轮变速机构主要有________变速机构和________变速机构。

3. 辛普森式自动变速器低速挡单向离合器和________一起负责固定________。

4. 两组行星轮共用一个太阳轮的是________。

5. 行星排装配时，要清洗所有零件，涂上少许________。

**二、判断题**

1. 具有 4 个前进挡的电控自动变速器，必须具有 4 个换挡电磁阀。（　　）

2. 电控自动变速器的换挡电磁阀直接由阀体搭铁，由 ECU 控制其工作电源。（　　）

3. 自动变速器的“发动机制动运行”是指发动机成为负载的一种运行方式。（　　）

4. 自动变速器的滑行方式最适合长下坡的道路使用。（　　）

5. 在 L 挡时，自动变速器的运作既有滑行方式也有发动机制动方式。（　　）

6. 在 D—1、D—2 挡工作时，自动变速器自动采用发动机制动运行方式。（　　）

7. 自动变速器中制动器的作用是把行星齿轮机构中的某两个元件连接起来，形成一个整体共同旋转。（　　）

8. 自动变速器的制动器能把行星齿轮机构中某元件锁止，不让其进行旋转；而离合器的作用是将两个元件连接成一体，共同旋转。（　　）

9. 自动变速器的离合器的自由间隙是利用增减离合器摩擦盘片或钢片的片数进行调整的。（　　）

10. 在自动变速器中使用数个多片湿式制动器，为使其停止运作时油缸迅速排油，其油缸内设置有单向阀。（　　）

11. 自动变速器中的单向离合器是以机械方式进行运作的，而多片式离合器则是利用液压进行操纵的。（　　）

12. 通用汽车自动变速器常用的单向离合器均采用圆形多片湿式结构。（　　）

**三、单项选择题**

1. 连接行星齿轮三元件中的任意两个元件时，必为（　　）。

A. 倒挡　　B. 升速挡　　C. 降速挡　　D. 直接挡

2. 当行星齿轮三元件中的行星架为被动轮时，必为（　　）。

A. 倒挡　　B. 加速挡　　C. 减速挡　　D. 直接挡

3. 行星齿轮不具有的作用是（　　）。

A. 提供几种传动比，以获得适当的扭矩及转动速度

B. 实现无级变速

C. 实现倒车

D. 提供停车时所需要的空挡，让发动机怠速运转

**四、实际操作题**

1. 对照实物、模型或图片说明单排行星齿轮机构的组成和运动规律。

2. 对照分解的辛普森行星齿轮变速器找到各换挡执行元件及各挡动力传动路线。

**五、思考题**

1. 什么是行星齿轮机构？单排行星齿轮机构的运动规律方程式是什么？

2. 对于单排行星齿轮机构，试说明如何才能得到变速器所需的各种挡位。

3. 自动变速器为什么要采用组合式行星齿轮机构？

4. 辛普森式行星齿轮变速机构中既然已经用 $B_1$ 制动太阳轮，为什么还要利用制动器 $B_2$ 和单向离合器 $F_1$ 起同样的作用？

5. 辛普森式行星齿轮变速机构中，超速行星齿轮排上的离合器、制动器和单向离合器各起什么作用？

6. 如何检查单向离合器？

## 知识拓展测试题

**一、判断题**

1. 采用拉维娜式行星齿轮的自动变速器，D—1 挡只有单行星排运作。（　　）

2. 拉维娜式行星齿轮机构的特点是：两行星排共用一个太阳轮。（　　）

**二、选择题**

1. 在拉维娜式行星齿轮机构中，形成倒挡的条件是（　　）。

A. 太阳齿轮被锁止　　B. 齿圈被固定

C. 行星架被锁止　　D. 行星齿轮被锁止

2. 在自动变速器中，行星齿系中有锁止元件，并且行星架作为输入元件时，行星齿轮机构就（　　）。

A. 形成降速挡　　B. 形成降矩挡

C. 输出与输入转向相反　　D. 形成增速挡

**三、实际操作题**

1. 对照分解的实物、模型或图片说明四挡拉维娜式行星齿轮变速器各挡的传动路线。

2. 实操拆装四挡拉维娜式行星齿轮机构。

项目五

# 换挡执行机构的检修

| 学习目标 | 学习要求 | 教学建议 |
|---|---|---|
| 掌握换挡执行元件的结构、原理与检修。 | 应知：换挡执行元件的结构、原理。<br>应会：换挡执行元件的检修和简单故障的诊断与排除。 | 1. 以教师讲解和示范为主，并结合多媒体课件或录像组织教学。<br>2. 故障检修部分可由学生分组讨论，然后由教师总结。 |

## 项目准备

1. 多片式离合器解剖实物 2 套。
2. 制动带解剖实物 2 套。

## 理论学习

行星齿轮变速器中的所有齿轮都处于常啮合状态，挡位变换必须通过以不同方式对行星齿轮机构的基本元件进行约束（即固定或连接某些基本元件）来实现。能对这些基本元件实施约束的机构，就是行星齿轮变速器的换挡执行机构。

执行机构主要由离合器、制动器和单向离合器三种执行元件组成，离合器和制动器以液压方式控制行星齿轮机构元件的旋转，单向离合器则以机械方式对行星齿轮机构的元件进行锁止。

### 一、片式离合器

离合器的作用是将变速器的输入轴和行星排的某个基本元件连接，或将行星排的某两个基本元件连接在一起，使之成为一个整体转动，目前自动变速器中所用的离合器为湿式多片离合器。

#### 1. 结构、组成

片式离合器通常由离合器鼓、离合器活塞、回位弹簧、钢片、摩擦片等组成，其结构如图 5 - 1 所示。离合器活塞安装在离合器鼓内，它是一种环状活塞，由活塞内外圆的密封圈保证其密封，从而和离合器鼓一起形成一个封闭的环状液压缸，并通过离合器内圆轴颈上的进油孔和控制油道相通。钢片和摩擦片交错排列，两者统称离合器片，摩擦片内圈有花键齿，钢片与离合器主动件相连，摩擦片与离合器从动件相连。摩擦片两面均为摩擦系数较大的铜基粉末冶金层或合金纤维层。

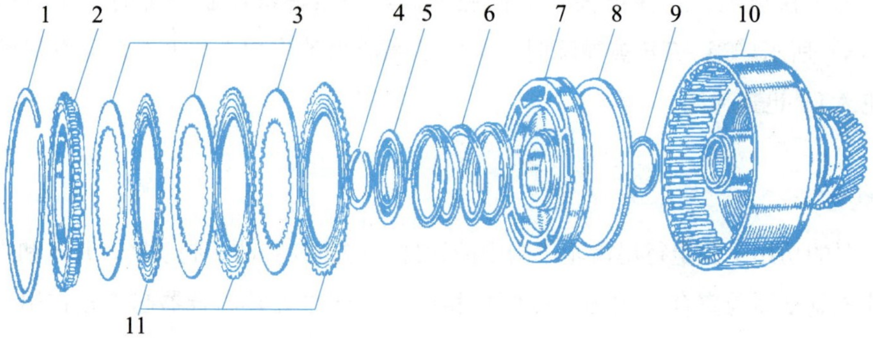


图 5-1　片式离合器零部件组成

1—卡环；2—挡圈；3—钢片；4—小卡环；5—弹簧座；6—回位弹簧；7—活塞；8—活塞外缘密封圈；9—活塞内缘密封圈；10—离合器鼓与壳体；11—摩擦片

### 2. 工作过程

片式离合器的工作原理如图 5-2 所示，输入轴为主动件，驱动齿轮与输入轴制成一体，主动钢片内圆的凸缘安放在驱动齿轮的键槽中，从而实现滑动连接。钢片既能随驱动齿轮转动，又能做少量轴向移动。

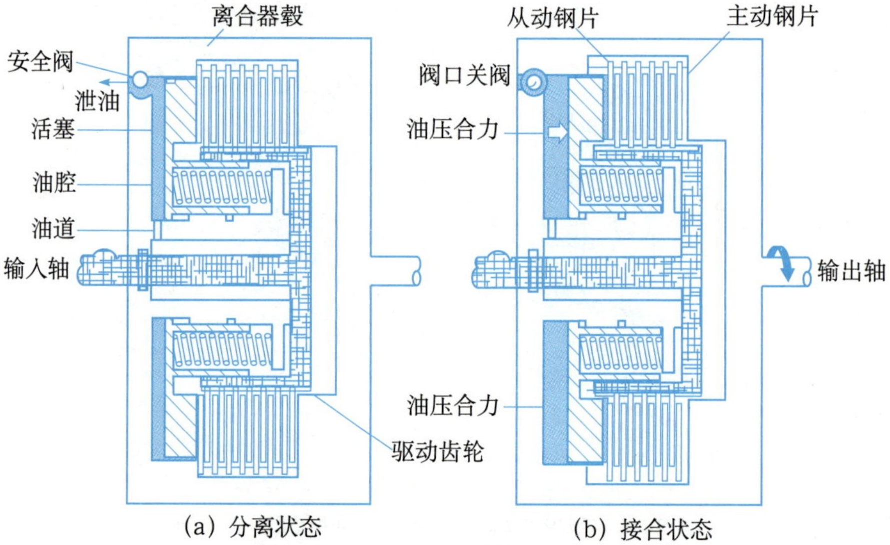


(a) 分离状态　　(b) 接合状态

图 5-2　片式离合器的工作原理

当一定压力的 ATF 经控制油道进入活塞左面的液压缸时，液压作用力便克服弹簧力使活塞右移，将所有离合片压紧，即离合器接合，如图 5-2（b）所示。动力传递路线为：

输入轴→驱动齿轮→钢片→摩擦片→离合器鼓→输出轴。当离合器处于接合状态时，便将驱动齿轮和离合器鼓连接的机件（变速器轴和行星排的基本原件）连成一体，从而实现变速传动。

当液压控制系统的油压撤除后，活塞在回位弹簧的作用下恢复原位，离合器又处于分离状态。为了快速泄油，保证离合器彻底分离，一般在液压缸中都有一个单向阀，如图 5－2（a）所示，当 ATF 被撤除时，球体在离心力的作用下离开阀座，开启辅助泄油通道，使 ATF 迅速撤除。

## 二、制动器

制动器的功用是固定行星齿轮机构中的元件，防止其转动。制动器有片式和带式两种形式。片式制动器与离合器的结构和原理相同，不同之处是离合器起连接作用而传递动力，而片式制动器通过连接而起制动作用。下面介绍带式制动器。

### 1. 结构、组成

带式制动器由制动带和控制油缸组成，图 5－3 所示为带式制动器的零件分解图。制动带是内表面带有镀层的开口式环形钢带。制动带的一端支承在与变速器壳体固连的支座上，另一端与控制油缸的活塞杆相连。

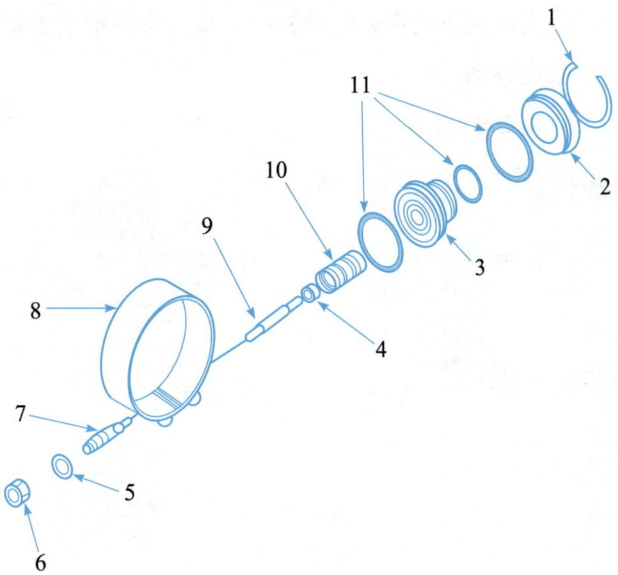


图 5－3　带式制动器的零件分解图

1—卡环；2—活塞定位架；3—活塞；4—止推垫圈；5—垫圈；6—锁紧螺母；7—调整螺钉；8—制动带；9—活塞杆；10—回位弹簧；11—O 形圈

### 2. 工作原理

制动器伺服装置有直接作用式和间接作用式两种类型。直接作用式伺服装置如

图 5-4 所示。制动带开口的一端通过摇臂支撑于固定在变速器壳体的支承销上，另一端支撑于活塞杆端部，活塞在回位弹簧和左腔油压的作用下位于右极限位置，此时，制动带和制动鼓之间存在一定间隙。

制动时，压力油进入活塞右腔，克服左腔油压和回位弹簧的作用力推动活塞左移，带以固定支座为支点收紧，在制动力矩的作用下，制动鼓停止旋转，行星齿轮机构锁止。随着油压撤除，活塞逐渐回位，制动解除。若仅依靠弹簧张力，则活塞回位速度慢。目前大多数制动器设置了左腔进油道，在右腔撤除油压的同时左腔进油，活塞在油泵回位弹簧的共同作用下回位，可迅速解除制动。

图 5-5 所示为间接作用式伺服装置。它与上述结构的区别在于增设了一套杠杆机构，活塞杆通过杠杆控制推杆的动作，由于采用杠杆结构将活塞的作用力放大，故动力矩进一步增加。

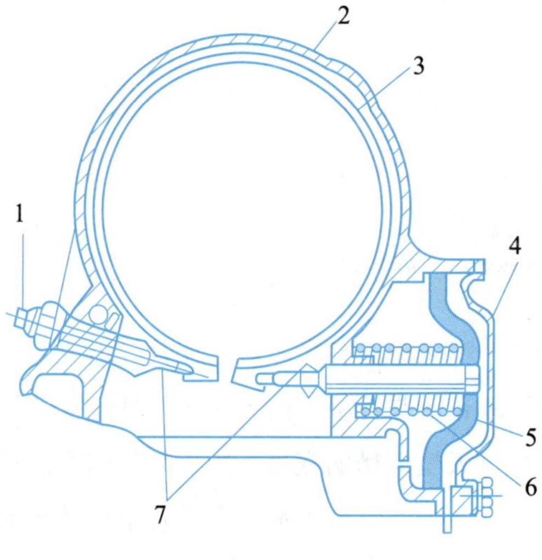


**图 5-4　直接作用式伺服装置**

1—支承销；2—变速器壳体；3—制动带；4—油缸盖；5—活塞；6—回位弹簧；7—摇臂

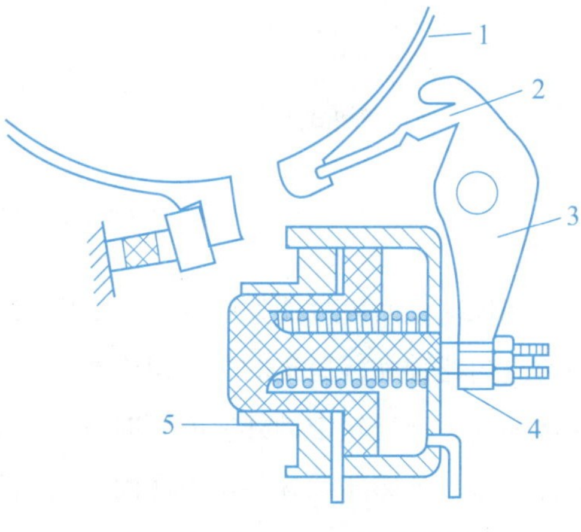


**图 5-5　间接作用式伺服装置**

1—制动带；2—推杆；3—杠杆；4—活塞杆；5—壳体

制动解除后，制动带与制动鼓之间应存在一定间隙，否则会造成制动带过度磨损和制动鼓的滑磨，影响行星齿轮系统的正常工作。调整该间隙的常见结构有以下三种：

（1）长度可调整的支承销。

（2）长度可调的活塞杆（或推杆）。

（3）调整螺钉。

## 三、单向离合器

单向离合器又称自由轮机构，广泛应用于行星齿轮变速系统中和综合式液力变矩器中，其作用是使某元件只能按一定方向旋转，在另一个方向上锁止。其工作性能对变速器的换挡品质有很大影响。执行机构的灵敏性直接影响换挡的平顺性。单向离合器具有灵敏度高的优点，可瞬间锁止（或解除锁止），提高了换挡时机的准确性。另外，单向离合器不需要附加的液压或机械操纵装置，结构简单，不易发生故障。

单向离合器有楔块式和滚柱式两种类型。楔块式单向离合器如图 5－6（a）所示，由内座圈、外座圈、楔块、保持架等组成。当内座圈逆时针转动时，楔块的短径与内、外座圈接触，如图 5－6（b）所示，由于短径长度小于内、外座圈之间的距离，所以外座圈可以自由转动。当内座圈顺时针转动时，楔块的长径与内、外座圈接触，如图 5－6（c）所示，由于长径长度大于内、外座圈之间的距离，所以外座圈被卡住而不能转动。

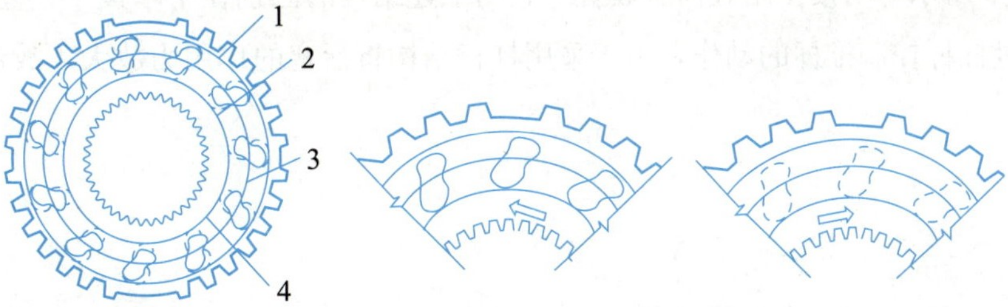


（a）楔块式单向离合器　　（b）自由状态　　（c）锁止状态

**图 5－6　楔块式单向离合器工作原理图**

1—外座圈；2—楔块；3—保持架；4—内座圈

滚柱式单向离合器如图 5－7 所示，由内座圈、外座圈、滚柱、叠片弹簧等组成。内环通过内花键和行星排的某个组件相连；外环通过外花键与行星排的另一个组件或变速器壳体相连。当导轮带动外座圈顺时针转动时，滚柱进入楔形槽的宽处，内、外座圈不能被滚柱楔紧，外座圈和导轮可以顺时针自由转动，如图 5－7（a）所示。当导轮带动外座圈逆时针转动时，滚柱进入楔形槽的窄处，内、外座圈被滚柱楔紧，外座圈和导轮固定不动，如图 5－7（b）所示。

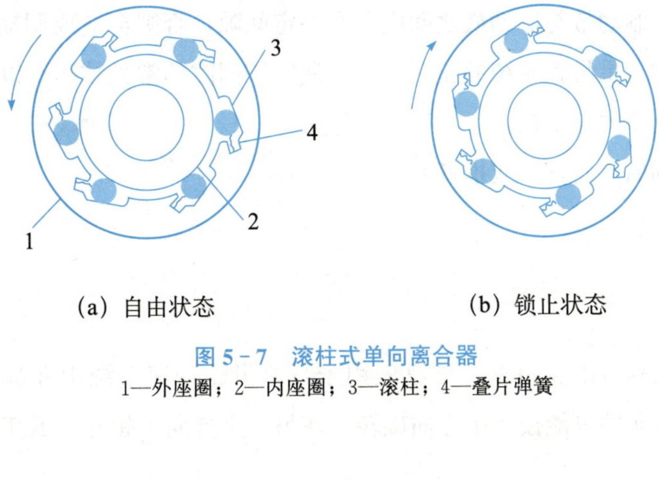


（a）自由状态　　（b）锁止状态

**图 5－7　滚柱式单向离合器**

1—外座圈；2—内座圈；3—滚柱；4—叠片弹簧

# 项目实施

## 一、检查单向离合器

如果单向离合器滚柱破损、滚柱保持架断裂或内外圈滚道磨损起槽，应更换新件；如果在锁止方向上出现打滑或在自由转动方向上存在卡滞现象，也应更换，如图 5－8 所示。

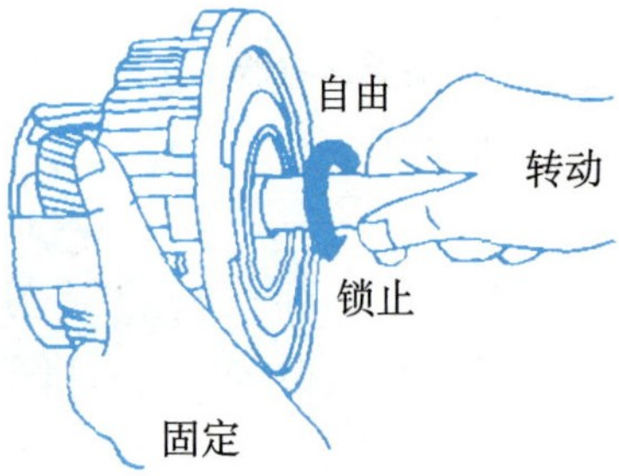


图 5－8　检查单向离合器运转情况

## 二、片式离合器的检修

### 1. 拆卸

（1）拆卸离合器摩擦片：离合器摩擦片是用弹簧挡圈进行限位的，首先用一字螺丝刀撬出弹簧挡圈，如图 5－9 所示；然后拆下离合器压盘，如图 5－10 所示；依次拆下离合器钢片、摩擦片，如图 5－11 所示。

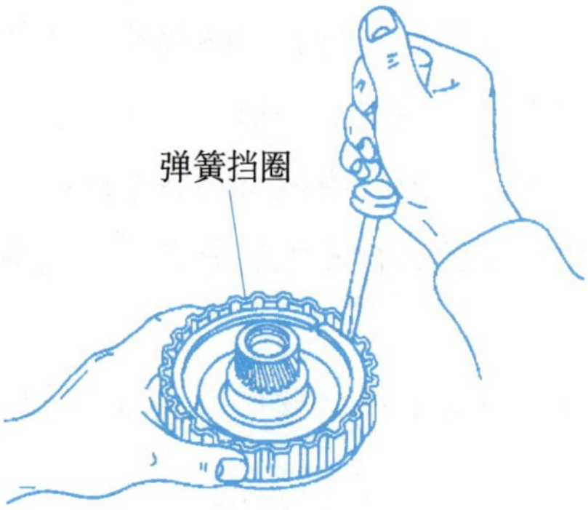


图 5－9　撬出弹簧挡圈

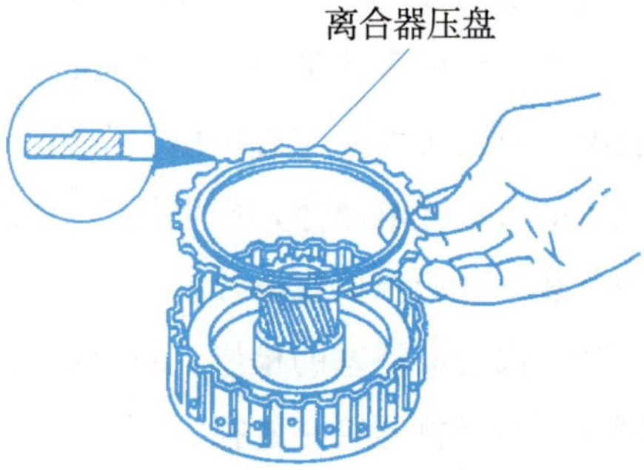


图 5－10　拆下离合器压盘

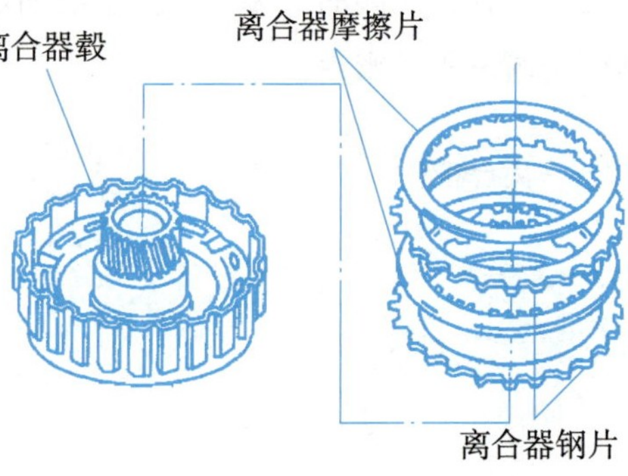


图 5－11　拆下离合器钢片、摩擦片

（2）拆卸液压缸活塞：要先卸下活塞回位弹簧，这要使用专用的弹簧压缩器，如图 5－12 所示。将其装在弹簧座圈上，用压缩器压紧弹簧后，再用卡簧钳卸下弹簧卡环，最后缓慢松开弹簧压缩器，拆下活塞回位弹簧，如图 5-13 所示。

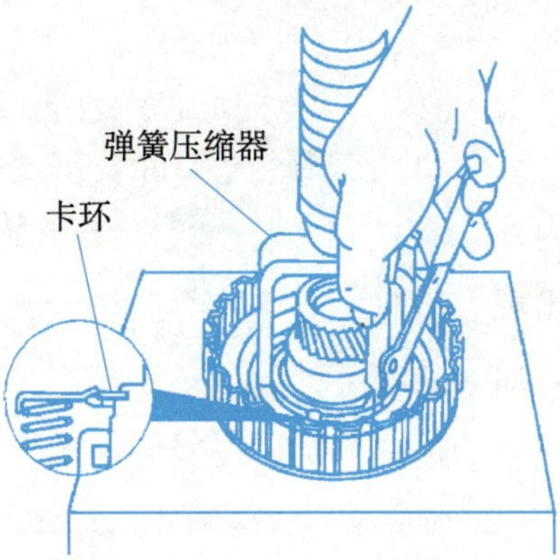


图 5-12　压缩回位弹簧

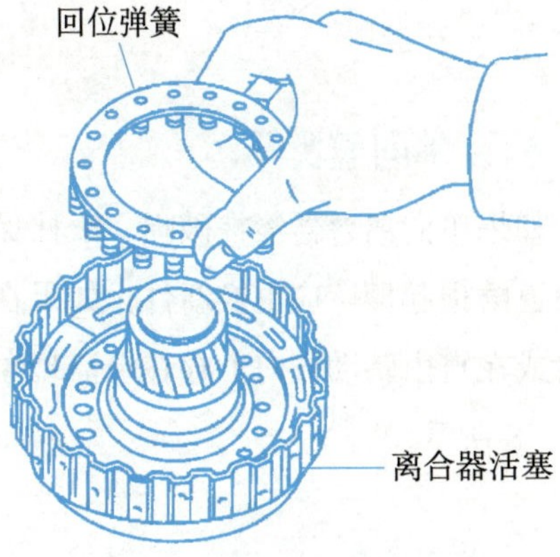


图 5-13　拆下活塞回位弹簧

(3) 利用压缩空气充入离合器毂上的液压缸进油孔，将活塞推出，注意压缩空气的压力不能过高，防止把活塞从离合器内高速吹出。

2. 检修

(1) 离合器钢片和摩擦片的检修：检查钢片，确保盘面平整，用千分尺测量离合器钢片厚度，如图 5-14 所示。确认没有过度磨损，还应进行平面度检查，将两片钢片合在一起，检查它们的合缝是否满足要求，离合器钢片一定不能出现扭曲变形。检查摩擦片的磨损状况，盘的表面不应有烧焦、发黑、破裂、表面剥落等情况。摩擦材料完全磨掉，会造成钢片的直接接触摩擦，产生的热量可使盘表面熔化，导致离合器无法分离。检查中如果发现上述问题应更换摩擦片。

(2) 离合器活塞的检修：对离合器活塞主要检查是否有裂纹、变形或卡滞，并检查密封圈和密封环槽是否有磨损。

用压缩空气吹活塞上的单向球阀，观察单向球阀是否能自由转动，如图 5-15 所示。单向球阀密封性的检查方法是，在止回阀的一端倒些变速器油，观察止回阀的另一端，如有油液漏出，说明止回球阀与阀座不再密封。

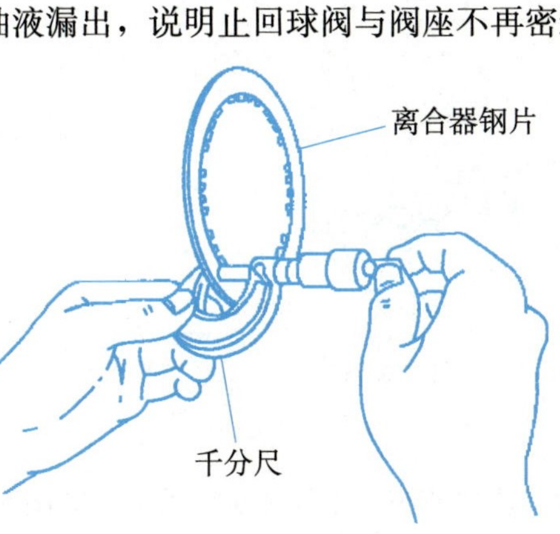


图 5-14　测量离合器钢片厚度

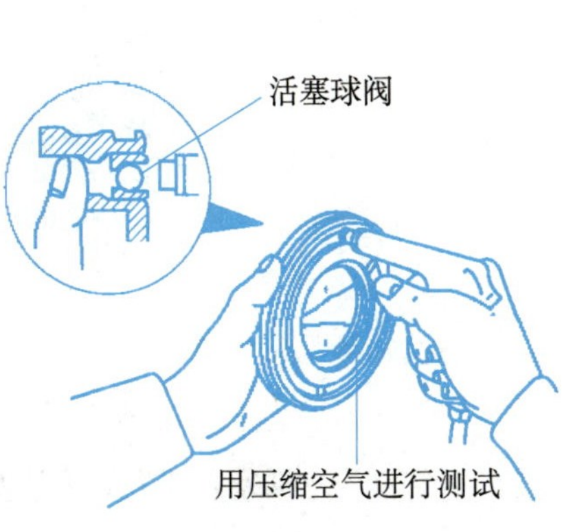


图 5-15　检测单向球阀自由转动

单向球阀的密封性与自由转动十分重要，如果单向球阀在清洗后仍不能灵活自由转动或密闭不严，则应更换活塞。

3. 装配

将油环装到离合器轴上，注意，环口不要过度扩张，且环应自由转动。

安装活塞和活塞复位弹簧。装入压盘、摩擦片和凸缘盘，顺序为：压盘→摩擦片→压盘→摩擦片→直到厂家规定的数量→凸缘盘（凸面朝下）。

4. 离合器的间隙检查

离合器重新装配后要检查离合器的间隙，间隙过大会使换挡滞后、离合器打滑；间隙过小会使离合器分离不彻底。测量方法如图 5－16 所示，将离合器总成固定，装上千分表，用压缩空气通过油孔推动离合器，测出在压缩空气下活塞移动前、后离合器压盘的移动值，然后将测量的间隙值与修理手册中的规范值相比较，应尽量将间隙调整到规定的最小值。

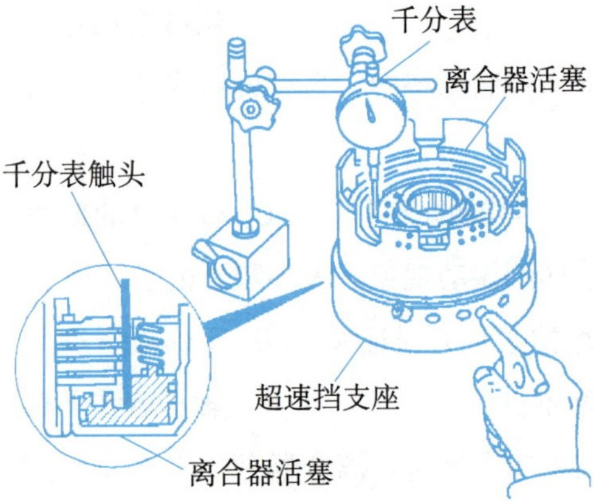


图 5－16　测量离合器间隙

## 三、制动器的检修

1. 片式制动器

片式制动器的分解、检验和装配可参照离合器的检修进行。

2. 带式制动器

对于带式制动器，检查制动带是否有破裂、过热、不均匀磨损、表面剥落等情况，如果有任何一种，制动带都应更换。检查制动鼓表面是否有污点、划伤、磨光、变形等缺陷。

检查制动器的活塞表面有无损伤或拉毛，其液压缸内有无损伤或拉毛，如有异常，应更换新件。

制动器装配后要调整工作间隙，原因与离合器间隙的调整是一样的。方法是：将调整螺钉上的锁紧螺母拧松并退回大约五圈，然后用扭力扳手按规定转矩将调整螺钉拧紧，再按维修手册的要求将调整螺钉退回一定圈数，最后用锁紧螺母紧固。

## 测试题

### 一、填空题

1. 自动变速器换挡执行机构主要有________、________和________。

2. 在自动变速器中常用的制动器有________和________两种。

3. 单向离合器有________和________两种，作用是________。

### 二、选择题

1. 在维修自动变速器时，对于离合器或制动器的摩擦片的自由间隙，调整的办法是（　　）。

A. 选择弹性不同的标准弹簧　　B. 选择标准厚度不同的压板

C. 增减钢片　　D. 增减摩擦片

2. 在自动变速器的液压控制系统中，当离合器或制动器的摩擦片产生过多的磨损时，首先将出现（　　）现象。

A. 换挡拖滞　　B. 尖锐的啸叫　　C. 较明显的振动　　D. 啸叫与振动

3. 自动变速器出现整体的振动现象，大多数是由于（　　）所引起的。

A. 制动器或离合器摩擦盘片磨损过大　　B. 工作液压过高

C. 液力变矩器动平衡不良　　D. 轴承运转卡滞

4. 在安装自动变速器的离合器时，离合器盘片应该（　　）。

A. 涂抹凡士林　　B. 先泡在干净的自动变速器液中

C. 擦拭干净　　D. 涂上少量的油液，以便于装配

5. 换挡执行元件中的制动带由于结构特点，在更换时应（　　）。

A. 保持干燥的状态　　B. 涂抹 ATF

C. 在 ATF 中浸泡一下即可　　D. 在 ATF 中浸泡 15min 以上

6. 液柱式单向离合器是依靠（　　）进行锁止或分离控制的。

A. 自动变速器油

B. 楔块的长、短头

C. 滚柱在内外座圈的不等距斜槽中滑动

D. 电磁线圈的电磁力

7. 在自动变速器的控制系统中，片式离合器的作用是（　　）。

A. 限制输入轴与输出轴不产生过大的速差

B. 固定行星齿轮机构的某个元件

C. 驱动行星齿轮机构的某个元件旋转

D. 控制换挡不造成过大的冲击

8. 甲说：单向离合器打滑会造成丢挡。乙说：单向离合器卡滞会造成烧蚀。（　　）

A. 甲正确　　B. 乙正确　　C. 两人都正确　　D. 两人都不正确

**三、实际操作题**

1. 对照分解的辛普森式行星齿轮变速器找到各换挡执行元件。

2. 实操并说明如何检修、调整离合器。

3. 实操并说明如何调整制动带。

**四、思考题**

自动变速器中的离合器、制动器、单向离合器有哪些区别和联系？

项目六

# 液压控制系统的检修

| 学习目标 | 学习要求 | 教学建议 |
| --- | --- | --- |
| 1. 掌握液压控制系统的基本组成和工作原理。<br>2. 掌握液压控制系统主要元件的功用和原理。<br>3. 掌握油泵的检修。 | 应知：液压控制系统的基本组成和工作原理。<br>应会：液压控制系统的拆装、油泵的检修。 | 以教师课堂讲解和示范为主，并辅以多媒体课件或录像组织教学。 |

## 项目准备

1. A342E 自动变速器、常用工具。
2. 专用拆装工具 SST 一套、维修操作台、专用拉具等。
3. 弹簧压缩器、塞尺、游标卡尺、抹布。
4. 8～17 丁字杆各 1 个，卡簧钳 1 套。

## 理论学习

### 一、液压控制系统的功用

从油底壳抽出 ATF 并将其压缩，然后将 ATF 调节至规定压力并通过管路输送至液力变矩器、制动器和离合器等各个工作缸体。

### 二、液压控制系统的组成和工作原理

对于全液控自动变速器来说，液压控制系统将发动机的负荷（节气门开度）和车速信号转换为不同的油压，并由此确定换挡时刻，进行换挡的控制。

#### 1. 液压控制系统的基本组成

液压控制系统的基本组成包括动力源、执行机构和控制机构三大部分，如图 6－1 所示。

（1）动力源。

液压控制系统的动力源是油泵（或称为液压泵），它是整个液压控制系统的工作基础。

如各种阀体的动作、换挡执行元件的工作等都需要有一定压力的 ATF。油泵的基本作用就是提供满足需求的 ATF 油量和油压。

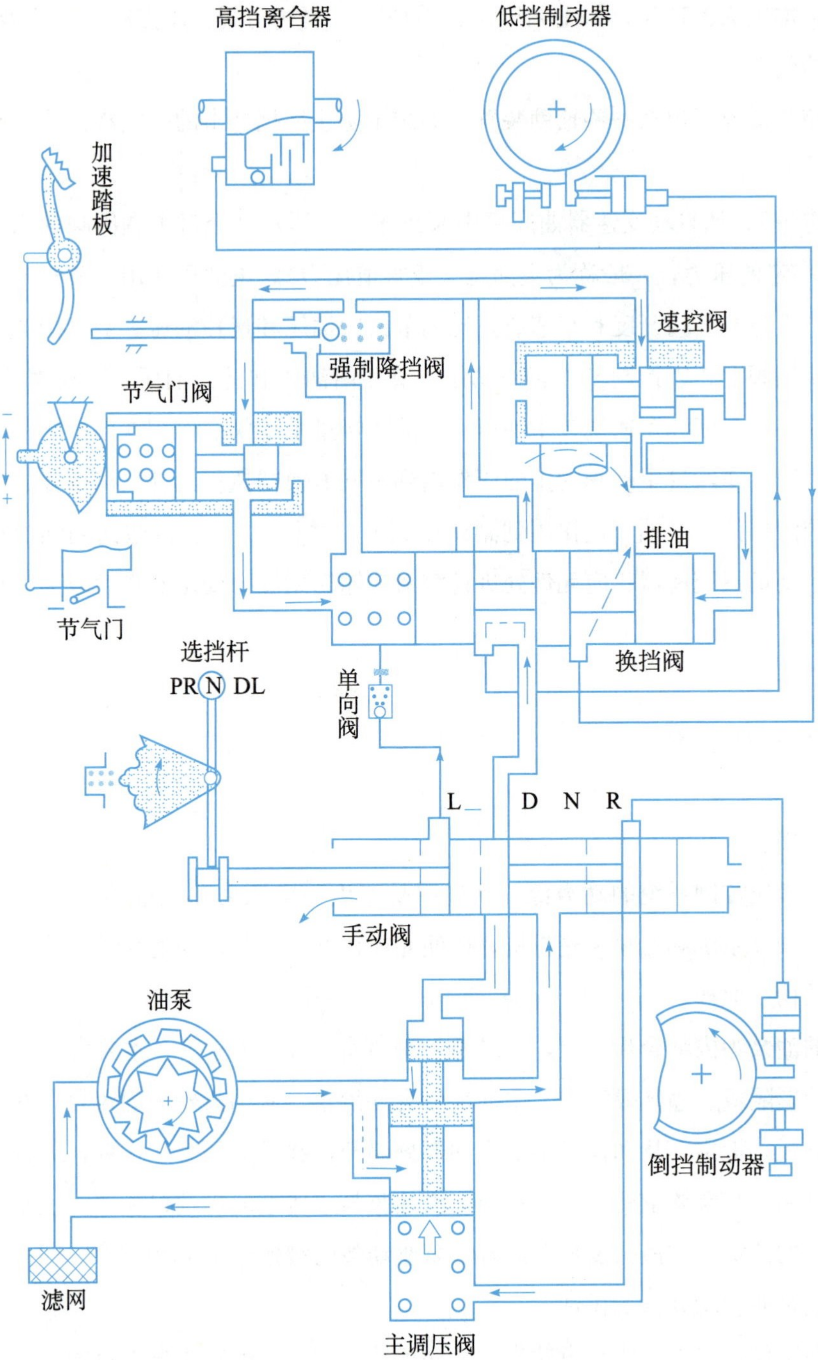


图 6-1　液压控制系统的基本组成

(2) 执行机构。

执行机构主要由离合器、制动器油缸等组成。其作用是在控制油压的作用下实现离合器的接合和分离、制动器的制动和松开，以便得到相应的挡位。

（3）控制机构。

控制机构包括各种阀，如主调压阀、手动阀、节气门阀、速控阀（调速器）、换挡阀和强制降挡阀等。

液压控制系统还包括一些辅助装置，如用于防止换挡冲击的蓄能器、单向阀等。

### 2. 液压控制系统的工作原理

油泵将 ATF 从自动变速器油底壳中泵出来、加压，并经过主调压阀的调压，从而使 ATF 具有一定的压力，一般称为主油压（或管道压力）。主油压作用在节气门阀和速控阀上，分别产生与节气门开度和车速成正比的节气门油压和速控油压。节气门油压和速控油压作用在换挡阀上，以控制换挡阀的动作。节气门油压和速控油压还要反馈给主调压阀，以根据节气门的开度和车速调节主油压。主油压经过手动阀后作用在各换挡阀上，换挡阀动作切换油道，使经过手动阀的主油压作用到不同的换挡执行元件（离合器、制动器）上以得到不同的挡位。主油压还作用到副调压阀上，并把 ATF 分别输送到油冷却器进行冷却，或输送到机械变速器相应元件处进行润滑或输送到液力变矩器作为液力变矩器的工作介质。

## 三、液压控制系统的主要元件

### 1. 油泵

（1）作用。

油泵是液压控制系统的动力源，其作用是产生一定压力和流量的 ATF，供给液力变矩器、液压操纵系统和行星齿轮机构，以便完成传动、控制、润滑和降温等任务。

（2）结构、原理。

常见的油泵为内啮合齿轮泵，其结构、原理如图 6－2 所示，主要由主动齿轮、从动齿轮、月牙形隔板、壳体等组成。主动齿轮为外齿轮，从动齿轮为内齿轮，在壳体上有一个月牙形隔板，把主、从动齿轮不啮合的部分隔开，并形成两个工作腔，分别为进油腔和出油腔。进油腔与泵体上的进油口相通，出油腔与泵体上的出油口相通。主动齿轮内径上有两个对称的凸键，与液力变矩器后端油泵驱动毂的键槽或平面相配合。因此，只要发动机转动，油泵便转动并开始供油。

油泵在工作过程中，主动齿轮带动从动齿轮转动，在齿轮脱离啮合的一端（进油腔），容积不断变大，产生真空吸力，把 ATF 从油底壳经滤网吸入油泵。在齿轮进入啮合的一端（出油腔），容积不断减小，油压升高，把 ATF 从出油腔挤压出去。这样，油泵不断地运转，就形成了具有一定压力的油液，供给自动变速器工作。

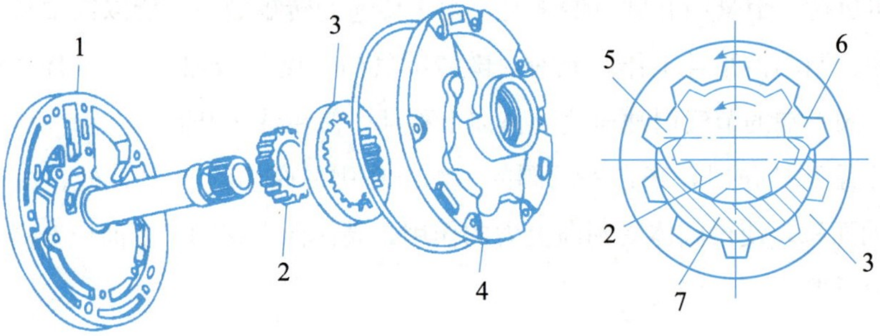


图 6-2　内啮合齿轮泵的结构、原理

1—泵盖；2—主动齿轮；3—从动齿轮；4—壳体；5—进油腔；6—出油腔；7—月牙形隔板

## 2. 主调压阀

（1）作用。

主调压阀是主油路压力调节阀的简称，也称为第一调压阀，其作用是根据车速、节气门开度和变速杆位置自动控制主油压（管道压力），保证液压系统油压稳定。

前面已经提及，油泵是由发动机驱动的，随着发动机转速的增加，油泵输出油量和油压就会增加，反之亦然。但自动变速器的正常工作需要相对稳定的油压。如果油压过高，会导致离合器、制动器接合过快而出现换挡冲击；如果油压过低，又会导致离合器、制动器接合不紧而打滑、烧毁。所以必须要有油压调节装置。

（2）结构、原理。

主调压阀的结构如图 6-3 所示。发动机转速增加，油泵输出油压会升高，作用在阀体上部 A 处的油压也会升高，使阀体向下移动，回油通道的截面积增大，从回油口排出的油液增加，使主油压下降；反之，阀体向下移动，主油压升高。

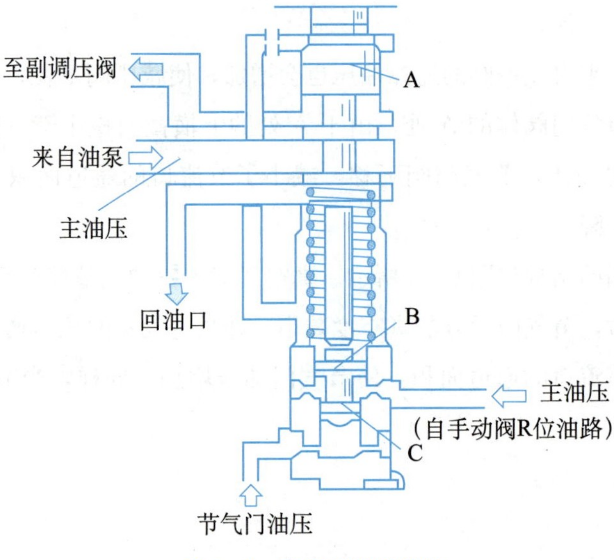


图 6-3　主调压阀的结构

当发动机负荷（节气门开度）增加时，由于传递的转矩增加，所以需要较大的油压才能保证离合器、制动器正常工作。此时，随着节气门开度的增加，节气门油压也会增加，作用在主调压阀下端的节气门油压使阀体向上移动，使主油压升高。

当变速杆置于R位时，来自手动阀的主油压作用在阀体的B和C处，由于B处的面积大于C处的面积，使得阀体受到向上力的作用，阀体向上移动，主油压升高，满足倒挡较大传动比的要求。

总结

（1）节气门开度增加，主油压增加；（2）倒挡油压高于前进挡油压；（3）车速增加，节气门油压会降低，从而导致主油压降低。

### 3. 节气门阀

（1）作用。

反映节气门开度的信号是自动变速器自动换挡的两个重要参数之一，液控自动变速器采用节气门阀来反映节气门开度的大小。节气门阀的作用是产生与节气门开度成正比的控制油压（节气门油压），传给主调压阀和换挡阀，控制主油压和换挡。

（2）结构、原理。

节气门阀有两种类型：机械式节气门阀和真空式节气门阀。

机械式节气门阀的结构如图 6－4 所示，由强制降挡柱塞、节气门阀、弹簧等组成。强制降挡柱塞装有滚轮，与节气门凸轮相接触。节气门凸轮经拉索与加速踏板相连。当踩下加速踏板节气门开度增加时，节气门拉索拉动节气门凸轮转动，将强制降挡柱塞向上推，并通过弹簧将节气门阀体上推，使节流口开大，输出的节气门油压增加，使得节气门油压与节气门开度成正比。

当车速增加时，来自速控阀的速控油压也会增加，使减压阀下移，这样节气门油压会通过减压阀作用到节气门阀体的A处，由于A处的上横截面积小于下横截面积，所以在A处作用一个向下的油压，节气门阀下移，减小了节流口的通道面积，使节气门油压下降，从而使主油压下降。

真空式节气门阀的结构如图 6－5 所示。真空气室与发动机节气门后的进气歧管相通，当节气门开度增加时，节气门后方的真空度减小，即真空气室的压力增加，使推杆带动滑阀向下移动，增大节流口的通道面积，使节气门油压增加。同样，当节气门开度减小时，节气门油压会下降。

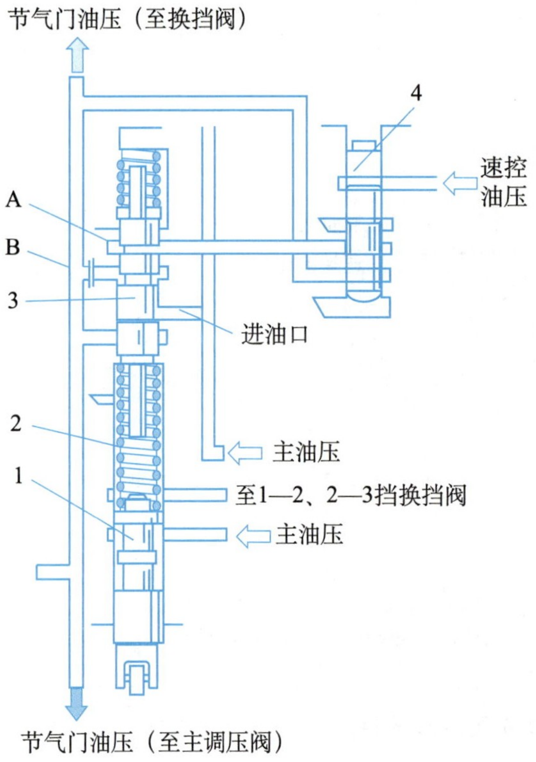


图 6－4　机械式节气门阀的结构

1—强制降挡柱塞；2—弹簧；3—节气门阀；4—减压阀

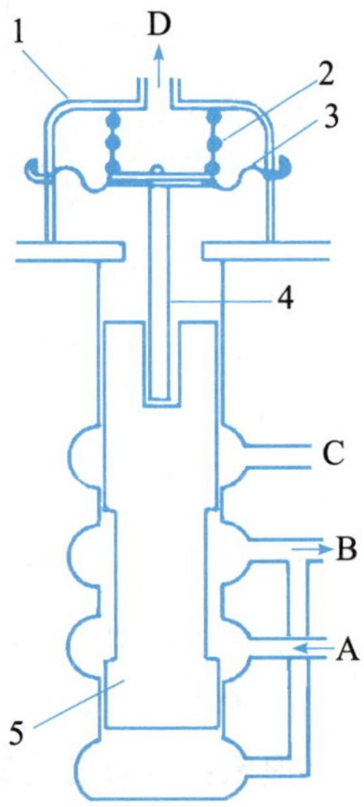


图 6－5　真空式节气门阀的结构

1—真空气室；2—弹簧；3—膜片；4—推杆；5—滑阀；A—主油压；B—节气门油压；C—泄油口；D—真空接口

4. 速控阀

（1）作用。

速控阀又叫调速器或速度调压阀，它的作用是产生与车速成正比的控制油压（速控油压），传给换挡阀，以便控制换挡。速控阀是液控自动变速器反映车速的装置，仅用于液控自动变速器，电控自动变速器采用车速传感器来反映车速。

正确的速控油压对于自动变速器的正常工作非常重要，如果速控油压过高，会导致换挡的车速提前；而速控油压过低，会导致换挡的车速滞后。

（2）结构、原理。

速控阀的结构如图 6－6 所示。速控阀安装在变速器输出轴上，与输出轴一起旋转。作用在滑阀上的力包括向外的离心力和向内的速控油压力。当汽车低速行驶时，阀轴和滑阀构成一体，在重锤和滑阀的离心力作用下使滑阀向外移动，此时速控油压随着车速的增加而增加。当车速增加到一定程度时，阀轴被壳体内部台阶限位而不再向外移动，此时滑阀向外移动仅能靠自身的离心力，因此，速控油压随着车速的增加而缓慢增加。所以，速控油压与车速的关系分成两个阶段，一般把这种形式的速控阀称为二阶段速控阀，与此类似的还有三阶段速控阀。

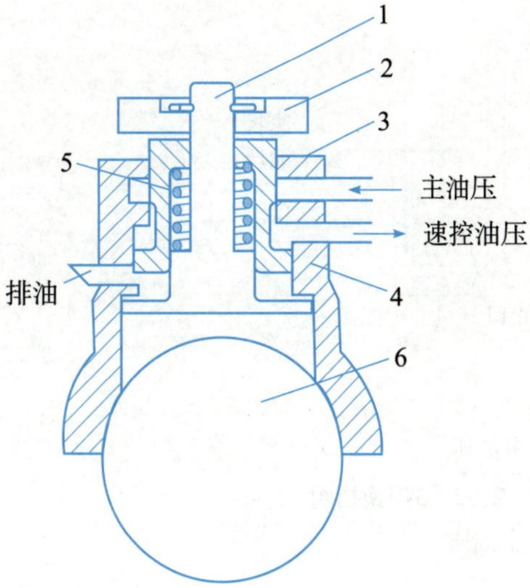


图 6-6 速控阀的结构

1—阀轴；2—重锤；3—滑阀；4—壳体；5—弹簧；6—变速器输出轴

**提示：** 自动变速器一般有检修节气门油压和速控油压的检修口。

5. 强制降挡阀

（1）作用。

强制降挡阀的作用是实现加速超车，当节气门开度大于85%时，使自动变速器在当前挡位降一挡。

（2）结构、原理。

对于液控自动变速器，强制降挡阀与加速踏板上的强制降挡开关安装在一起，如图 6-7所示。当加速踏板踩到底时，强制降挡开关闭合，让强制降挡阀通电，使其作用在阀杆上的电磁推力消失，阀芯在回位弹簧的作用下右移，改变换挡油路压力，在当前挡位降一挡。

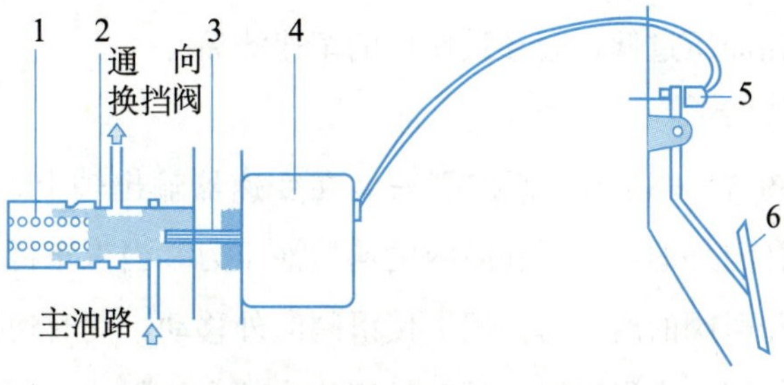


图 6-7 强制降挡阀

1—回位弹簧；2—阀芯；3—阀杆；
4—强制降挡阀；5—强制降挡开关；6—加速踏板

如果是电控自动变速器，一般在蓄电池正极与自动变速器电脑的KD端子之间有一个强制降挡开关（KD开关），当节气门开度超过85%时，KD开关闭合，自动变速器电脑在KD端子得到12V电压，此时自动变速器电脑会控制换挡电磁阀使自动变速器在当前挡位降一挡。

6. 换挡阀

（1）作用。

换挡阀的作用是根据换挡控制信号或油压，切换挡位油路，以实现两个挡位的转换。换挡阀直接与换挡控制元件（离合器、制动器）相通，当换挡阀动作后，会切换相应的油道以便给相应挡位的离合器和制动器供油，得到所需要的挡位。换挡阀的数量与自动变速器前进挡的个数有关。一般，四挡自动变速器需要三个换挡阀，即1—2挡换挡阀、2—3挡换挡阀和3—4挡换挡阀。

（2）结构、原理。

以2—3挡换挡阀为例进行介绍。图6-8（a）所示为D—2挡时的情况，此时在节气门油压、速控油压及弹簧作用下，2—3挡换挡阀处于下方位置，主油压不能到达离合器$C_2$，所以自动变速器处于D—2挡；当车速增加到一定程度，速控油压大于节气门油压和弹簧伸张力之和时，2—3挡换挡阀上移处于上方位置，如图6-8（b）所示，此时主油压经过2—3挡换挡阀到达离合器$C_2$，自动变速器换至D—3挡。

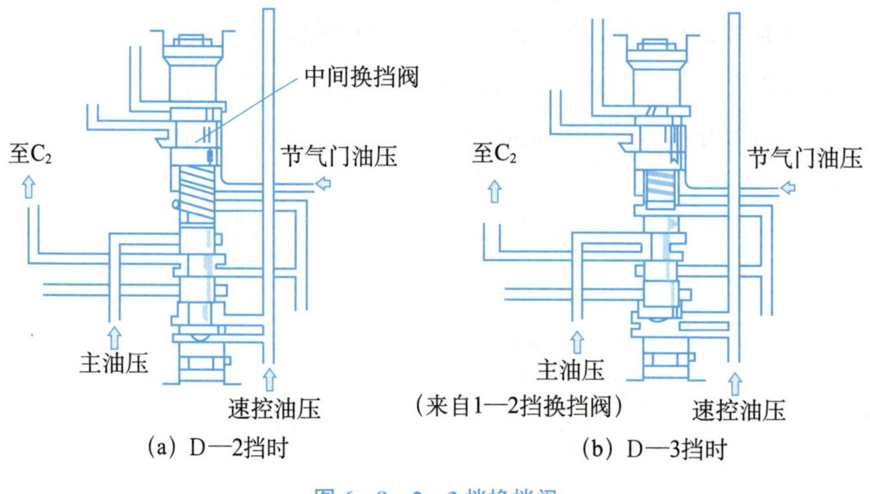


图6-8　2—3挡换挡阀

7. 手动阀

手动阀又称为手控阀或手动换挡阀，它是一种手动控制的多路换向阀，位于控制系统的阀板总成中，经机械传动机构和自动变速器的操纵手柄相连，其功用是控制各挡位油路的转换。如图6-9所示，当驾驶员操纵手柄时，手柄处于不同的位置，手动阀也随之移动到相应的位置，使主油路压力油进入不同的控制油路。

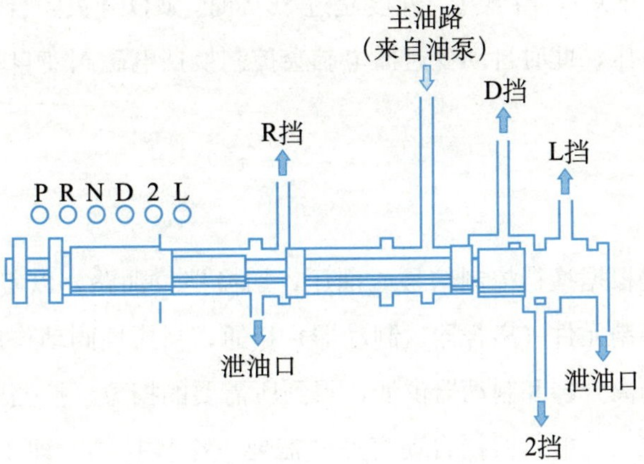


图 6-9　手动阀的结构

## 项目实施

### 一、油泵的拆卸与检修

1. 拆卸

（1）拆卸油泵前，应在泵体与变速器壳体间作好定位标记，避免安装时产生位置错误导致反复重装而损坏密封元件。拆下油泵周围的固定螺栓。

⚠ **注意：**不能用冲子在油泵齿轮和油泵壳上作记号。

（2）用专用拉具从电控自动变速器实物中拉出油泵总成，如图 6-10 所示。

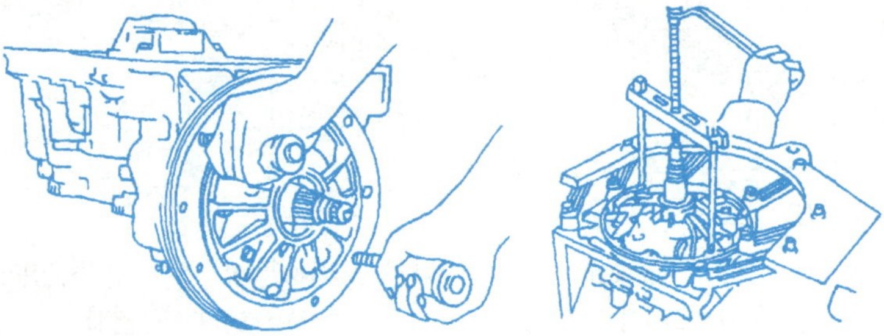

图 6-10　油泵的拆卸

⚠ **注意：**在拆卸油泵时应使用专用工具，避免敲击和硬撬。

2. 油泵的分解

油泵的分解如图 6-11 所示，步骤如下：

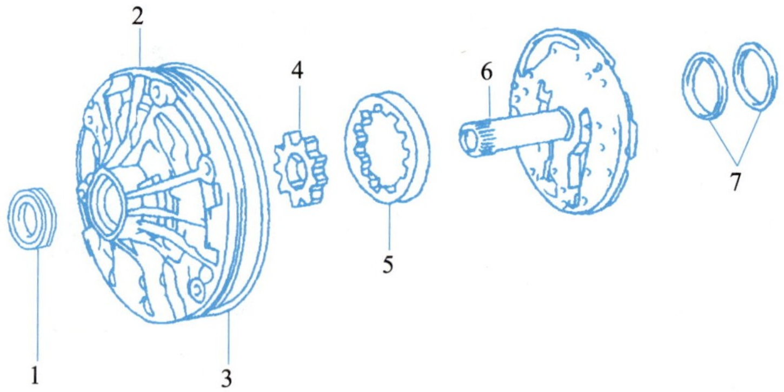


图 6-11　油泵分解图

1—油封；2—油泵体；3—O 形圈；4—齿轮；5—齿圈；6—转子轴；7—密封环

（1）拆下油泵后端轴颈上的密封环。

（2）按照对称交叉的顺序依次松开油泵螺栓，拆开油泵。

（3）用油漆在齿轮和齿圈上作一个记号，取出齿轮及齿圈。

（4）拆下油泵体前端盖上的油封。

### 3. 油泵的检修

（1）检查泵体的端部和侧面是否有擦伤。若变矩器安装位置太靠里，将导致泵壳磨损。

（2）检修前轴瓦的磨损。轴瓦间隙应根据汽车修理手册提供的厂家标准进行调整，保持标准间隙可避免油泵的磨损，也可将轴瓦处的润滑油压力泄漏损失降至最低。若轴瓦间隙过大，可能造成齿轮中心偏移而使齿轮与月牙隔板和泵体间产生摩擦。

（3）检修油泵内齿（齿圈）与泵体间隙。用塞尺（厚薄规）测量油泵内齿与泵体的间隙时，将齿轮推向泵体一侧，如图 6-12 所示，将测量结果与规范值相比较。正常间隙为 0.07～0.15mm，如果间隙超过 0.3mm，应更换齿圈、泵体或油泵总成。

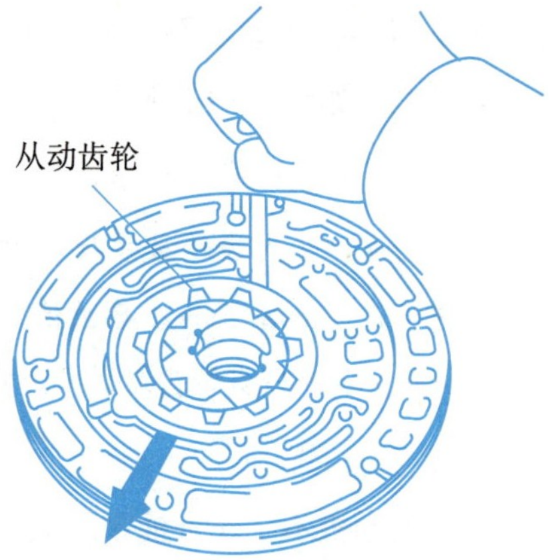


图 6-12　用塞尺测量油泵内齿与泵体之间的间隙

（4）测量从动轮齿顶与月牙隔板的间隙（齿顶间隙），如图 6-13 所示，将测量结果与规范值相比较。正常值为 0.11～0.14mm，如果间隙超过 0.3mm，应更换齿轮、油泵壳体或油泵总成。

（5）检修齿轮间的间隙。使用塞尺和直尺测量齿轮间的间隙，如图 6-14 所示，并将检修结果与规范值比较。正常间隙为 0.02～0.05mm，如果间隙超过 0.1mm，应更换齿轮、油泵壳体或油泵总成。

图 6－13　用塞尺测量从动轮齿顶与月牙隔板之间的间隙

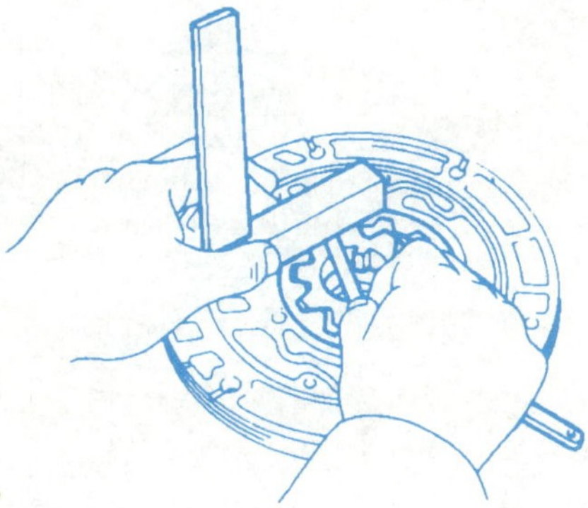

图 6－14　用直尺和塞尺测量齿轮间的间隙

4. 油泵的组装

用干净的汽油清洗油泵的所有零件，在清洗后的零件上涂上少许 ATF，按下列步骤组装：

（1）在油泵前端盖上装入新油封。

（2）更换所有的 O 形密封圈，并在新的 O 形密封圈上涂 ATF。

（3）按分解时相反的顺序组装油泵各零件。

（4）按照对称交叉的顺序，依次拧紧油泵盖螺栓，拧紧力矩为 10N・m。

（5）在油泵后端轴颈上的密封环槽内涂上凡士林，安装新的密封环。

（6）检查油泵运转性能。将组装后的油泵插入变矩器中，转动油泵，油泵齿轮转动应平顺，无异响，如图 6－15 所示。

**注意：**安装时啮合齿轮的方向不能出现错误，如内齿轮被装反，齿轮在啮合过程中会产生严重噪声，甚至使油泵齿轮的自由运动受阻而造成轮齿断裂或严重磨损。

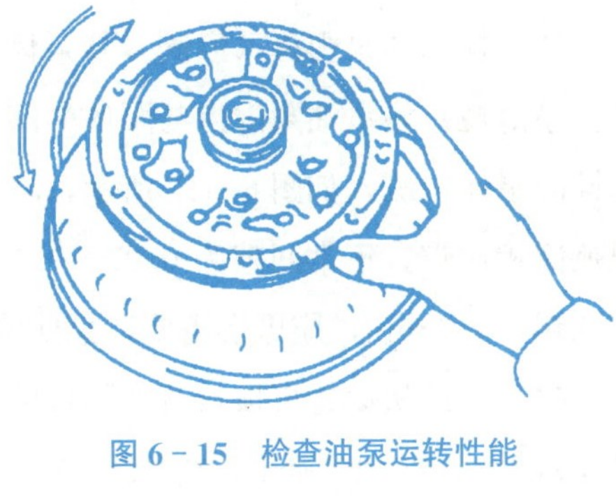

图 6－15　检查油泵运转性能

5. 油泵使用注意事项

（1）发动机不工作，油泵不转，自动变速器无油压，即使在 D 位和 R 位，也不能靠推车起动发动机。

（2）长距离拖车时，由于发动机不转，油泵也不转，齿轮系统没有润滑油，磨损会加剧，因此要求车速慢、距离短。如丰田车系要求拖车车速不高于 30km/h，距离不超过 80km；奔驰车系要求拖车车速不高于 50km/h，距离不超过 50km。如果长距离拖车应将驱动轮提起，或断开传动轴。

## 二、阀体的拆装和检修

### 1. 阀体的拆卸

放出变速器内的油液并拆下变速器油底壳，将与阀体连接的拉杆、连杆卸开，小心拆下锁止弹簧和螺栓，取下阀体总成。有的变速器的阀体是与变速器壳体共同组成的，拆下的只是阀体的一部分，这时要特别注意。在取下下阀体之前，将上、下阀体间的隔板与变速器壳上的阀体部分固定，用这种方法可减少阀体内球阀掉落的概率，如图 6－16 所示。取下阀体后，记下球阀的位置，然后将球阀拿开集中存放。

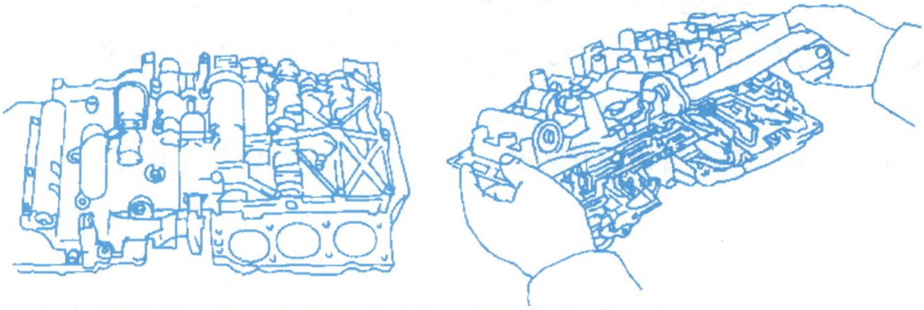

(a) 翻转阀体，松开阀板螺钉　　(b) 同时抬起上阀体和隔板，使之与下阀体分开

图 6－16　阀体的拆卸

在拆卸各种滑阀前，应通过画图或照相的方法确定滑阀、球阀的位置，作为安装时的参考，防止组装时装错位置。分解各类阀时，零件的摆放也非常重要，各组阀及相关零件应分组摆放，不能混放。

⚠ **注意：** 由于阀芯的尺寸结构不同，各类阀芯的安装方向不能弄错，一旦弄错会引起很大麻烦。

### 2. 阀体的检修

阀体及零部件可用酒精或化油器清洗剂进行清洗，再用水进行清洗，然后用干燥的压缩空气仔细吹干。必须彻底清除各种碎屑和粉末，以确保油路的通畅。切忌使用纤维类物品擦拭零部件，以免纤维留挂在零部件上或油路通道中，导致换挡故障。

阀体检修项目包括：

(1) 检查阀体壳及隔板是否有损伤。微伤或划痕都会导致系统工作不正常。如隔板出现缺陷，会导致油液泄漏，应更换。检查上、下阀体的油道内是否存在阻碍滑阀运动的胶状积物、擦伤或划痕、裂纹、螺纹孔损伤等，如存在损伤应进行更换。

(2) 检查各类滑阀是否有损伤。为确保每个滑阀都与它相关的孔配合良好，应仔细检查滑阀上是否存在刻痕、毛刺，并检查滑阀的动作状况。方法是把阀体竖起来，将没有润滑的滑阀插入孔内，使滑阀靠自身重量在阀体中下落直至停止，然后用手指堵住阀孔并将阀体倒转过来，检查滑阀是否会靠自身重力滑落下来。如果滑阀能够缓慢地自由滑落下来，证明滑阀在液压油作用下能够正常工作。如果滑阀下落过快，说明滑阀磨损过度，如果磨损严重，整个阀体都要更换。如果滑阀不能在阀孔中自由滑动，可能是存在毛刺或轻微划痕，可以使用细砂布或研磨膏进行抛光处理。如果阀孔的划痕很深或表面过于粗糙，则整个阀体都要进行更换。用研磨膏研磨后的零件必须彻底清洗掉研磨材料。对于止回阀，应检查阀和阀座的尺寸是否有变化，如出现明显磨损，应进行更换。此类磨损往往得不到重视，它是造成泄漏的原因之一。

需要说明的是：由于滑阀的运动与滑阀两端的作用力有关，所以有必要检查滑阀的弹簧的状况，在安装时，弹簧的位置绝对不能发生错误。否则，由于安装混乱所引起的故障更不易查找。弹簧的检修内容有：弹簧的弹性力、弹簧的变形和弹簧的长度尺寸。如不满足修理手册的规定，应进行更换。

(3) 用直尺和塞尺检查阀体的平面度，如果存在轻微变形可通过平面研磨加以修整。

### 3. 阀体的安装

安装阀体前一定要参照修理手册或所做的记录对零部件的位置进行对照检查。正确安装滑阀和球阀后，要确认所换的阀体密封垫与阀体油道或油孔正确对应，不会出现油孔堵塞。检查证实无误后用螺栓将阀体固定于变速器上，以规定的力矩按顺序拧紧螺栓，以防止阀体变形而产生泄漏。

其他执行元件或总成的检修与前面介绍的检修方法类似，在维修时应注意参照。

## 测试题

**一、判断题**

1. 前进离合器油路严重泄漏会导致自动变速器无前进挡。(　　)

2. 蓄压器一般与换挡执行元件串联，目的是缓和冲击，保证换挡平顺。(　　)

3. 换挡瞬间，ECU 应使主油路油压降低。(　　)

4. 汽车行驶过程中升挡车速明显高于标准值，此现象称为自动变速器升挡迟缓。(　　)

5. 节气门接近全开时，感觉到汽车加速无力，则强制降挡功能没有实现。(　　)

6. 强制降挡开关故障会使自动变速器不能强制降挡。(　　)

7. 节气门拉索调整过松会造成自动变速器所有挡位升挡车速过低。(　　)

8. 速控阀输出油压过低会造成自动变速器所有挡位升挡车速过低。(　　)

**二、填空题**

1. 为减少 AT（自动变速器）在换挡时的冲击，其液压系统蓄压器的活塞背面液压通常采用________和________电磁阀进行调节控制。

2. AT 中常用的换挡电磁阀，其结构形式通常是________电磁阀，锁止电磁阀则可用________和________电磁阀两种。

3. 自动变速器的油泵是被变矩器的________直接驱动的，只要________运转，油泵就会泵油。

4. 在液控自动变速器中，速控阀根据________产生油压，向________输出车速信号，控制换挡动作。

5. AT 中，进行动力传输的油流就是________工作的液压油流。

6. 在 AT 的液压系统中，由________阀调节管道油压，向________、________、________蓄压器和节气门阀等主要阀体提供液压油。

7. 在液控自动变速器中，自动换挡是根据________油压和________油压控制换挡阀来进行的。

**三、单项选择题**

1. 强制降挡柱塞在（　　）时起强制降挡功能。

A. 小油门　　B. 大油门　　C. 急加速　　D. 中油门

2. 当车速和节气门开度不变时，同样两挡位之间，升挡车速与降挡车速相比（　　）。

A. 较低　　B. 较高　　C. 相同　　D. 可变化

3. 甲技师说：发动机曲轴转动，变速器油泵就转动。乙技师说：只有涡轮转动，变速器油泵才能转动。你认为（　　）。

A. 仅甲正确　　B. 仅乙正确

C. 甲和乙都正确　　D. 甲和乙都不正确

4. 自动变速器供油系统不具备的作用是（　　）。

A. 给变矩器供油

B. 给换挡执行机构供油

C. 向变速器各运动件提供润滑用油和循环散热冷却

D. 驱动齿轮转动

5. 甲技师说：自动变速器油面过低，则油泵在吸油时可能吸入空气，将使换挡过程中出现打滑和接合延迟现象，并使变速器机件发热和加速磨损。乙技师说：若油面过高，也将因齿轮等零部件搅拌而形成泡沫，同样也会产生过热和打滑，加速油液的氧化。你认为（　　）。

A. 仅甲正确　　B. 仅乙正确

C. 甲和乙都正确　　D. 甲和乙都不正确

**四、思考题**

1. 简述主调压阀的工作原理。

2. 简述节气门阀的工作原理。

3. 如何检修油泵？

4. 阀体的拆卸和安装需注意哪些事项？

项目七

# 电子控制系统的检修

| 学习目标 | 学习要求 | 教学建议 |
|---|---|---|
| 1. 掌握自动变速器电子控制系统的基本组成和工作原理。<br>2. 掌握电控系统主要元件的检修方法。 | 应知：自动变速器电子控制系统的基本组成和工作原理。<br>应会：电控系统主要元件的检修。 | 以教师课堂讲解为主，可辅助多媒体课件或录像教学。 |

## 项目准备

1. 完整的电控液力自动变速器实物 1 台。
2. 自动变速器实验台 1 台。
3. 常用工具和专用工具各 1 套。
4. X-431 检修仪 2 台，汽车万用表 4 个。

## 理论学习

### 一、电子控制系统概述

自动变速器的电子控制系统包括传感器、电子控制单元（ECU）和执行器三部分，其组成框图如图 7－1 所示。

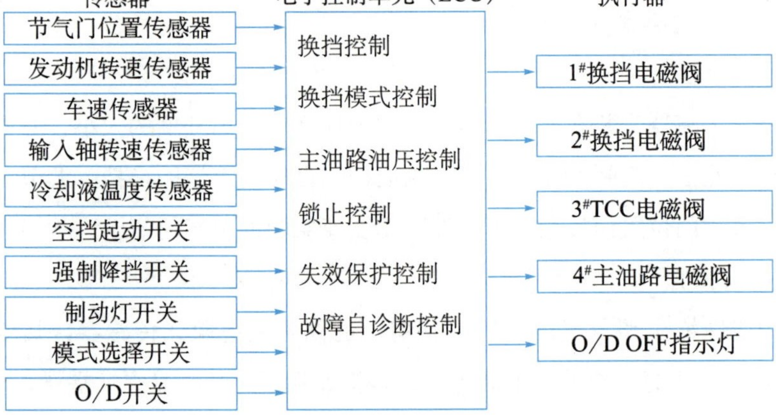


图 7－1　自动变速器电子控制系统的组成

传感器部分主要包括节气门位置传感器、发动机转速传感器、车速传感器、输入轴转速传感器、冷却液温度传感器；常见的开关装置有空挡起动开关、强制降挡开关、制动灯开关、模式选择开关、O/D 开关等。

执行器部分主要包括各种电磁阀和故障指示灯等。

ECU 主要完成换挡控制、锁止离合器控制、油压控制、故障诊断和失效保护等功能。

对于液控自动变速器，自动换挡主要取决于节气门油压和速控油压，即发动机负荷和车速的情况。对于电控自动变速器，与此情况是类似的，即自动换挡也主要取决于发动机负荷和车速，只不过是采用节气门位置传感器和车速传感器来感知发动机负荷和车速的变化，并将这两个信号发送给自动变速器 ECU，ECU 根据存储器中的换挡程序决定升挡或降挡，然后再给换挡电磁阀发出控制信号，换至相应挡位。

自动变速器的换挡等控制还要取决于冷却水温、ATF 油温等信号。如果水温、油温过低，自动变速器不会升挡。

如果自动变速器在工作过程中，满足了锁止离合器的工作情况，自动变速器电脑就会给锁止离合器（TCC）电磁阀（一般称为 3# 电磁阀）通电，切换油路使锁止离合器工作。

在换挡过程中，为了防止换挡冲击，自动变速器还会通过 4# 电磁阀控制换挡油压。

自动变速器 ECU 具有自诊断功能，如果电子控制系统出现故障，电脑会将故障码存储在存储器中，以便读取；另外电脑还会点亮 O/D OFF 指示灯（或故障指示灯）提示自动变速器出现故障，并可通过 O/D OFF 指示灯的闪烁读取故障码。

如果自动变速器出现故障，除了 O/D OFF 指示灯会点亮外，自动变速器还会锁挡，即自动变速器不会升挡也不会降挡。锁挡一定有故障码。

## 二、传感器

### 1. 节气门位置传感器（TPS）

（1）功用。

节气门位置传感器安装在节气门体上，用于检修节气门开度的大小，并将数据传送给电脑，电脑根据此信号判断发动机负荷，从而控制自动变速器的换挡、调节主油压和控制锁止离合器。节气门位置信号相当于液控自动变速器中的节气门油压。

（2）结构、原理。

一般采用线性输出型节气门位置传感器，也称可变电阻式传感器，其结构、原理如图 7－2所示，实际上是一个滑动变阻器，E 是搭铁端子，IDL 是怠速端子，$V_{TA}$是节气门开度信号端子，$V_C$是 ECU 供电端子，电脑提供恒定 5V 电压。当节气门开度增加时，节气门开度信号触点逆时针转动，$V_{TA}$端子输出电压也线性增大。如图 7－3 所示，$V_{TA}$端子的输出电压与节气门开度成正比。当怠速时，怠速开关闭合，IDL 端子电压为 0V。

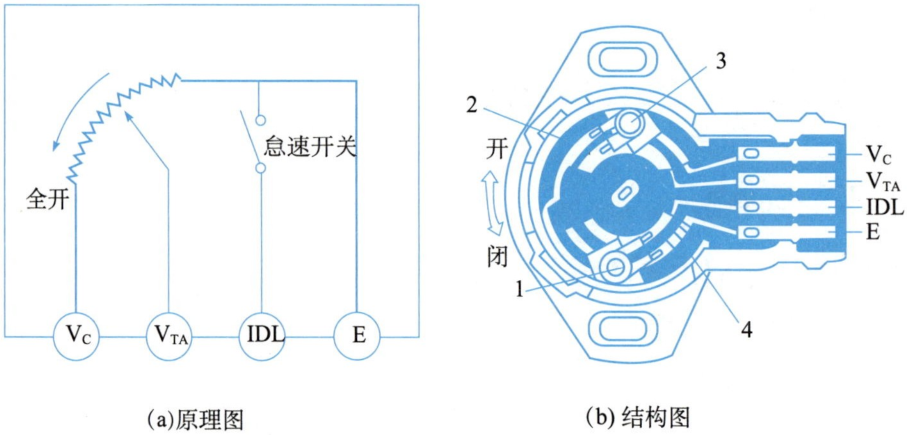


图 7－2　节气门位置传感器的结构、原理

1—怠速信号触点；2—电阻器；3—节气门开度信号触点；4—绝缘体

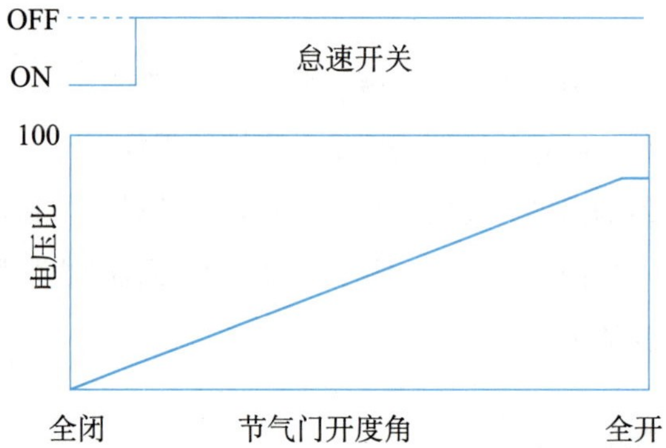


图 7－3　$V_{TA}$端子输出电压与节气门开度的关系

由于滑动电阻中间部分容易磨损，故而使其阻值无法正确反映节气门开度，测量电阻时电阻表会产生波动，同时输出电压也会过高或过低。当输出电压高时，会导致升挡滞后、不能升入超速挡；同时会导致主油压过高，出现换挡冲击。当输出电压低时，会导致升挡提前，汽车行驶动力不足；同时会导致主油压过低，使离合器、制动器打滑。

### 2. 发动机转速传感器

发动机转速传感器一般为磁感应式，由信号轮和传感器头组成，如图 7－4 所示。信号轮安装在曲轴尾部并随其旋转，传感器头固定在飞轮壳上。信号电压将随发动机转速的变化而变化，从而检测发动机转速。

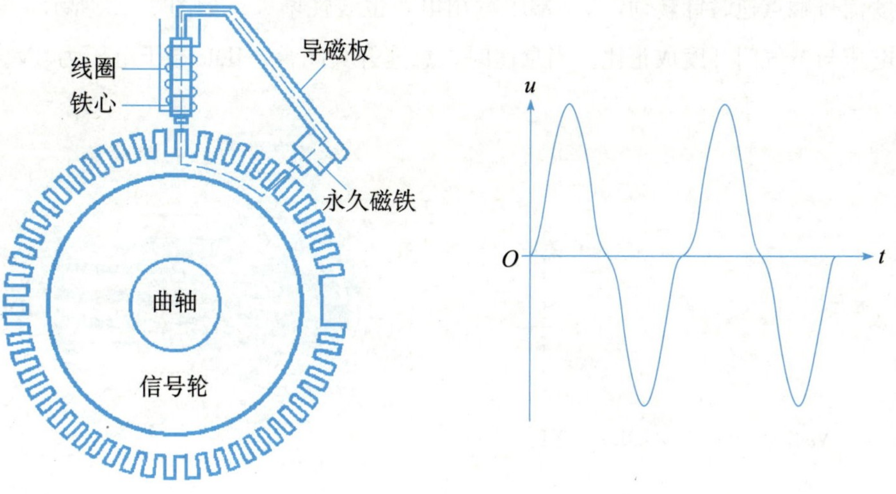


图 7-4 发动机转速传感器

3. 车速传感器

车速传感器的种类较多，常用的有以下三种：

（1）电磁感应式。

电磁感应式车速传感器由信号轮和传感器头组成，如图 7-5（a）所示。信号轮安装在变速器输出轴上并随其旋转，传感器头固定在变速器壳体上。

信号电压将随变速器输出轴转速的变化而变化，车速越高，输出轴的转速越高，感应电压的脉冲频率也越大，如图 7-5（b）所示。ECU 根据感应电压脉冲频率的大小计算车速，作为换挡控制的主要依据。

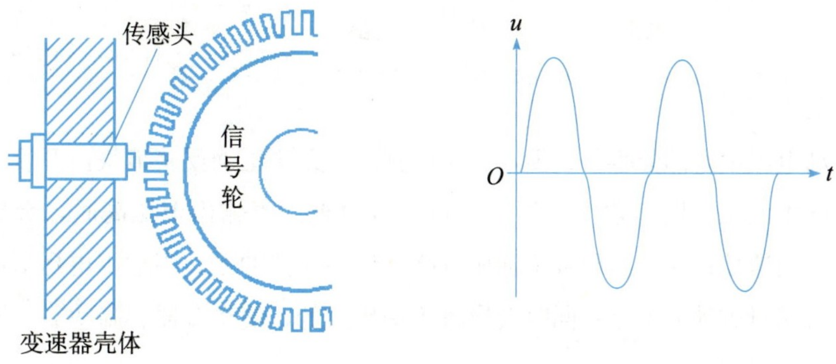


（a）结构图　　（b）感应电压曲线图

图 7-5 电磁感应式车速传感器

（2）笛簧开关式。

笛簧（舌簧）开关由小玻璃管内安装的两个细长触头（铁、镍磁性材料）构成，置于车速表的转子附近，如图 7-6 所示，受车速表软轴驱动的磁极控制，当车速表软轴旋转时，产生随车速变化的脉冲信号，送给 ECU 用于换挡控制。

(3) 光电式。

光电式车速传感器设置在组合仪表内，如图 7－7 所示，由发光二极管和光电晶体管及速度软轴驱动的遮光转子组成。发光二极管透过转盘上的孔照到光电晶体管上实现光的传递与接收，转子上间断的孔可以开闭照射到光电晶体管上的光源，进而触发光电晶体管和放大器，使之像开关一样地打开或关闭输出信号。

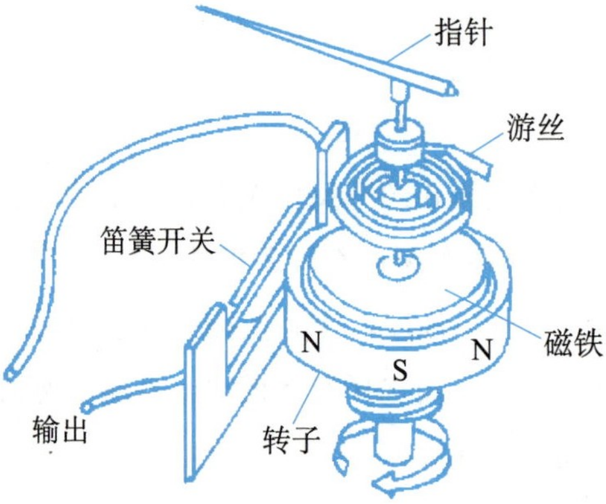


图 7－6　笛簧开关式车速传感器

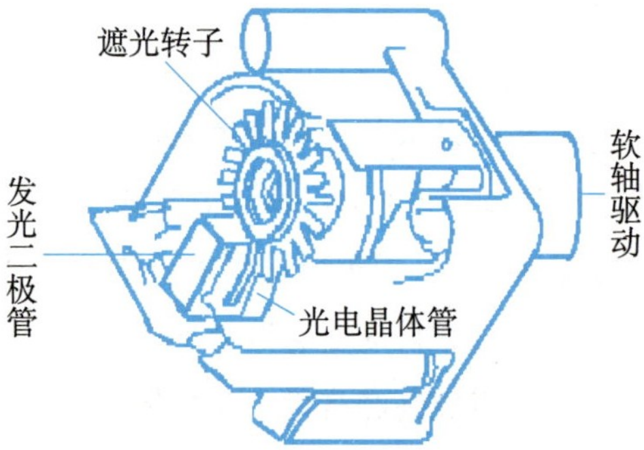


图 7－7　光电式车速传感器

4. 输入轴转速传感器

对于轿车自动变速器，一般在机械变速器输入轴附近的壳体上装有检修输入轴转速的输入轴转速传感器。该传感器一般也采用电磁式，其结构、原理及检修与车速传感器一样。

自动变速器 ECU 根据输入轴转速传感器的信号可以更精确地控制换挡。另外，ECU 还可以把该信号与发动机转速信号进行比较，计算出变矩器的转速比，使主油压和锁止离合器的控制得到优化，以改善换挡、行驶性能。

5. 冷却液温度传感器

(1) 作用。

冷却液温度传感器的信号不仅用于发动机的控制，还用于自动变速器的控制。如图 7－8 所示，当发动机冷却液温度低于设定温度（如 60℃）时，发动机 ECU 会发送一个信号给自动变速器 ECU 的 $O/D_1$ 端子，以防止自动变速器换入超速挡，同时锁止离合器也不能工作。当发动机冷却液温度过高时，自动变速器 ECU 会让锁

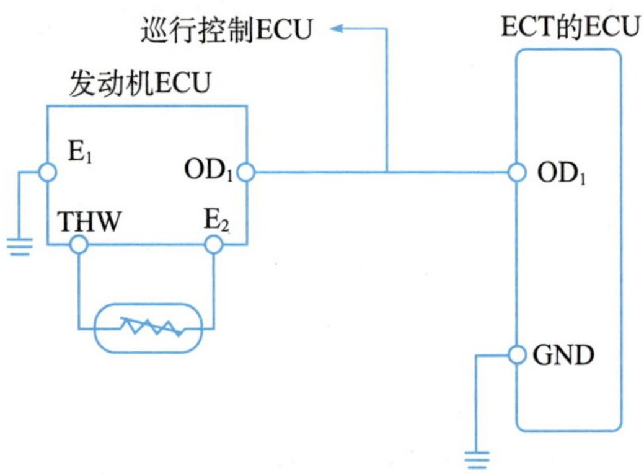


图 7－8　冷却液温度传感器线路图

止离合器工作以帮助发动机降低冷却液的温度，防止变速器过热。

如果冷却液温度传感器故障，发动机 ECU 会自动将冷却液温度设定为 80℃，以便发动机和自动变速器可以工作。

（2）结构、原理。

冷却液温度传感器一般都是一个负温度系数的热敏电阻，即温度升高，电阻下降。发动机 ECU 在 THW 端子接收到一个与冷却液温度成正比的电压，从而得到冷却液的温度信号。

### 6. 模式选择开关

（1）作用。

模式选择开关是供驾驶员选择所需要的行驶或换挡模式的开关。大部分车型都具有常规模式（N 或 NORM）和动力模式（P 或 PWR），有些车型还有经济模式（E 或 ECO）。自动变速器 ECU 根据所选择的行驶模式执行不同的换挡程序，控制换挡和锁止正时。如选择动力模式，自动变速器会推迟升挡，以提高动力性；而选择经济模式，自动变速器会提前升挡，以提高经济性；常规模式介于二者之间。

（2）结构、原理。

图 7-9 所示为常见的具有常规和动力两种模式的模式选择开关线路图，当开关接通 NORM（常规模式），仪表盘上 NORM 指示灯点亮，同时自动变速器 ECU 的 PWR 端子的电压为 0V，ECU 从而知道选择了常规模式。当开关接通 PWR（动力模式），仪表盘上 PWR 指示灯点亮，同时自动变速器 ECU 的 PWR 端子的电压为 12V，ECU 从而知道选择了动力模式。

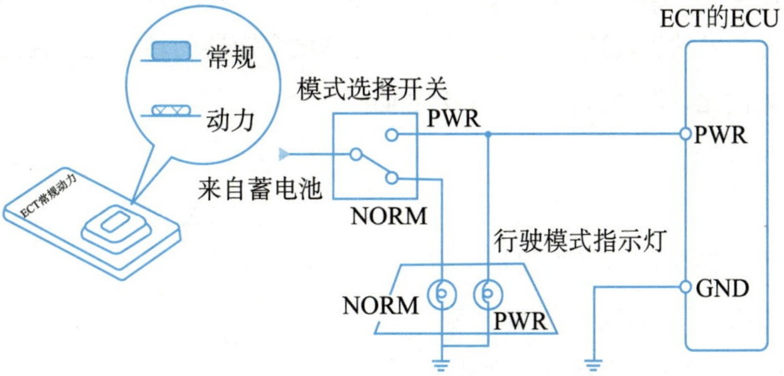


图 7-9　模式选择开关线路图

### 7. 空挡起动开关

（1）作用。

空挡起动开关有两个作用，一是给自动变速器 ECU 提供挡位信息，二是保证只有变速杆置于 P 或 N 位才能起动发动机。

（2）结构、原理。

如图 7－10 所示，当变速杆置于不同的挡位时，仪表盘上相应的挡位指示灯会点亮。当 ECU 的端子 N、2 或 L 与端子 E 接通时，ECU 便分别确定变速器位于 N、2 或 L 位；否则，ECU 便确定变速器位于 D 位。只有当变速杆置于 P 或 N 位时，端子 B 与 NB 接通，才能给起动机通电，使发动机起动。

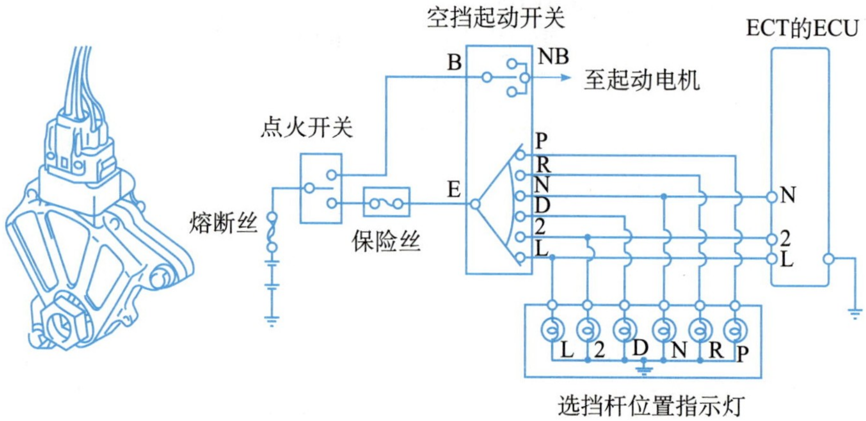


图 7－10　空挡起动开关线路图

8. O/D 开关

（1）作用。

O/D 开关（超速挡开关）一般安装在变速杆上，由驾驶员操作控制，可以使自动变速器有或没有超速挡。

（2）原理。

如图 7－11 所示，当按下 O/D 开关（ON），O/D 开关的触点实际为断开，此时 ECU 的 $O/D_2$ 端子的电压为 12V，自动变速器可以升至超速挡，且 O/D OFF 指示灯不亮。

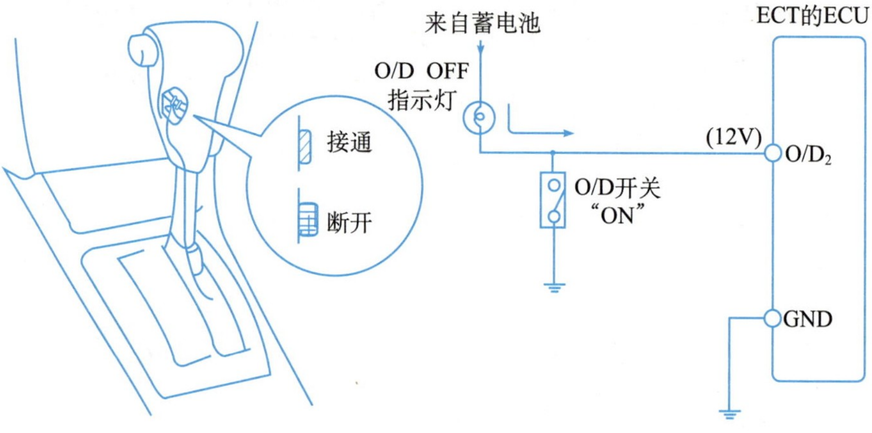


图 7－11　O/D 开关（ON）的线路图

如图 7－12 所示，当再次按下 O/D 开关，O/D 开关会弹起（OFF），O/D 开关的触点实际为闭合，此时 ECU 的 $O/D_2$ 端子的电压为 0V，自动变速器不能升至超速挡，且 O/D OFF 指示灯点亮。

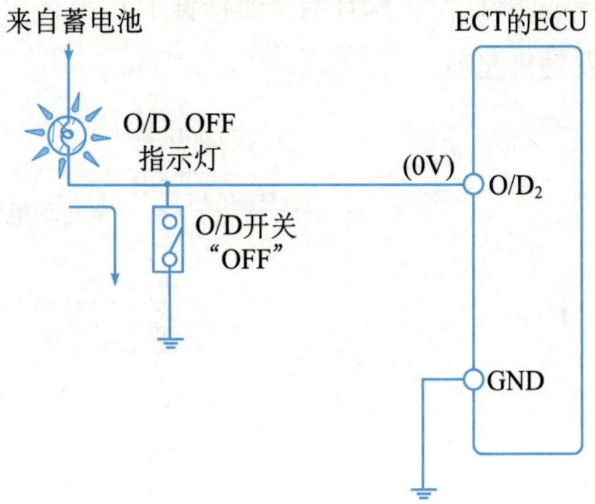


图 7－12　O/D 开关（OFF）的线路图

9. 制动灯开关

（1）作用。

自动变速器 ECU 通过制动灯开关检查是否踩下制动踏板，如果踩下制动踏板，ECU 会取消锁止离合器的工作。

（2）原理。

如图 7－13 所示，制动灯开关安装在制动踏板支架上。当踩下制动踏板时，开关接通，ECU 的 STP 端子电压为 12V；当松开制动踏板时，开关断开，STP 端子电压为 0V。ECU 根据 STP 端子的电压变化了解制动踏板的工作情况。

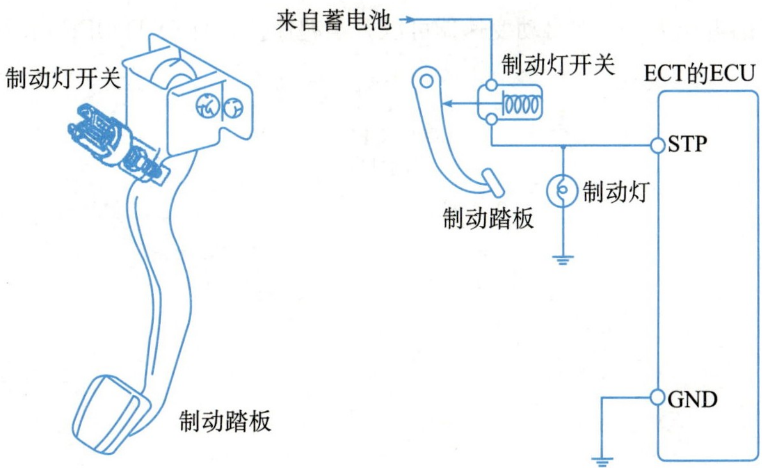


图 7－13　制动灯开关线路图

## 三、执行器

电子控制系统的执行器主要是指电磁阀和故障指示灯，这里只介绍电磁阀。

### 1. 分类

电磁阀根据功能的不同可以分为换挡电磁阀、锁止离合器电磁阀和油压电磁阀。根据工作原理的不同可以分为开关式电磁阀和占空比式（脉冲线性式）电磁阀。不同的自动变速器使用的电磁阀数量不同，一般为 4～10 个不等。例如上海通用的 6T45E 自动变速器电控系统有 7 个电磁阀，其中 1 个是换挡电磁阀，4 个是油压电磁阀，1 个是锁止离合器电磁阀，1 个是管路压力电磁阀。

绝大多数换挡电磁阀都采用开关式电磁阀，油压电磁阀一般采用占空比式电磁阀，而锁止离合器电磁阀采用开关式的和占空比式的都有。

### 2. 开关式电磁阀

（1）作用。

开关式电磁阀的作用是开启或关闭液压油路，通常用于控制换挡阀和部分车型锁止离合器的工作。

（2）结构、原理。

开关式电磁阀由电磁线圈、衔铁、阀芯等组成，如图 7－14所示。当电磁阀通电时，在电磁吸力作用下，衔铁和阀芯下移，关闭泄油口，主油压供给到控制油路。当电磁阀断电时，在回位弹簧的作用下，衔铁和阀芯上移，打开泄油口，主油压被泄掉，控制油路压力很小。

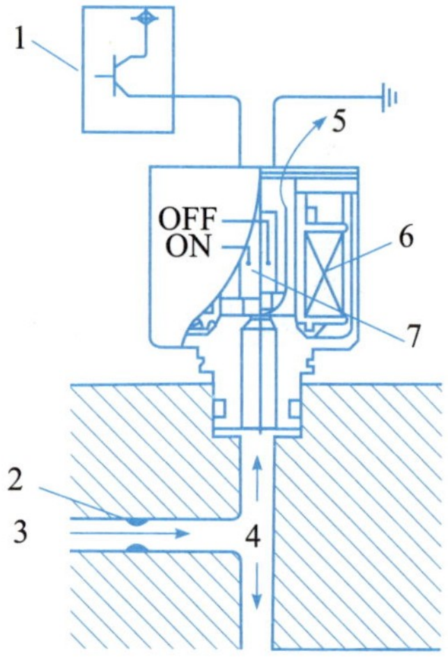


图 7－14　开关式电磁阀

1—ECU；2—节流口；3—主油路；4—控制油路；5—泄油口；6—电磁线圈；7—衔铁和阀芯

（3）电控换挡阀的工作原理。

图 7－15 所示为电控换挡阀的工作原理图。当换挡电磁阀断电时，阀芯及球阀在回位弹簧作用下升起，主油压不能到达换挡阀的左侧，则换挡阀处于左端位置，主油压经过换挡阀给换挡执行元件供油，得到相应的挡位，如图 7－15（a）所示。当换挡电磁阀通电时，电磁吸力使阀芯及球阀下移，主油压经过换挡电磁阀到达换挡阀的左侧，换挡阀右移，主油压到达换挡阀后被截止，不能给换挡执行元件供油，得到另外的挡位，如图 7－15（b）所示。

### 3. 占空比式电磁阀

（1）占空比的概念。

占空比是指一个脉冲周期中通电时间所占的比例（百分数），如图 7－16 所示。

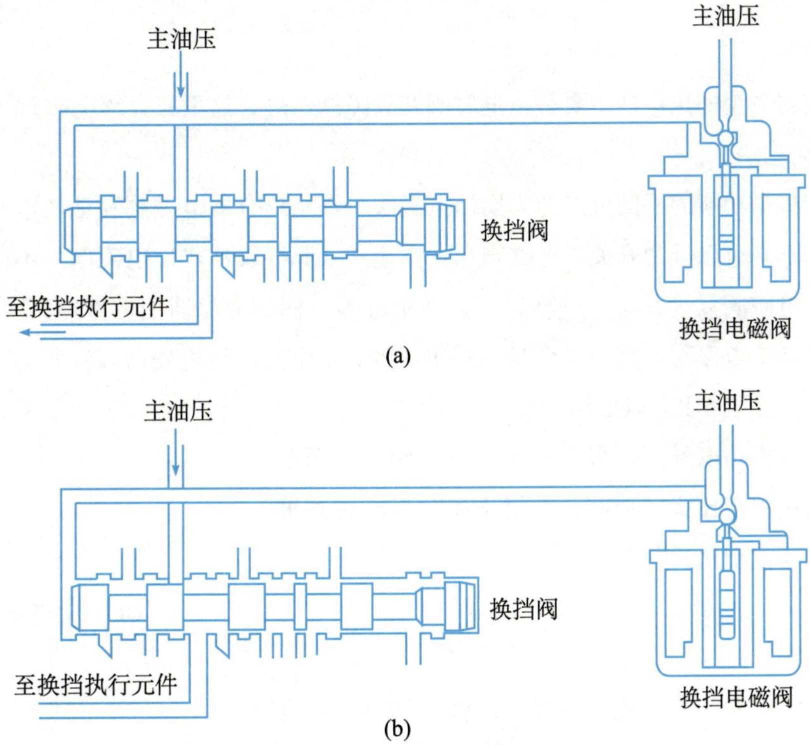


图 7－15　电控换挡阀的工作原理

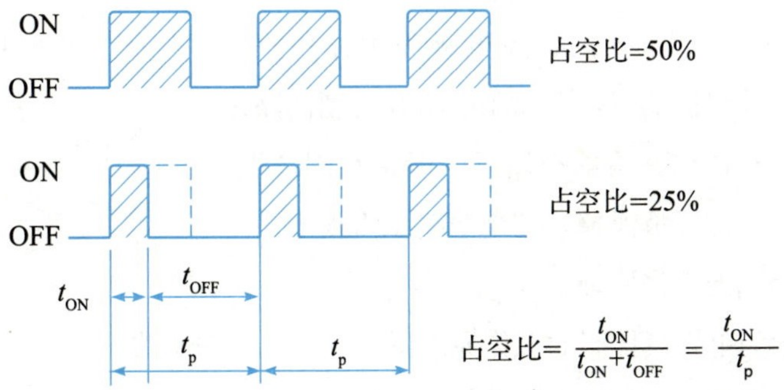


图 7－16　占空比

（2）结构、原理。

占空比式电磁阀与开关式电磁阀类似，也是由电磁线圈、滑阀、弹簧等组成，如图 7－17 所示。它通常用于控制油路的油压，有的车型的锁止离合器也采用此种电磁阀控制。与开关式电磁阀不同的是，占空比式电磁阀的电信号不是恒定不变的电压信号，而是一个固定频率的脉冲电信号。在脉冲电信号的作用下，电磁阀不断开启、关闭泄油口。

占空比式电磁阀有两种工作方式，一是占空比越大，经电磁阀泄油越多，油压就越低；另一种是占空比越大，油压越高。

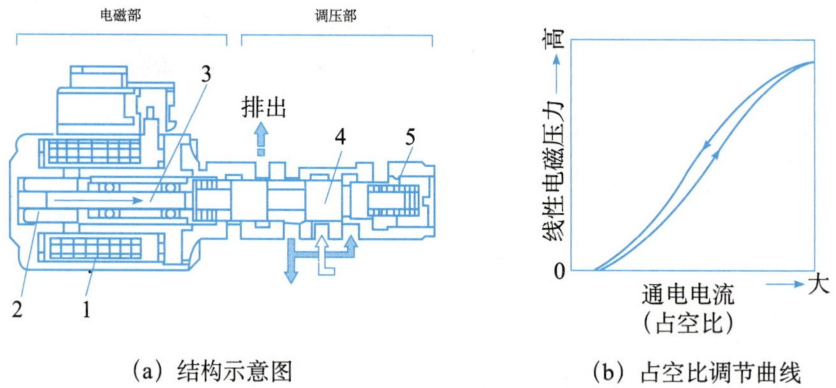


图 7-17 占空比式电磁阀

1—电磁线圈；2—滑阀；3—滑阀轴；4—控制阀；5—弹簧

## 四、电子控制单元

电子控制单元（ECU），俗称电脑。自动变速器 ECU 具有换挡控制、锁止离合器控制、换挡平顺性控制、故障诊断、失效保护等功能。下面简要介绍一下前两种功能。

### 1. 换挡控制

换挡控制即控制自动变速器的换挡时刻，也就是在汽车达到某一车速时，让自动变速器升挡或降挡，它是自动变速器 ECU 最基本的控制内容。自动变速器的换挡时刻（即换挡车速，包括升挡车速和降挡车速）对汽车的动力性和燃料经济性有很大的影响。对于汽车的某一特定行驶工况来说，有一个与之相对应的最佳换挡时刻或换挡车速。ECU 应使自动变速器在汽车的任意行驶条件下都按最佳换挡时刻进行换挡，从而使汽车的动力性和燃料经济性等各项指标达到最优。

在车辆行驶时，并非节气门开度的每一个微小的变化都应该引起换挡的需要，因此在发动机与变速器 ECU 之间并不是将节气门开度信号进行简单的传递，而是根据节气门的开度将其转变为怠速位置，加上节气门确定的 8 个位置，即 0%、7%、15%、25%、35%、50%、65%、85%、100%共 9 个位置信号。怠速位置只由怠速开关决定即可，滑动变阻器决定其他 8 个位置。

汽车的最佳换挡车速主要取决于汽车行驶时的节气门开度，不同节气门开度下的最佳换挡车速可以用节气门开度和车速（本质为输出轴转速）对应的自动换挡图来表示，如图 7-18 所示。

由图 7-18 可知，节气门开度越小，汽车的升挡车速和降挡车速越低；反之，节气门开度越大，汽车的升挡车速和降挡车速越高。

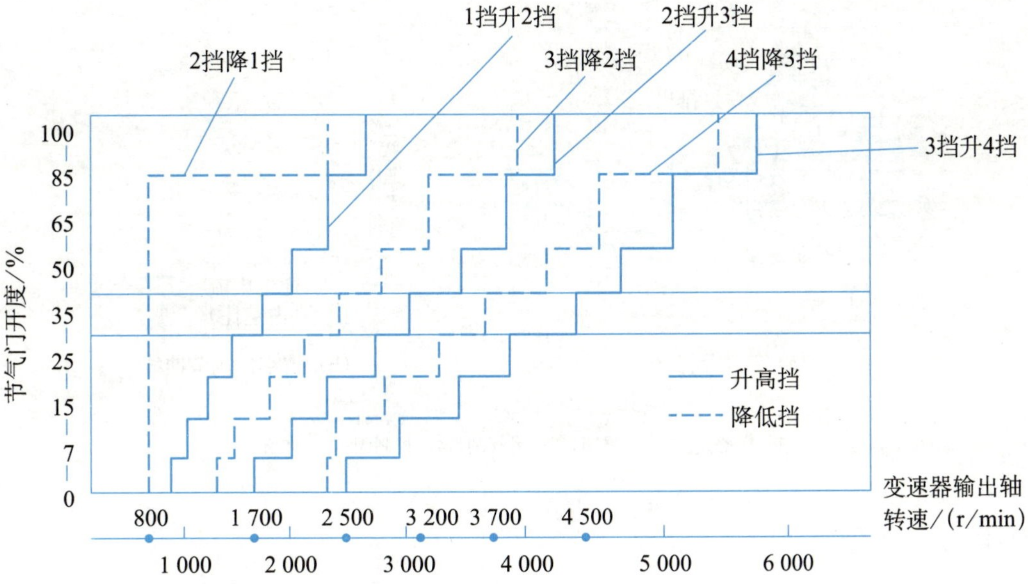


图 7-18　电控自动变速器换挡图

节气门在第 5 个开度，即开度在 35%～50%，输出轴转速必须超过 1 700r/min 时由 D—1升至 D—2，输出轴转速必须超过 3 200r/min 时才能由 D—2 升至 D—3，输出轴转速必须超过 4500r/min 时才能由 D—3 升至 D—4。

节气门在第 5 个开度，即开度在 35%～50%，输出轴转速必须低于 3 700r/min 时才能由 D—4 降至 D—3，输出轴转速必须低于 2 500r/min 时才能由 D—3 降至 D—2，输出轴转速必须低于 800r/min 时才能由 D—2 降至 D—1。

这种换挡规律十分符合汽车的实际使用要求。例如，车在良好路面上缓慢加速时，行驶阻力较小，节气门开度也小，升挡车速可相应降低，即可以较早地升入高挡，从而让发动机在较低的转速范围内工作，减小汽车油耗；反之，当汽车急加速或上坡时，行驶阻力较大，为保证汽车有足够的动力，节气门开度应大，换挡时刻应相应延迟，也就是升挡车速应相应提高，从而让发动机工作在较高的转速范围内，以产生较大的功率，提高汽车的加速和爬坡能力。

### 2. 锁止离合器控制

自动变速器 ECU 将各种行驶模式下锁止离合器的工作方式编程存入存储器，然后根据各种输入信号，控制锁止离合器电磁阀的通、断电，从而控制锁止离合器的工作。

（1）锁止离合器接合的条件。

如果满足以下 5 个条件，自动变速器 ECU 会接通锁止离合器电磁阀，使锁止离合器处于接合状态：

1）变速杆置于 D 位，且挡位在 D—2、D—3 或 D—4 挡；

2）车速高于规定值；

3）节气门开启（节气门位置传感器 IDL 触点未闭合）；

4）冷却液温度高于规定值；

5）未踩下制动踏板（制动灯开关未接通）。

（2）锁止离合器分离的条件。

如果符合以下条件中的任何一项，ECU 就会给锁止离合器电磁阀断电，使锁止离合器分离：

1）踩下制动踏板（制动灯开关接通）；

2）发动机怠速（节气门位置传感器 IDL 触点未闭合）；

3）冷却液温度低于规定值（如 60℃）；

4）当巡航系统工作时，车速降至设定车速以下至少 10km/h。

早期的电控自动变速器中，控制锁止离合器的电磁阀采用开关式电磁阀，即通电时锁止离合器接合，断电时锁止离合器分离。目前许多新型电控自动变速器采用占空比式电磁阀作为锁止离合器电磁阀，ECU 在控制锁止离合器接合时，通过改变脉冲电信号的占空比，让锁止离合器电磁阀的开度缓慢增大，以减小锁止离合器接合时所产生的冲击，使锁止离合器的接合过程变得更加柔和。

## 项目实施

控制系统中的传感器、执行器、开关等产生故障，会对自动变速器工作产生影响。利用故障诊断仪读取故障码，可以找出控制系统大部分故障的大致范围，但要确定故障所在的具体部位，还必须使用万用表等简单工具，按照维修手册中提供的检修方法、检修步骤及标准数据，对各零部件进行检修。另外，一些执行器的机械故障（如卡滞、泄漏等）是无法被 ECU 故障自诊断电路检测出来的，只有通过实际检修才能发现。

### 一、节气门位置传感器的检修

（1）拔去节气门位置传感器的线束插头，端子排列如图 7－19 所示。

（2）用万用表在节气门位置传感器接线插座上测量：怠速开关的导通情况（E2 和 IDL 端子电阻），线性电位计的电阻（E2 和 VTA 之间），如图 7－20 所示，若情况与表 7－1 不符，应调整或更换节气门位置传感器。

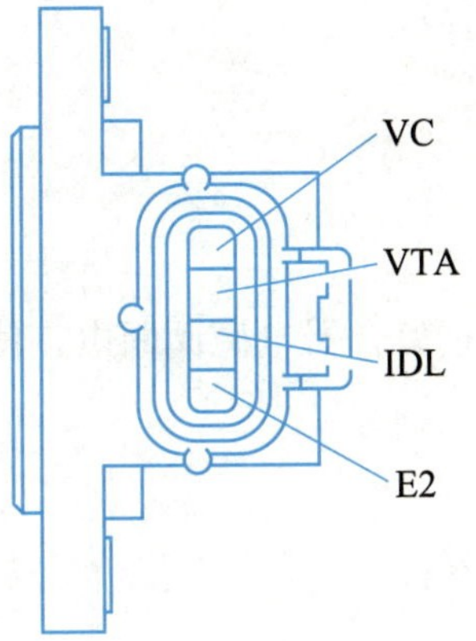


图 7-19　端子排列情况

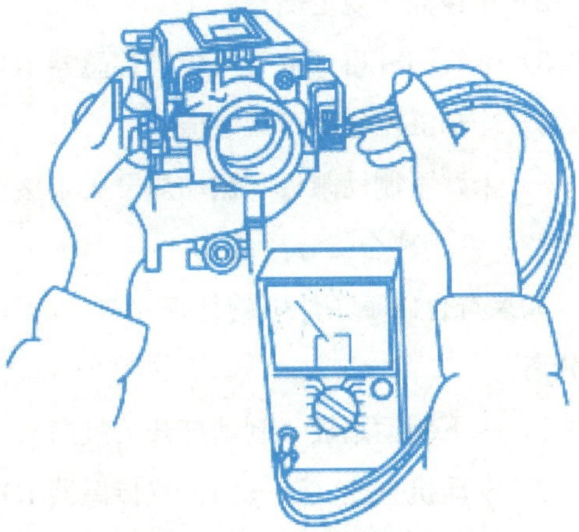

图 7-20　用万用表检测

表 7-1　节气门位置传感器的检测标准

| 测量端子 | 节气门开度 | 电阻/kΩ |
|---|---|---|
| IDL-E2 | 全闭（节气门摇臂与限位螺钉之间的间隙为 0.4mm） | ≤0.5 |
| | 全闭（节气门摇臂与限位螺钉之间的间隙为 0.65mm） | ∞ |
| VTA-E2 | 全闭 | 0.34～6.3 |
| | 全开 | 2.4～11.2 |
| VC-E2 | 全开 | 3.1～7.2 |

## 二、车速传感器和输入轴转速传感器的检修

### 1. 直观检查

主要检查传感器安装有无松动，导线与线束接线器有无松脱。

### 2. 车速传感器和输入轴转速传感器的感应线圈电阻的测量

（1）关闭点火开关，拔下车速传感器或输入轴转速传感器线束接线器。

（2）用万用表测量车速传感器或输入轴转速传感器两接线端之间的电阻。不同车型自动变速器的车速传感器感应线圈的电阻不完全相同，通常为几百欧姆到几千欧姆，如图 7-21 所示。如果感应线圈短路、断路或电阻值不符合标准，则应更换传感器。

（3）传感器输出脉冲的测量。在测量车速传感器或输入轴转速传感器输出脉冲时，将汽车一侧的驱动轮顶起，使变速杆位于 N 位，转动悬空的驱动轮，同时用万用表测量车速传感器两接线柱之间有无脉冲感应电压，如图 7-22 所示。若在转动车轮时传感器有脉冲输出，说明其工作正常；否则应更换传感器。

图 7－21　车速传感器感应线圈电阻的测量

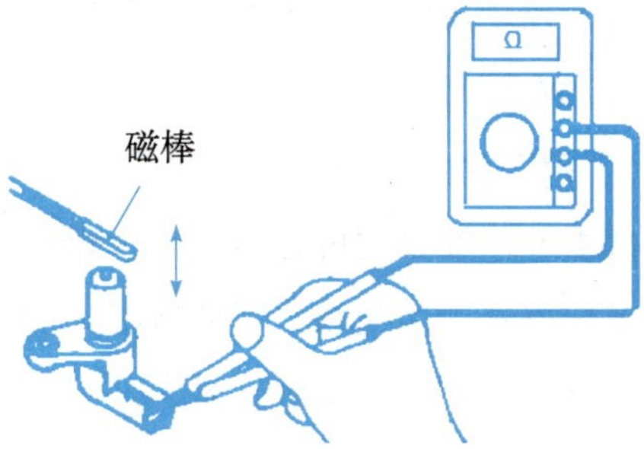


图 7－22　输入轴转速传感器输出脉冲的测量

测量输入轴转速传感器输出脉冲时，应将传感器拆下，用一根铁棒或一块磁铁迅速靠近或离开传感器（见图 7－22），同时用万用表测量传感器两接线柱之间有无脉冲感应电压。如果没有感应电压或感应电压很微弱，说明传感器有故障，应更换。

## 三、挡位开关的检修和更换

### 1. 挡位开关的检修

（1）用举升机将汽车升起。

（2）拆下连接在自动变速器手动阀摇臂和变速杆之间的连杆。

（3）拔下挡位开关的线束接线器。

（4）将手动阀摇臂拨至各个挡位，同时用万用表测量挡位开关线束插座内各插孔之间的导通情况，如图 7－23 所示。

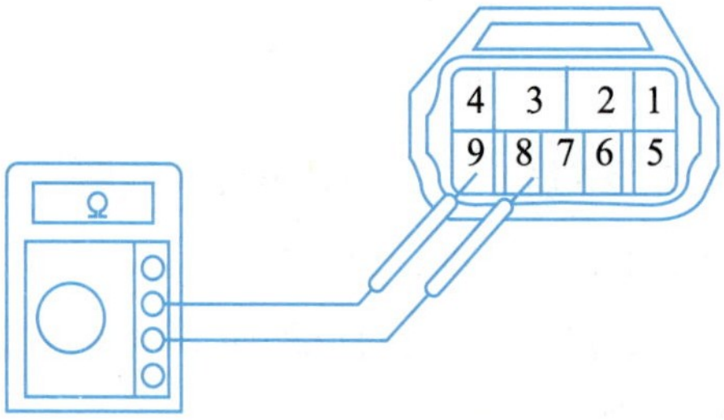


| 操纵手柄 | 3 | 2 | 9 | 1 | 4 | 6 | 5 | 7 | 8 |
|---|---|---|---|---|---|---|---|---|---|
| P | ○ | ○ | ○ | ○ | | | | | |
| R | | | ○ | | ○ | | | | |
| N | ○ | ○ | ○ | | | ○ | | | |
| D | | | ○ | | | | ○ | | |
| S | | | ○ | | | | | ○ | |
| L | | | ○ | | | | | | ○ |

○—○：导通

图 7－23　挡位开关的检修

（5）将测量结果与标准值进行比较，如有不符，应重新调整挡位开关。

### 2. 挡位开关的更换

（1）拆下手动阀摇臂和变速杆之间的连杆。

（2）拆下手动阀摇臂。

（3）拆下挡位开关。

（4）按与拆卸相反的顺序安装新的挡位开关。

（5）按规定的程序重新调整挡位开关。

## 四、液压油温度传感器的检修

拆下液压油温度传感器，将传感器置于盛有水的烧杯中，加热杯中的水，测量在不同温度下传感器两接线端之间的电阻，如图 7－24 所示。将测量的电阻值与标准相比较，如果不符合标准，应更换传感器。

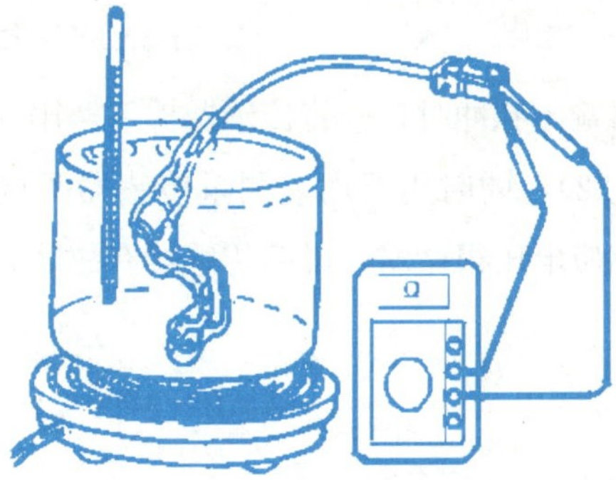


图 7－24　液压油温度传感器的检修

## 五、电磁阀的检修

### 1. 开关式电磁阀的就车检查

（1）用举升机将汽车升起。

（2）拆下自动变速器的油底壳。

（3）拔下电磁阀的线束接线器。

（4）用万用表测量电磁阀线圈的电阻，如图 7－25 所示，开关式电磁阀线圈的电阻一般为 10～30Ω。若电磁阀线圈短路、断路或电阻值不符合标准，应更换。

检查电磁阀的动作：将 12V 电源施加在电磁阀线圈上，此时应能听到电磁阀工作的“咔嗒”声，否则说明阀芯卡住，应更换电磁阀，如图 7－26 所示。

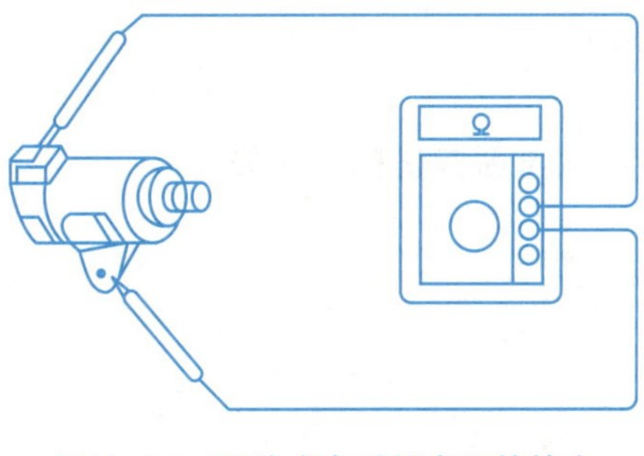


图 7－25　开关式电磁阀电阻的检查

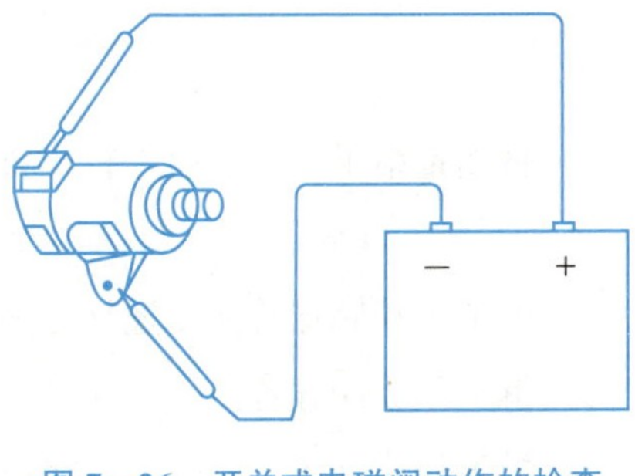


图 7－26　开关式电磁阀动作的检查

2. 开关式电磁阀的性能检验

(1) 拆下电磁阀，将压缩空气吹入电磁阀进油口。

(2) 当电磁阀线圈不接电源时，进油孔和泄油孔之间应不通气；接上电源后，进油孔和泄油孔之间应相通。

(3) 当电磁阀接通电源时，进油孔和泄油孔之间应相通，若不满足要求，说明电磁阀损坏，应更换电磁阀。

3. 脉冲线性式电磁阀电阻的检验

(1) 用举升机将汽车升起。

(2) 拆下自动变速器的油底壳。

(3) 拆下脉冲线性式电磁阀，用万用表测量电磁阀线圈的电阻，如图 7－27 所示。开关式电磁阀线圈的电阻一般为 2～6Ω。若电磁阀线圈短路、断路或电阻值不符合标准，应更换。

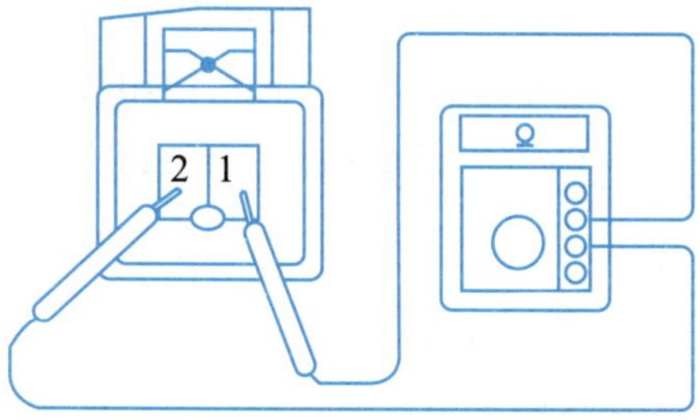

图 7－27　脉冲线性式电磁阀电阻的检验

4. 脉冲线性式电磁阀动作的检验

(1) 拆下脉冲线性式电磁阀。

(2) 将蓄电池串联一个 8～10W 的车用灯泡，然后与电磁阀线圈连接（脉冲线性式电磁阀线圈电阻较小，不可直接与 12V 电源连接，否则会烧毁电磁阀线圈）。

(3) 给电磁阀通电，电磁阀阀芯应向外伸出。断电时，电磁阀阀芯应向内缩入。如果异常，说明电磁阀损坏，应更换。

脉冲线性式电磁阀的另一种检验方法是：将可调电源与电磁阀线圈连接，调整电源的电压，同时观察阀芯的移动情况。当电压逐渐升高时，阀芯应随之向外移动；当电压逐渐减小时，阀芯应随之向内移动。否则说明电磁阀损坏，应更换。在检验中应注意电流不要超过 1A。

5. 占空比式电磁阀的性能检验

脱开电磁阀插接器，用万用表电阻挡测量线圈电阻，应为 3.6～4.0Ω，否则应更换电磁阀。占空比式电磁阀的线圈的电阻很小，不可与 12V 蓄电池直接相连，否则容易烧毁电磁阀线圈。检修时将蓄电池串联一个低电阻，如一个 8～10W 的灯泡，然后再与电磁阀线圈相连，电磁阀应当动作，否则应更换电磁阀。

## 六、ECU 及其控制电路的检修

ECU 及其控制电路的故障可通过故障诊断仪来检修。如果无法使用故障诊断仪，也可以采用另一种检修方法：通过测量 ECU 线束插头内各引脚的工作电压来判断 ECU 及其控制电路工作是否正常。采用此方法检修故障时，必须以被测车型的详细维修技术资料为依据。这些技术资料包括 ECU 各引脚（端子）的定义和各引脚在发动机不同工作状态下的标准电压值等。如果在检修中发现某一引脚的实际工作电压与标准值不符，即表明 ECU 或控制电路有故障。

## 七、控制系统工作过程的检验

控制系统工作过程的检验就是检查 ECU 向各个电磁阀发出的控制信号是否正常。只要这些控制信号正常，就可以说明控制系统中的 ECU、传感器及其控制电路的工作是正常的。

控制系统的工作过程可以用故障诊断仪来检验，如美国的通用、福特等车型可用这种方法检验。在无法使用故障诊断仪的情况下，则可以采用以下几种方法来检验控制系统的工作过程。

### 1. 用电压表通过故障自诊断插座进行检修

在某些丰田车的故障自诊断插座内有一个 TT 插孔，这是专门用于检修电控自动变速器控制系统的。

起动发动机并运转至正常工作温度。将超速挡开关置于 ON 位置。按下模式开关，使之位于普通模式或经济模式位置。将变速杆拨至 D 位，踩下加速踏板，让汽车行驶并加速。用电压表测量 TT 插孔与 $E_1$ 插孔的电压，随着挡位的升高，电压值将作阶跃性增大，每次电压增大的时刻即为 ECU 发出升挡信号的时刻。

### 2. 通过电磁阀的控制电路进行检修

ECU 是通过电磁阀来控制自动变速器工作的，因此只要检修 ECU 输送给各个电磁阀的控制信号，就可以检修控制系统的工作状态。由于电磁阀的控制信号通常是 12V 的直流电压或脉冲电压，因此检修电磁阀控制信号最简便的方法是采用自制的 12V 二极管试灯，如图 7－28 所示。12V 二极管试灯串联了一个 1kΩ 左右电阻的发光二极管。将试灯正极与电磁阀控制线路连接，负极一端接地，通过观察试灯发亮情况来检修电磁阀的工作状态。若在自动变速器工作过程中，与某个电磁阀连接的试灯发亮，说明该电磁阀正在工作。

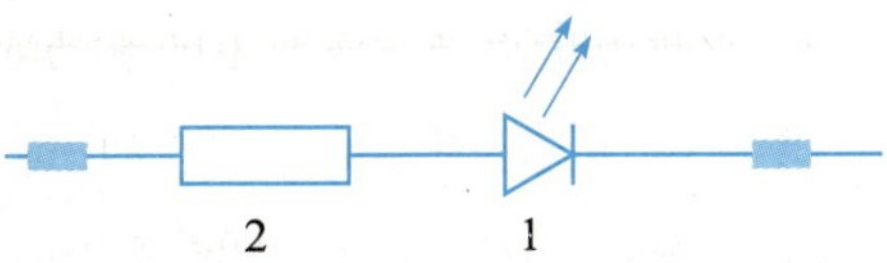

图 7－28 自制发光二极管试灯

1—二极管；2—电阻

这种方法可以不受任何条件的限制，适于检修任何车型电子控制自动变速器的控制系统，特别适于检测控制系统的换挡信号。只要将测得的各个换挡电磁阀的工作状态与不同挡位下换挡电磁阀的工作规律进行比较，就可以知道控制系统向换挡电磁阀发出的控制信号是哪个挡位。

## 测试题

**一、判断题**

1. 造成自动变速器不能升挡的可能原因是换挡主信号源故障和调速器油压失准。（　　）

2. 节气门拉索调整不当或节气门位置传感器调整不当会使自动变速器不能升挡。（　　）

3. 挡位开关故障不会使自动变速器升挡迟缓。（　　）

4. 车速传感器故障会使自动变速器不能升挡。（　　）

5. 汽车以高挡行驶时，如突然将节气门踩到底，感觉到汽车加速无力，则说明自动变速器没有强制降挡。（　　）

6. 若节气门位置传感器和车速传感器输出的信号异常，则易使自动变速器发生频繁换挡。（　　）

7. 控制线路接触不良将导致自动变速器发生频繁换挡的故障。（　　）

**二、单项选择题**

1. 不属于自动变速器换挡信号的是（　　）。

A. 汽车行驶速度　　B. 节气门位置　　C. 变速杆位置　　D. 曲轴位置

2. 检查自动变速器电磁阀时，将电压表并接在电磁阀正极接座与变速器壳两端检测电压正常，但电流比标准值偏小，这说明（　　）。

A. 电磁阀工作正常　　B. 电磁阀阀芯被卡

C. 电磁阀已经老化应予更换　　D. 电磁阀搭铁不良

3. 当将电控自动变速器上的电磁阀插头拔下时，车辆（　　）。

A. 仍可手动换挡　　B. 发动机能起动，但车辆不能行驶

C. 不能起动发动机　　D. R 挡变成 1 挡，产生最大的起动转矩

4. 在自动变速器中，换挡电磁阀可以（　　）。

A. 控制换挡油流的大小　　B. 控制换挡油流的通断

C. 控制单向阀的油流　　D. 调节阀体液压

5. 决定自动变速器换挡时刻的主要传感器信息是车速及（　　）。

A. 节气门开度　　B. 发动机转速

C. 发动机空气流量计　　D. 变速器输入轴的转速

6. 在电控自动变速器中，不存在的部件是（　　）。

A. 手动阀　　B. 单向节流阀　　C. 速控阀　　D. 制动带

7. 为减小自动变速器换挡冲击，在液控、电控系统中采取了（　　）。

A. 在换挡执行元件油路中并入蓄压器

B. 在换挡执行元件油路中串入单向节流阀

C. 用 ECU 对主油压进行控制，换挡瞬间减小主油压

D. 以上都正确

8. 甲说，节气门位置传感器故障会使自动变速器升挡迟缓；乙说，强制降挡开关短路故障会使自动变速器升挡迟缓。（ ）

A. 甲正确　　B. 乙正确　　C. 两人均不正确　　D. 两人都正确

9. 检修自动变速器的电磁阀时，通常最简便、最可靠的方法是测量（ ）。

A. 工作电压　　B. 工作电流

C. 阀门的升程　　D. 阀门所控制的油流大小

10. 某自动变速器的车辆经常跑高速，耗油量近日增大，检查发动机基本正常，车辆起步及高、低速未见异常，则最大的可能原因是（ ）。

A. 车速传感器损坏　　B. 节气门位置传感器不良

C. 液力变矩器锁止离合器故障　　D. 自动变速器控制液压偏高

11. 在自动变速器中，换挡是由（ ）来控制的。

A. 发动机进气真空度信号　　B. 换挡开关式电磁阀

C. 换挡步进式电磁阀　　D. 发动机转速信号

**三、思考题**

1. 自动变速器中所需的传感器有哪些？其作用是什么？

2. 电磁阀根据工作原理的不同可以分为几种形式？

3. 锁止离合器工作的条件有哪些？

## 项目八

# 自动变速器的试验

8

| 学习目标 | 学习要求 | 教学建议 |
|---|---|---|
| 1. 能够采用正确的方法、步骤进行道路、手动换挡、失速以及油压等性能试验。<br>2. 能够正确分析可能的故障原因。 | 应知：各种性能试验的步骤。<br>应会：根据试验结果对故障进行分析。 | 以教师课堂讲解和示范为主，并辅助多媒体课件或录像组织教学。 |

## 项目准备

1. 装备有自动变速器、技术状态完好的轿车 1 辆。
2. 垫木若干。

## 项目实施

汽车发生故障时，其异常状况通过各种方式表现出来，如声音、速度、发动机转速、抖动、冲击等。汽车故障多种多样，引发的原因也是多方面的，有些相似的故障可能是由不同的原因引发的。特别是在进行自动变速器故障诊断时，要综合发动机、传动系的其他部分和行驶系的故障，在确认其他系统不存在故障的情况下，再进行自动变速器故障的诊断。

较为简便而且有效的方法是由有维修经验的人员通过对汽车进行各种性能试验，再现汽车的故障，以确认其故障范围，为进一步分解、修理自动变速器提供依据。自动变速器在修理前或修理完毕后，也应进行全面的性能试验，如道路试验、手动换挡试验、油压试验、失速试验、换挡迟滞试验等，通过试验，以保证自动变速器各项性能达到标准要求。

### 一、道路试验

道路试验是诊断、分析自动变速器故障最有效的手段之一。此外，自动变速器在修复之后，也应进行道路试验，以检查其工作性能，检验修理质量。自动变速器的道路试验内容主要有：检查换挡车速、换挡质量以及检查换挡执行元件有无打滑等。在道路试验之前，应先让汽车以中低速行驶5～10min，让发动机和自动变速器都达到正常工作温度。在试验中，通常应将O/D开关置于ON的位置（即O/D OFF熄灭），并将模式选择开关置于常规模式或经济模式。道路试验的方法如下：

### 1. 升挡检查

将变速杆置于"D"位，踩下加速踏板，使节气门保持在50%左右开度，让汽车起步加速，检查自动变速器的升挡情况。自动变速器在升挡时发动机会有瞬时的转速下降，同时车身会有轻微的闯动感。正常情况下，汽车起步后随着车速的升高，试车者应能感觉到自动变速器顺利地由1挡升入2挡，随后再由2挡升入3挡，最后升入超速挡。若自动变速器不能升入高挡（3挡或超速挡），说明控制系统或换挡执行元件有故障。

### 2. 升挡车速检查

在上述升挡检查的过程中，当察觉到自动变速器升挡时，记下升挡车速。一般4挡自动变速器在节气门开度为50%时由1挡升至2挡的车速为25～35km/h，由2挡升至3挡的车速为55～70km/h，由3挡升至4挡（超速挡）的车速为90～120km/h。由于升挡车速和节气门开度有很大的关系，即节气门开度不同时，升挡车速也不同，而且不同车型的自动变速器各挡位的传动比的大小都不相同，其升挡车速也不完全一样，因此，只要升挡车速基本保持在上述范围内，而且汽车行驶中加速良好，无明显的换挡冲击，都可认为其升挡车速基本正常。若汽车行驶中加速无力，升挡车速明显低于上述范围，说明升挡车速过低（即升挡提前）；若汽车行驶中有明显的换挡冲击，升挡车速明显高于上述范围，说明升挡车速过高（即升挡滞后）。

升挡车速太低一般是控制系统的故障所致；升挡车速太高则可能是控制系统的故障所致，也可能是换挡执行元件的故障所致。

### 3. 换挡质量检查

换挡质量的检查主要是检查有无换挡冲击。正常的自动变速器只能有不太明显的换挡冲击，特别是电控自动变速器的换挡冲击应十分微弱。若换挡冲击太大，说明自动变速器的控制系统或换挡执行元件有故障，其原因可能是主油压高或换挡执行元件打滑，应做进一步的检查。

### 4. 锁止离合器工作状况检查

自动变速器液力变矩器中锁止离合器的工作是否正常也可以采用道路试验的方法进行检查。试验中，让汽车加速至超速挡，以高于80km/h的车速行驶，并让节气门开度保持在低于50%的位置，使变矩器进入锁止状态。此时，快速将加速踏板踩下使节气门开度超过85%，同时检查发动机转速的变化情况。若发动机转速没有太大的变化，说明锁止离合器处于接合状态；反之，若发动机转速升高很多，则表明锁止离合器没有接合，其原因通常是锁止控制系统有故障。

5. 发动机制动作用检查

检查自动变速器有无发动机制动作用时，应将变速杆置于 2 位或 L 位。在汽车以 2 挡或 1 挡行驶时，突然松开加速踏板，检查是否有发动机制动作用。若松开加速踏板后车速立即随之下降，说明有发动机制动作用；否则说明控制系统或换挡执行元件有故障。

6. 强制降挡功能检查

检查自动变速器强制降挡功能时，应将变速杆置于“D”位，保持节气门开度为 30%左右，在以 2 挡、3 挡或超速挡行驶时突然将加速踏板完全踩到底，检查自动变速器是否被强制降低一个挡位。在强制降挡时，发动机转速会突然升至 4 000r/min 左右，并随着加速升挡，转速逐渐下降。若踩下加速踏板后没有出现强制降挡，说明强制降挡功能失效。若在强制降挡时发动机转速升高反常，达 5 000r/min，并在升挡时出现换挡冲击，则说明换挡执行元件打滑，应拆修自动变速器。

## 二、手动换挡试验

1. 目的

手动换挡试验用于判断故障是来自电控系统还是机械系统。

2. 方法、步骤

(1) 脱开换挡电磁阀插接器。

(2) 将变速杆置于各个位置，检查挡位是否与表 8-1 所列情况相同；如果出现异常，说明故障在机械系统。

表 8-1　手动换挡试验

| 变速杆位置 | D | 2 | L | R | P |
|---|---|---|---|---|---|
| 挡位 | 4 挡 | 3 挡 | 1 挡 | 倒挡 | 锁定棘轮 |

(3) 观察发动机转速和车速的对应关系，以判断自动变速器所在的挡位，不同挡位时发动机转速和车速的关系见表 8-2。

表 8-2　不同挡位时发动机转速和车速的关系

| 挡位 | 发动机转速/(r/min) | 车速/(km/h) |
|---|---|---|
| 1 挡 | 2 000 | 18～22 |
| 2 挡 | 2 000 | 34～38 |
| 3 挡 | 2 000 | 50～55 |
| 超速挡 | 2 000 | 70～75 |

（4）插上换挡电磁阀插接器，清除 ECU 中的故障码，防止因脱开电磁阀线束接线器而产生的故障码保存在 ECU 中，影响自动变速器的故障自诊断工作。

（5）如果 L 位、2 位和 D 位换挡位置难以区别，则进行下列道路试验：车辆行驶时，经过从 L 位至 2 位、2 位至 D 位的换挡，检查相应挡位的换挡变化。如果在上述试验中发现异常，则是变速器机械系统的故障。

## 三、油压试验

油压试验一般是进行主油压测试，也可以进行进气门油压、速控油压、蓄能器背压测试。

### 1. 注意事项

在正常工作油温时进行该试验（50℃～80℃，122℉～176℉）。油压试验应由两人完成，其中一人观察车轮及车轮塞木状况，另一人进行试验。

### 2. 方法、步骤

油压试验如图 8－1 所示。

图 8－1　油压试验

（1）运转发动机，让发动机和变速器温度正常。

（2）拔去变速器壳体上的检查插头塞，连接压力表。

（3）拉紧驻车制动手柄，塞住四个车轮。

（4）起动发动机，检查怠速转速。

（5）左脚踩下制动踏板，将变速杆换入 D 位。

（6）在发动机怠速下测量主油压。

（7）将加速踏板踩到底，在发动机达到失速转速时迅速读下油路最高压力。

⚠ **注意：**如果在发动机转速未达到失速转速之前，后轮开始转动，则松开加速踏板停止试验。

（8）在R位重复试验。

丰田A341E自动变速器的主油压值见表8-3。

表8-3　丰田A341E自动变速器的主油压值（kPa）

| D位 | | R位 | |
|---|---|---|---|
| 怠速 | 失速 | 怠速 | 失速 |
| 363～422 | 902～1 147 | 500～598 | 1 236～1 589 |
| （3.7～4.3，53～61） | （9.2～11.7，131～166） | （5.1～6.1，73～87） | （12.6～12.2，179～230） |

如果测得的油压未达到规定值，重新检查油门拉索的调整情况并重复做油压测试。

3. 试验结果分析

（1）在任何范围内油压均高于规定值：节气门拉索调整不当、节气门阀失效、调压阀失效、油泵失效、O/D挡离合器损坏。

（2）只在D位油压低：D位油路泄漏、前进挡离合器故障。

（3）只在R位油压低：R位油路泄漏、直接挡离合器故障、倒挡制动器故障。

## 四、失速试验

1. 目的

失速试验通过测量在D或R位时的失速转速来检查发动机及变速器的总体性能。

2. 注意事项

（1）在正常工作温度下进行该试验（50℃～80℃，122℉～176℉）。

（2）该试验连续进行不得超过5s。

（3）为保证安全，请在宽阔水平地面上进行，并确保试验用车前后无人。

（4）失速试验应两人共同完成。一人观察车轮情况或车轮塞木情况，另一人进行试验。

3. 方法、步骤

（1）将汽车停放在宽阔的水平路面上，前后车轮用三角木塞住。

（2）拉紧驻车制动手柄，左脚用力踩下制动踏板。

（3）起动发动机。

（4）将变速杆置于D位。

（5）用右脚把加速踏板踩到底，在发动机转速不再升高时，迅速读发动机转速，此转速即为失速转速。

（6）读取失速转速后，应立即松开加速踏板。

⚠ **注意**：如果在发动机转速未达到规定失速转速之前，后轮开始转动，应放松加速踏板停止试验。

（7）在 R 位重复试验。

失速试验如图 8-2 所示。

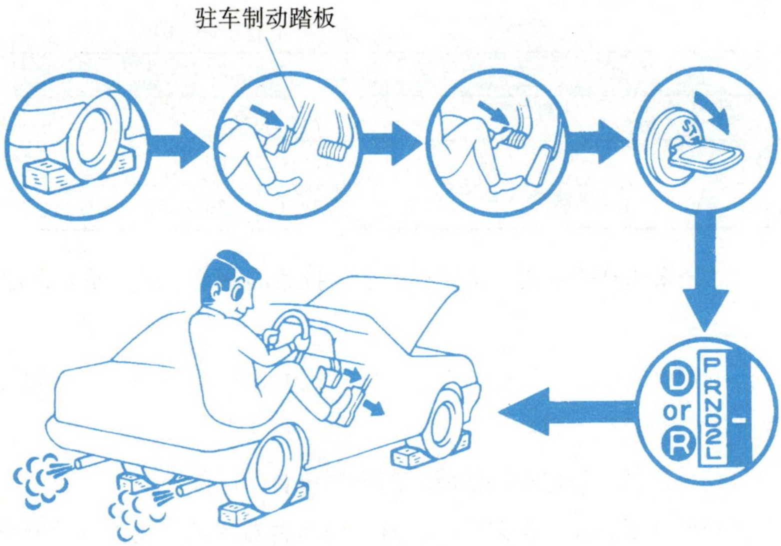


图 8－2　失速试验

常见车型自动变速器的失速转速一般为 2 200r/min 左右，但也有的自动变速器的失速转速低于 1 800r/min，有的自动变速器的失速转速高于 2 800r/min。

4. 试验结果分析

不同的车型，由于结构不同，试验结果体现的故障不同，下面仅以常见的丰田四挡自动变速器为例进行说明。

（1）如果两个位置失速转速都相同，但均低于规定值：发动机可能功率不足、导轮（变矩器）单向离合器工作不正常。

⚠ **提示**：如果低于规定转速值 600r/min 以上，则说明液力变矩器可能损坏。

（2）在 D 位失速转速高于规定值：主油压太低、前进挡离合器工作不良、O/D 单向离合器工作不良。

（3）在 R 位失速转速高于规定值：主油压太低、直接挡离合器打滑、1 挡及倒挡离合器打滑、O/D 单向离合器工作不良。

（4）在 D 和 R 位失速转速均高于规定值：主油压太低、油液液面位置不正常、O/D 单向离合器工作不良。

## 五、换挡迟滞试验

### 1. 目的

发动机怠速转动时拨动变速杆，在感觉振动前会有一段时间的迟滞或延迟，这用于检查O/D挡离合器、前进挡离合器、直接挡离合器，以及1挡、倒挡制动器的工作情况。

### 2. 注意事项

（1）在正常工作油温下进行该试验（50℃～80℃，122℉～176℉）。

（2）在各试验间保证有1min间隔。

（3）进行三次试验并取平均值。

### 3. 方法、步骤

换挡迟滞试验如图8-3所示。

（1）拉紧驻车手柄。

（2）起动发动机并检查怠速。

（3）将变速杆从N位拨向D位。用秒表测量从拨动变速杆到感觉振动的时间。延迟时间应小于1.2s。

（4）从N位→R位用同样的方法测量。延迟时间应小于1.5s。

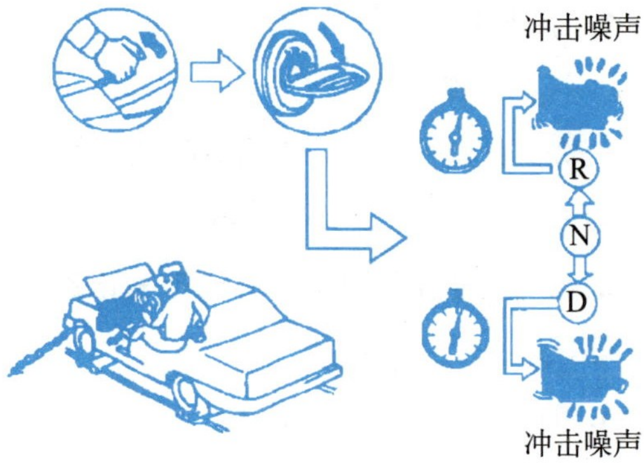


图8-3　换挡迟滞试验

### 4. 试验结果分析

（1）如果N位→D位延迟时间大于规定值（延时时间小于1.0～1.2s）：主油压太低、前进挡离合器磨损、前进挡单向离合器工作不良。

（2）如果N位→R位延迟时间大于规定值（延时时间小于1.2～1.5s）：主油压太低、倒挡离合器或倒挡制动器磨损过大工作不良。

## 测试题

### 一、填空题

1. 行驶中没有3挡和4挡，支起驱动轮运行，如有3挡和4挡说明故障在________，如仍没有3挡和4挡，说明________。

2. 多数电控自动变速器采用2个电磁阀控制________的运作。

3. 按工作原理来分类，电控自动变速器的电磁阀有________和________两种类型。换挡电磁阀为________。

### 二、单向选择题

1. 自动变速器（　　）是为了测试各离合器、制动器的工作情况，并观察换挡时机是否符合要求。

A. 液压试验　　B. 失速试验　　C. 换挡迟滞试验　　D. 道路试验

2. 自动变速器换挡迟滞试验间隔时间应不少于（　　）。

A. 30s　　B. 1min　　C. 2min　　D. 5min

3. 自动变速器（　　）是在自动变速器工作时，通过测量液压控制系统各回路的压力来判断液压控制系统各元件的功能是否正常。

A. 液压试验　　B. 失速试验　　C. 换挡迟滞试验　　D. 道路试验

4. 主要用来区分是自动变速器液压系统与机械系统故障，还是电控部分故障的试验是（　　）。

A. 手动选挡试验　　B. 手动换挡试验

C. 换挡迟滞试验　　D. 前进挡换挡试验

5. 失速试验检查时，工作时间最好少于（　　）的原因是怕发动机过热。

A. 5s　　B. 10s　　C. 15s　　D. 20s

6. 自动变速器失速试验时应把变速器油温升到并保持在正常工作油温，每次连续试验时间不超过（　　）。

A. 5s　　B. 10s　　C. 15s　　D. 20s

7. 做某自动变速器失速实验，测得失速转速为 2 900～3 100r/min，说明这个变速器（　　）。

A. 性能基本正常　　B. 液力变矩器的锁止离合器损坏

C. 制动带或离合器出现打滑　　D. 导轮单向离合器有故障

8. 自动变速器换挡延迟故障，其原因是（　　）。

A. 换挡电磁阀线圈开路　　B. 节气门位置传感器信号不良

C. 换挡电磁阀阀芯卡滞　　D. 液压系统的主油压偏高

9. 丰田自动变速器在换挡迟滞试验中，变速杆从 N 位换到 D 位或 R 位时，应测量（　　）次，然后取其平均值。

A. 1　　B. 2　　C. 3　　D. 4

**三、多项选择题**

1. 给自动变速器做失速实验，通过失速实验可检验（　　）。

A. 液力变矩器的锁止离合器的性能

B. 液力变矩器的单向离合器的性能

C. 变速控制机构中摩擦片的工作

D. 发动机的输出功率

2. 失速试验是自动变速器的一项重要实验，其规范要求有（　　）。

A. 加速踏板踩下并稳定在一半位置

B. 试验运转时间应保持在 10s 以上

C. 加速踏板要踩到底

D. 正常状况下，发动机转速应保持在 2 200～2 400r/min

**四、思考题**

1. 自动变速器维修后道路试验的目的是什么？试验准备工作和检查项目有哪些？

2. 自动变速器油压试验前的准备工作有哪些？有哪些试验项目？对试验项目做简要解释。

3. 叙述自动变速器手动换挡试验的目的、方法和注意事项，并进行原因分析。

4. 说明自动变速器换挡迟滞试验的方法，分析 N 位→D 位或 N 位→R 位的时滞时间过长的原因。

5. 叙述自动变速器失速试验的方法，分析失速转速过低的原因。

项目九

# 无级变速器的检修

| 学习目标 | 学习要求 | 教学建议 |
|---|---|---|
| 1. 了解无级变速器的基本组成和工作原理。<br>2. 了解奥迪 A6 的 Multitronic 无级变速器的结构。<br>3. 掌握无级变速器维修的基本思路和步骤。 | 应知：无级变速器的基本组成和工作原理。<br>应会：无级变速器维修的基本思路和步骤。 | 以多媒体课件教学为主，有条件的可以进行现场实物教学。 |

## 项目准备

1. 完整的奥迪 01J 型无级变速器实物 1 台。
2. 完整的无级变速器实训台 1 台。
3. 常用工具、专用工具各 1 套。

## 理论学习

### 一、概述

目前在汽车上广泛使用的自动变速技术是将液力变矩器和行星齿轮系组合的自动变速技术，但是液力变矩器和行星齿轮系的组合有着明显的缺点：传动比不连续，只能实现分段范围内的无级变速；液力传动的效率较低，影响了整车的动力性与燃料经济性；增加变速器的挡位数来扩大无级变速的覆盖范围，就必须采用较多的执行元件来控制行星齿轮系的动力传递路线，导致自动变速器零部件数量过多，结构复杂，保养和维护不便。所以汽车行业早就开始研究其他新型变速技术，无级变速 CVT（Continuously Variable Transmission）技术就是其中最有前景的一种。

CVT 技术采用传动带和工作直径可变的主、从动轮相配合传递动力。由于 CVT 可以实现传动比的连续改变，从而得到传动系与发动机工况的最佳匹配，提高整车的燃油经济性和动力性，改善驾驶员的操纵方便性和乘坐人员的乘坐舒适性，所以它是理想的汽车传动技术。

### 1. 发展历史

CVT 技术的发展已经有一百多年的历史了。德国奔驰公司是在汽车上采用 CVT 技术的鼻祖，早在 1886 年就将 V 形橡胶带式 CVT 安装在该公司生产的汽油机汽车上。1958 年，荷兰 DAF 公司的范多尼（H. Van Doorne）博士成功研制了名为 Variomatic 的双 V 形橡胶带式 CVT，并装备于 DAF 公司制造的 Daffodil 轿车上，其销量超过了 100 万辆。但是由于橡胶带式 CVT 存在一系列的缺陷，功率有限（转矩局限于 135N · m 以下），离合器工作不稳定，油泵、传动带和夹紧机构的能量损失较大，因而没有被汽车行业普遍接受。

然而提高传动带性能和 CVT 传递功率极限的研究一直在进行，主要包括以下方面：将液力变矩器集成到 CVT 系统中；主、从动轮的夹紧力实现电子化控制；在 CVT 中采用节能泵；用金属带或金属传动链代替传统的橡胶带。新的技术进步克服了 CVT 系统原有的技术缺陷，推动了传递转矩更大、性能更优良的第二代 CVT 的面世。

进入 20 世纪 90 年代，汽车界对 CVT 技术的研究开发日益重视，特别是在微型车中，CVT 被认为是关键技术。全球科技的迅猛发展，使得新的电子技术与自动控制技术不断应用到 CVT 中。日本日产、三菱、富士重工，美国福特，德国 ZF、大众等公司相继开发出 CVT 无级变速器。

在最近的十几年中，CVT 技术已经迈进了一大步，使得 CVT 比有着超过 100 年历史的机械变速器 MT 和有着超过 50 年历史的液力自动变速器 AT 更有竞争力。CVT 技术正处于生命周期的开始，CVT 的特性将进一步提高。

值得一提的是，在 2000 年 11 月我国下线的奥迪 A6 2.8L 轿车就是国内率先使用 CVT 的第一款国产轿车。目前国内已有奥迪 A6、奥迪 A4，南京菲亚特、派力奥和西耶那，广本飞度以及奇瑞旗云轿车等车型装备 CVT。

### 2. 原理介绍

无级变速器是传动比可以在一定范围内连续变化的变速器，它采用传动带和工作直径可变的主、从动轮相配合来传递动力，可以实现传动比的连续改变，从而得到传动系与发动机工况的最佳匹配，最大限度地利用发动机的特性，提高汽车的动力性和燃油经济性。目前无级变速器在汽车上的应用越来越多，常见的无级变速器是金属带式无级变速器（VDT-CVT）。

图 9-1 所示为金属带式无级变速器的变速原理图。变速部分由主动带轮（也称初级轮）、金属传动带和从动带轮所组成。每个带轮都是由两个带有斜面的半个带轮组成，其中一个半轮是固定的，另一个半轮可以通过液压控制系统控制其轴向移动，两个带轮之间的中心矩是固定的，由于两个带轮的直径可以连续无级变化，所以形成的传动比也是连续

无级变化的。

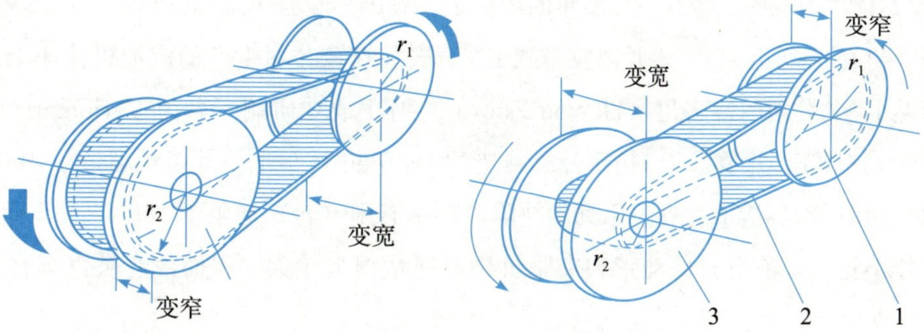


图 9-1　金属带式无级变速器的变速原理图

1—主动带轮；2—金属传动带；3—从动带轮

## 二、特点

### 1. 无级变速器的优点

CVT 技术真正应用在汽车上时间并不长，但它的优势却是显而易见的，主要如下：

（1）经济性佳。CVT 可以在相当宽的范围内实现无级变速，从而获得传动系与发动机工况的最佳匹配，提高整车的燃油经济性。

（2）动力性优。汽车的后备功率决定了汽车的爬坡能力和加速能力。汽车的后备功率越大，汽车的动力性越好。由于 CVT 的无级变速特性，能够获得后备功率最大的传动比，所以 CVT 的动力性能明显优于机械变速器（MT）和液力自动变速器（AT）。

（3）排放量小。CVT 的速比工作范围宽，能够使发动机以最佳工况工作，从而改善了燃烧过程，降低了废气的排放量。例如 ZF 公司将自己生产的 CVT 装车进行测试，其废气排放量比安装四挡 AT 的汽车减少了大约 10%。

（4）成本小。CVT 系统结构简单，零部件数目（约 300 个）比 AT（约 500 个）少，一旦汽车制造商开始大规模生产，CVT 的成本将会比 AT 小。由于采用该系统可以节约燃油，随着大规模生产以及系统、材料的革新，CVT 零部件（如传动带或传动链、主动轮、从动轮和油泵）的生产成本将降低 20%～30%。

（5）改善驾驶舒适性能。安装了无级变速器系统以后，可以在保证发动机具有最佳动力性能的同时实现无级变速，使驾驶者能够真正享受轻松驾驶的乐趣，它实现了手动变速器的快速反应和液力自动变速器的舒适的双优点。

### 2. 无级变速器的缺点

目前无级变速器系统尚不成熟或尚需改进的地方主要集中在以下几个方面：

（1）金属传动带的结构形状和参数还要不断改进和完善，传递转矩的能力仍需要进一步提高。

（2）在变速过程中，带的轴向偏移会造成主、从动带轮的中心平面不在同一平面上。这种现象会使金属带在运转过程中发生扭曲，在带轮的入端和出端造成冲击，使噪声增大，传动变得不平稳，同时会使带的寿命急剧下降。为解决此问题，目前采用的方法是对金属带相接触的带轮的锥面形状进行修正设计。但是最好的解决方法是使主、从动带轮向两侧对称轴向移动，使两带轮中心平面不产生偏移。

（3）使用过程中还有不够理想的地方，例如起步和低速行驶时会存在滞涩、不圆滑的感觉。在紧急停车后再起步时，会发生低速无法起步的现象。

（4）控制系统中存在着不足，包括变速控制、传动带夹紧力控制和起步控制等方面。

## 三、奥迪 01J 无级变速器的结构

奥迪 01J 型无级变速器被称为 Multitronic，其结构主要由飞轮减振缓冲装置、动力连接装置、速比变换器、传动链、操纵杆选挡轴和停车锁、液压控制系统以及电子控制系统组成，如图 9－2 所示。

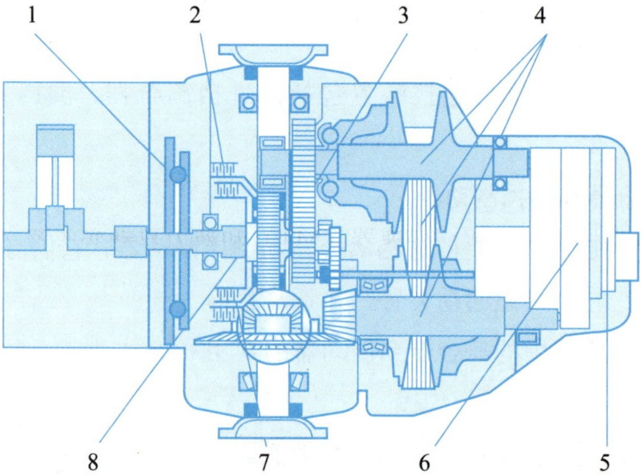


图 9－2　奥迪 01J CVT 的基本组成

1—飞轮减振缓冲装置；2—倒挡制动器；3—辅助减速齿轮；4—速比变换器；5—电子控制系统；6—液压控制系统；7—前进挡离合器；8—行星齿轮机构

发动机输出转矩通过飞轮减振缓冲装置或双质量飞轮传递给变速器，前进挡离合器和倒挡制动器都是湿式摩擦元件，两者均为起动装置。倒挡的旋转方向是通过行星齿轮机构改变的。发动机的转矩通过辅助减速齿轮传到速比变换器，并由此传到主减速器、差速器。液压控制系统和电子控制系统集成一体，位于变速器内部。

### 1. 飞轮减振缓冲装置

奥迪 01J 型无级变速器取消了变矩器。由于飞轮在工作时转动是不均匀的，即在做功行程转得快，而在其他行程则转得慢，这种转动的不均匀性传递到变速器内就会形成

振动。因此在 CVT 上需要一个减振缓冲装置来缓冲这种振动。目前奥迪 V6 2.8L 发动机采用飞轮减振装置，奥迪 A4 1.8L 四缸发动机采用双质量飞轮作为减振缓冲装置，如图 9 - 3所示。

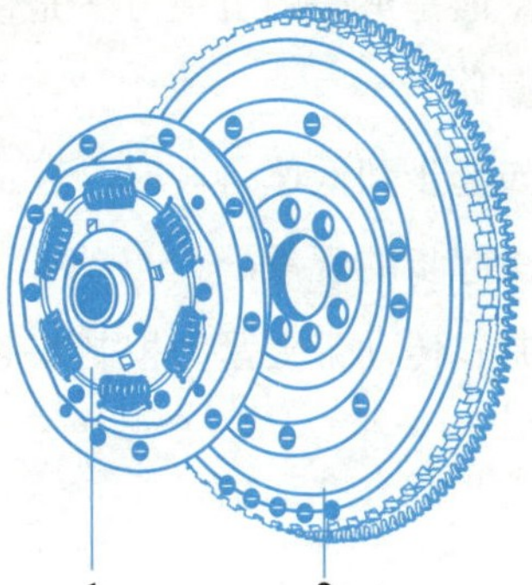


(a)飞轮减振装置

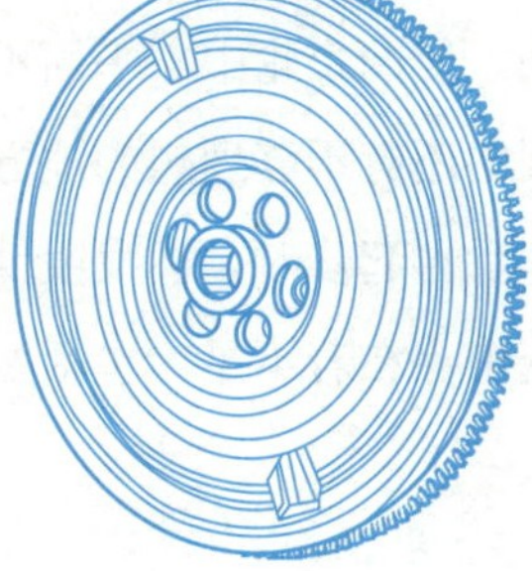

(b)双质量飞轮

图 9 - 3　减振缓冲装置

1—减振装置；2—飞轮

### 2. 动力连接装置

奥迪 Multitronic CVT 动力连接装置包括前进挡离合器、倒挡制动器和行星齿轮机构。

（1）前进挡离合器和倒挡制动器。

奥迪 01J CVT 的起动装置是前进挡离合器和倒挡制动器，它们与行星齿轮机构一起实现前进挡和倒挡。它们只做起动装置，并不改变传动比，这与在自动变速器中的离合器和制动器的功用是不同的。

奥迪 01J CVT 的前进挡离合器和倒挡制动器均采用湿式多片式结构，这与前述的自动变速器中的离合器和制动器的结构是相同的，这里不过多叙述。

（2）行星齿轮机构。

行星齿轮机构的结构如图 9 - 4 所示，由齿圈、两个行星轮、行星架、太阳轮组成。当太阳轮顺时针转动时，驱动行星轮 1 逆时针转动，再驱动行星轮 2 顺时针转动，最后驱动齿圈也顺时针转动。

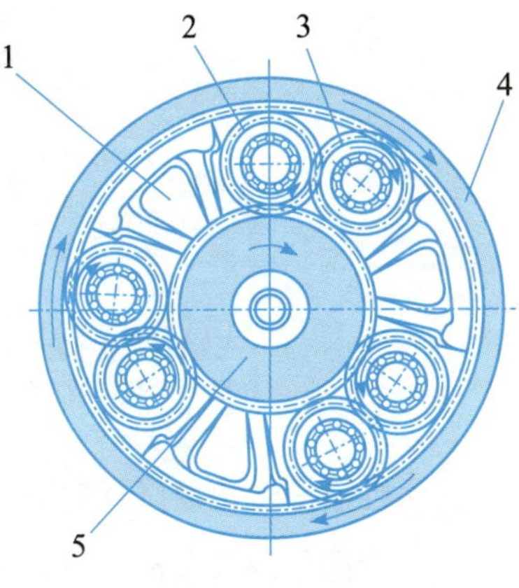


图 9 - 4　行星齿轮机构的结构

1—行星架；2—行星轮 1；3—行星轮 2；4—齿圈；5—太阳轮

作为输入元件的太阳轮与输入轴和前进挡离合器钢片相连接，作为输出元件的行星架与辅助减速齿轮的主动齿轮和前进挡离合器的摩擦片相连接，齿圈和倒挡制动器摩擦片相连接，倒挡制动器钢片和变速器壳体相连接，行星齿轮机构的简图如图 9 - 5 所示。

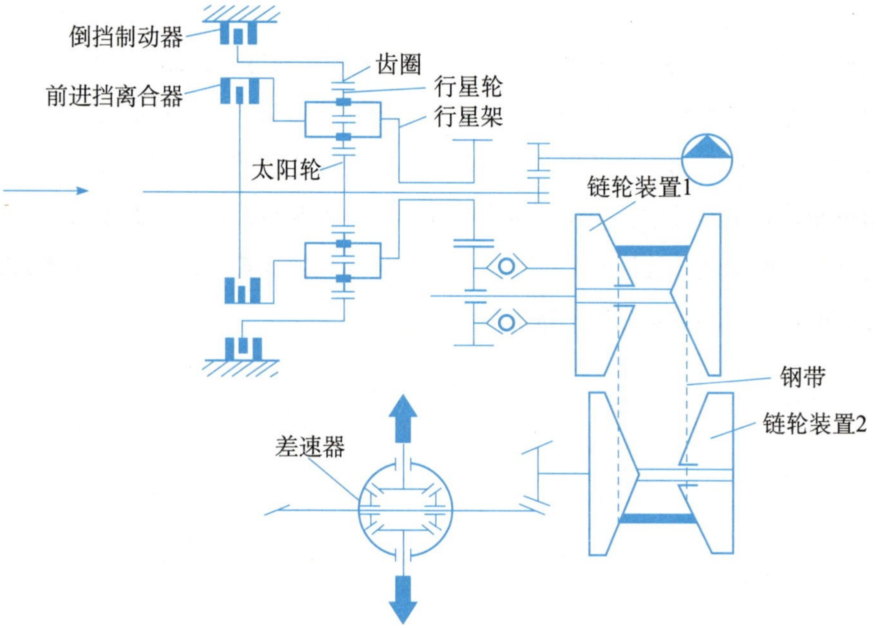


图 9－5　行星齿轮机构的简图

1) P/N 挡的动力传动路线。

变速杆处于 P 或 N 位时，前进挡离合器和倒挡制动器都不工作。发动机的转矩通过输入轴相连接的太阳轮传到行星齿轮机构并驱动行星轮 1，行星轮 1 再驱动行星轮 2，行星轮 2 与齿圈相啮合。车辆尚未行驶时，作为辅助减速齿轮输入部分的行星架（行星齿轮机构的输出部分）的阻力很大，处于静止状态，齿圈以发动机转速一半的速度怠速运转，旋转方向与发动机相同。

2）前进挡的动力传动路线。

变速杆处于 D 位时，前进挡离合器工作。前进挡离合器钢片与太阳轮连接，摩擦片与行星架相连接，此时，太阳轮（变速器输入轴）与行星架（输出部分）连接，行星齿轮机构被锁死成为一体，并与发动机运转方向相同，传动比为 1∶1。

3）倒挡的动力传动路线。

变速杆处于 R 位时，倒挡制动器工作。倒挡制动器摩擦片与齿圈相连接，钢片与变速器壳体相连接，齿圈被固定，太阳轮（输入轴）主动，转矩被传递到行星架，由于是双行星齿轮（其中一个为惰轮），所以行星架就会相对于发动机反向旋转，车辆向后行驶。

由行星架输出的动力经辅助减速齿轮传递到速比变换器，如图 9－6 所示。

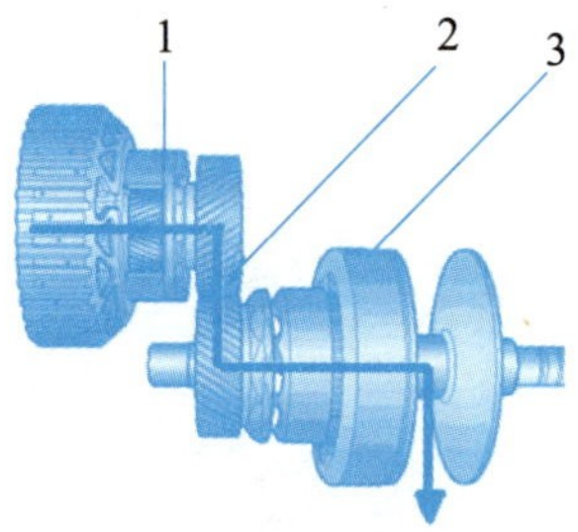


图 9－6　辅助减速齿轮

1—行星齿轮机构；
2—辅助减速齿轮；3—链轮装置

### 3. 速比变换器

速比变换器是 CVT 最重要的装置，其功用是实现无级变速传动。

速比变换器由两组滑动锥面链轮和专用链条组成，如图 9 - 7 所示。主动链轮由发动机通过辅助减速齿轮驱动，发动机转矩由传动链传递到从动链轮装置，并由此传给主减速器。每组链轮装置中的其中一个链轮可沿轴向移动，来调整传动链的跨度尺寸，从而连续地改变传动比。两组链轮装置必须同步进行，这样才能保证传动链始终处于张紧状态，并且具有足够的传动链和链轮之间的接触压力。

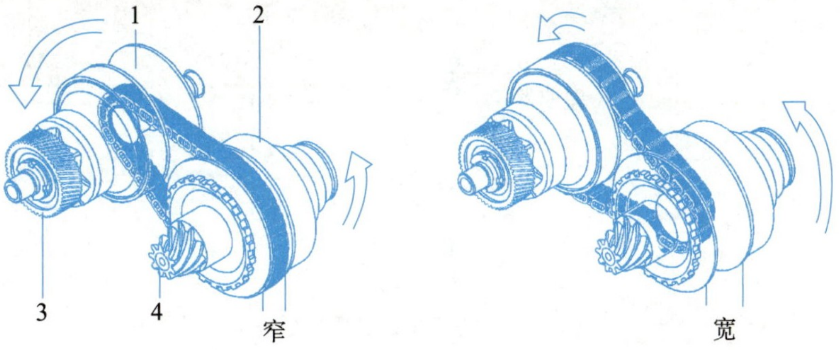


(a) 低速（传动比大）　(b) 高速（传动比小）

图 9 - 7　速比变换器的基本组成和原理

1—主动链轮装置；2—从动链轮装置；3—动力输出；4—动力输入；5—传动链条

速比变换器的组成如图 9 - 8 所示。该速比变换器的工作模式基于双活塞工作原理。其特点是利用少量的压力油就可以很快地进行换挡，这可以保证在相对低压时，锥面链轮与传动链之间有足够的接触压力。在链轮装置 1 和链轮装置 2 上各有一个保证传动链轮和

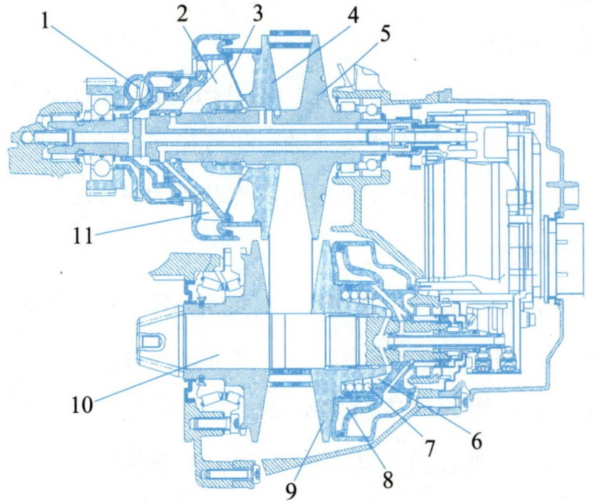


图 9 - 8　速比变换器的组成

1—转矩传感器；2、8—压力缸；3—膜片弹簧；4—锥面链轮 1；5—链轮装置 1；6、11—分离缸；7—螺旋弹簧；9—锥面链轮 2；10—链轮装置 2

传动链之间正常接触压力的压力缸和用于调整变速比的分离缸。为了有效地传递发动机转矩，锥面链轮和传动链之间需要很高的接触压力，接触压力通过调节压力缸内的油压产生。压力缸表面积很大，能够在低压时提供所需的接触压力。液压系统卸压时，主动链轮的膜片弹簧和从动链轮的螺旋弹簧产生一个额定的传动链条基础张紧力（接触压力）。在卸压状态下，速比变换器的起动传动比由从动链轮的螺旋弹簧弹力调整。

### 4. 传动链

传动链是 Multitronic 变速器的关键部件，如图 9－9 所示。传动链具有转矩大和效率高等特点。

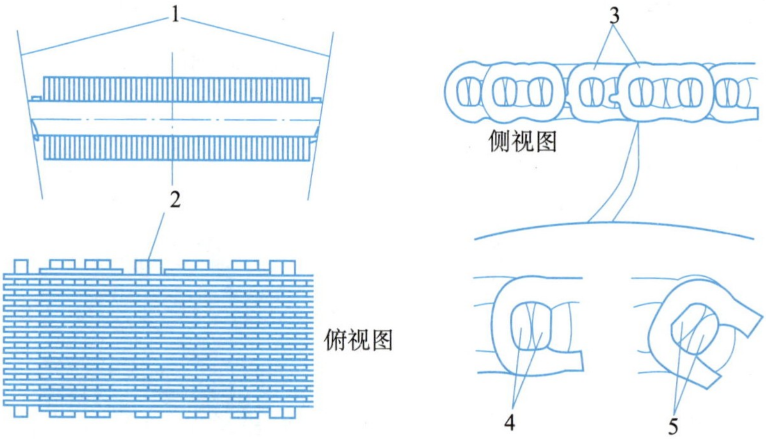


**图 9－9　传动链**

1—变速器锥面链轮；2、4—转动压块；3—链节；5—转动节

传动链的相邻链节通过转动压块连接成一排（每个销子连接 2 个链节），转动压块在变速器链轮间“跳动”。转矩靠转动压块正面和链轮接触面的摩擦力来传递。两个转动压块组成一个转动节。转动压块相互滚动，当其在链轮跨度半径范围内驱动传动链时，几乎没有摩擦。尽管转矩和弯曲角度大，但动力损失和磨损却很小，因此寿命长并提高了效率。

传动链是由两种不同长度的链节构成的，使用两种不同长度链节的目的是防止共振并减小运动噪声。

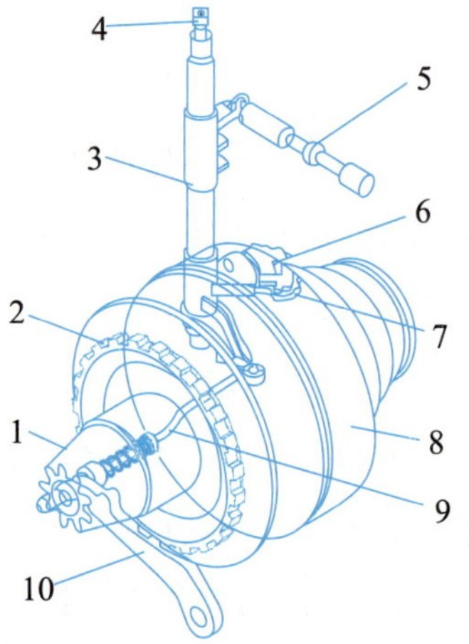


**图 9－10　选挡轴及停车锁**

1—驱动小齿轮；2—驻车锁止齿轮；3—选挡轴；4—外选挡机构；5—手动阀；6—电磁铁；7—锁止通道；8—链轮装置；9—锁止推杆；10—锁止爪

### 5. 操纵杆选挡轴和停车锁

操纵杆选挡轴和停车锁机构如图 9－10 所示。奥迪 01J 型无级变速器变速杆的位置有 P 位、R 位、N 位、D 位及手动选挡位置。选择手动模式时，仪表会显示 6、5、4、3、

2 或者 1。通过变速杆可触发液压控制单元手动阀、控制停车锁、触发多功能开关以识别变速杆位置。

### 6. 液压控制系统

CVT 的液压控制系统也像自动变速器的液压控制系统一样，担负着系统的油压控制、油路转换的控制、用油元件的供油以及冷却控制等。

(1) 供油装置。

奥迪 01J CVT 的供油装置采用的是带月牙形密封的内啮合齿轮泵，直接装在液压控制单元上，形成一个整体，并直接由输入轴通过直齿轮和泵轴驱动，如图 9－11 所示。油泵内部密封良好，因此在发动机低速下仍可产生高压，减少了压力损失。

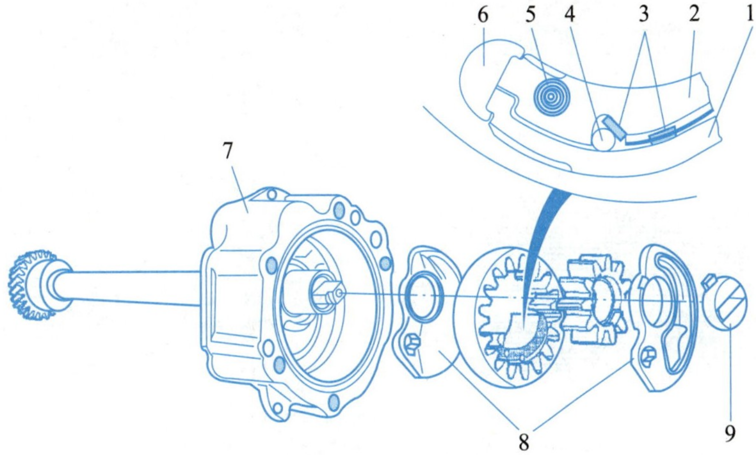


图 9－11　油泵

1—外扇形块；2—内扇形块；3—扇形弹簧；4—密封滚柱；5—弹簧杆；6—锁止销；7—油泵壳体；8—轴向垫片；9—驱动元件

供油系统为了保证充分冷却离合器和制动器，装有吸气喷射泵（吸气泵）。吸气喷射泵集成在离合器冷却系统中，以供应冷却离合器所需的润滑油量。吸气喷射泵依据文丘里管原理工作。

(2) 液压控制单元。

液压控制单元由手动换挡阀、9 个液压阀和 3 个电磁控制阀组成。液压控制单元和电子控制单元直接插接在一起，液压控制单元应完成下述功能：

1) 前进挡离合器/倒挡制动器；

2) 调节离合器压力；

3) 冷却离合器；

4) 为接触压力控制提供压力油；

5) 传动控制；

6）为飞溅润滑油罩盖供油。

液压控制系统的油路图如图 9－12 所示。为防止系统工作压力过高，限压阀将油泵产生的最高压力限制在 0.82MPa，并通过输导控制阀向三个压力调节电磁阀提供一个恒定的 0.5MPa 的输导控制压力。压力阀用于防止起动时油泵吸入空气，当油泵输出功率高时，压力阀打开，允许 ATF 从回油管流到油泵吸入侧，提高油泵效率。施压阀用于控制系统压力，在各种工况下都始终能够提供足够的油压。电磁阀 N88、N215 和 N216 在设计上称为压力控制阀，它们将控制电流转变为相应的液压控制压力。

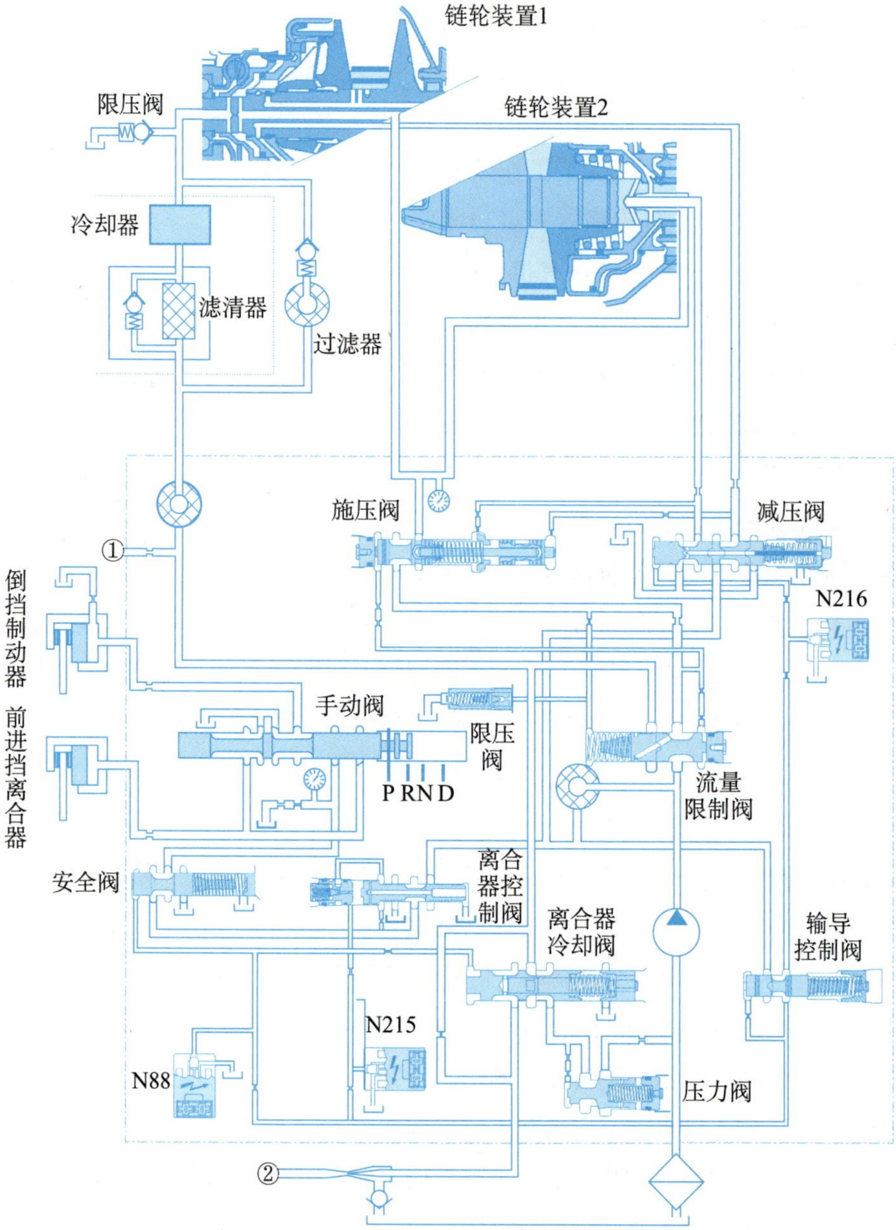

图 9－12 液压控制系统的油路图

### 7. 电子控制系统

奥迪 01J CVT 的电子控制系统由电子控制单元、输入装置（传感器、开关）和输出装置（电磁阀）三部分组成。电子控制单元集成在速比变换器内，控制单元直接用螺栓紧固在液压控制单元上。3 个压力调节阀与控制单元间直接通过坚固的插头连接（S 形插头），没有连接线。控制单元用一个 25 针的小型插头与汽车相连。电控系统更具特点的是集成在控制单元内的传感器技术：部件的底座为一个坚硬的铝板，壳体材料为塑料，并用铆钉紧固到底座上。壳体容纳全部的传感器，因此不再需要线束和插头。这种结构大大提高了工作效率和可靠性。另外，发动机转速传感器和多功能开关采用霍尔传感器，霍尔传感器没有机械磨损，信号不受电磁干扰，其可靠性进一步提高。传感器为控制单元的集成部件，若某个传感器损坏，必须更换电子控制单元。图 9－13 所示为电子控制系统的组成。

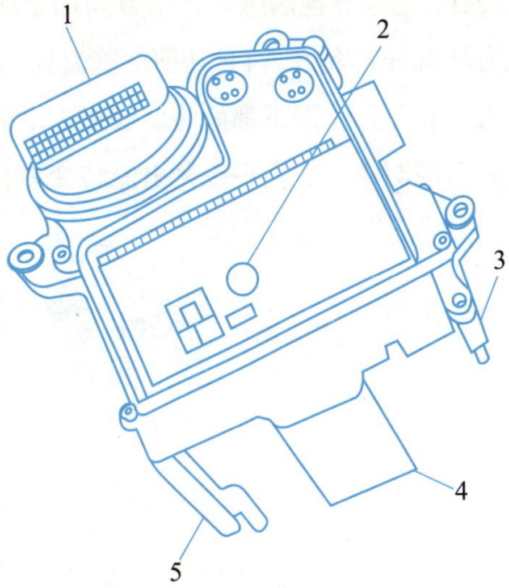


**图 9－13　电子控制系统的组成**

1—25 针插头；2—变速器油温传感器 G93；
3—输入转速传感器 G182；4—多功能开关 F125；
5—输出转速传感器 G195 和 G196

（1）控制单元内集成的传感器。

控制单元内集成的传感器包括多功能开关 F125、变速器输入转速传感器 G182、变速器输出转速传感器 G195 和 G196、变速器油温传感器 G93、自动变速器油压传感器 1（离合器压力）G193 和自动变速器油压传感器 2（接触压力）G194，其安装位置如图 9－14 所示。其中多功能开关 F125，由 4 个霍尔传感器组成，霍尔传感器由选挡轴上的电磁铁控制。

（2）Tiptronic 的开关 F189。

Tiptronic 的开关 F189 集成在齿轮变速机构的鱼鳞板中，由 3 个霍尔传感器组成，如图 9－15 所示。霍尔传感器由鱼鳞板上的电磁铁激活。鱼鳞板上有 7 个 LED 指示灯：4 个用于变速杆位置显示，1 个用于“制动”信号，其余两个用于 Tiptronic 护板上的“＋”和“－”信号。每个变速杆位置指示灯 LED 都由单独的霍尔传感器控制。当被激活时，F189 开关将变速器控制单元搭铁，同时相应的指示灯亮。

奥迪 01J 型机械无级自动变速器数据传输除少量接口外，信息都通过 CAN 总线在变速器控制单元和区域网络控制单元之间进行交换。由于传感器集成在变速器中，因此传感器信号不能再用传统的设备来测量，只能用自诊断接口进行检测。

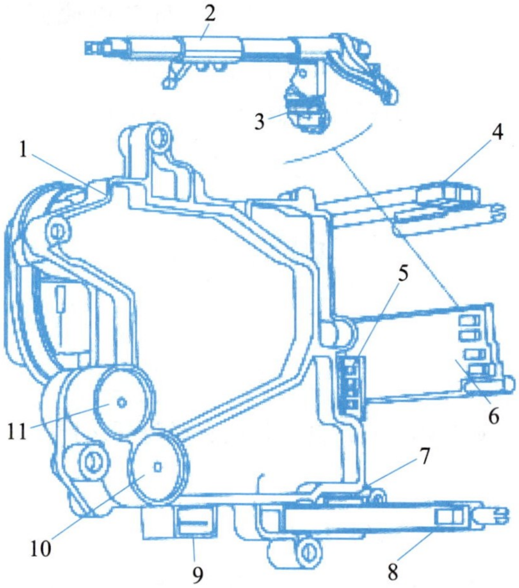


图 9-14　控制单元 J217 及传感器

1—控制单元 J217；2—选挡轴；3—电磁铁；4—变速器输出转速传感器 G195 和 G196；
5—N215 电磁阀连接；6—多功能开关 F125（有 4 个霍尔传感器）；7—N216 电磁阀连接；
8—变速器输入转速传感器 G182；9—N88 电磁阀连接；10—自动变速器油压传感器 2（接触压力）G194；
11—自动变速器油压传感器 1（离合器压力）G193

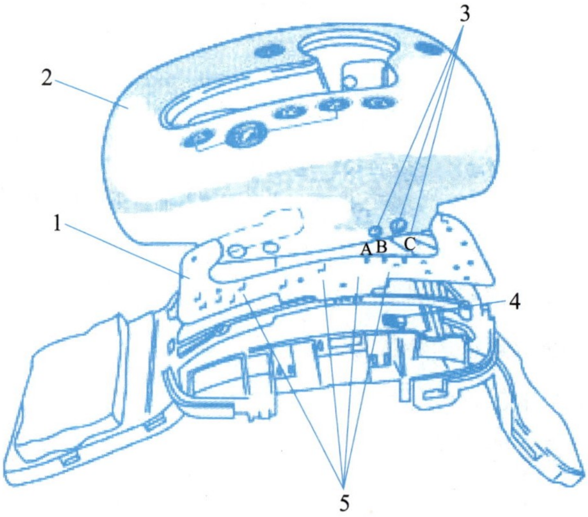


图 9-15　Tiptronic 的手动模式开关 F189

1—变速杆护板鱼鳞板；2—变速杆护板；3—3 个霍尔传感器（A、B、C）；
4—霍尔传感器电磁阀；5—4 个霍尔传感器（用于确定变速杆位置）；
A—减挡传感器；B—Tiptronic 识别传感器；C—升挡传感器

奥迪 01J 型机械无级自动变速器输出装置采用 3 个电磁阀：N88、N215 和 N216，它们将控制电流转变成相应的液压控制压力，最终实现不同的工作使命。电磁阀 N88 有两个功能：通过控制离合器冷却阀（KKV）和安全阀（SIV）来实现离合器冷却控制和变速器安全模式控制。电磁阀 N215 通过（离合器压力调节电磁阀 1）控制离合器控制阀（KSV），以实现离合器压力控制完成“坡道停车”功能和离合器转矩控制匹配功能。电磁阀 N216 通过（换挡压力调节电磁阀 2）控制离合器减压阀（UV），以实现传动比转换控制，完成升降挡功能。

## 项目实施

### 一、维修要求及注意事项

（1）发动机运转时，对车辆进行维修工作前务必将变速杆挂入 P 位，并拉紧驻车制动器，谨防发生事故。

（2）车辆静止，挂入 D 挡后切勿因一时疏忽打开节气门（例如在发动机舱内作业时不慎用手碰开节气门），若发生此种情况，轿车将立即起步行驶，即使拉紧驻车制动器也无法阻止轿车移动。

（3）不允许用超声波清洗装置来清洁液压控制单元和电子控制单元。

（4）当挡盖已取下或未加 ATF 时，决不可起动发动机或拖动车辆。

（5）如果维修工作不马上进行，必须将打开的部件小心盖好或者封闭起来。

### 二、维护与检修方法

#### 1. 维护

维护工作主要是指检查 CVT 有无渗漏，CVT 及主减速器润滑油油位，添加和更换 CVT 的 ATF。

（1）检查 ATF 油位的前提条件：

1）变速器不允许处于紧急运转状态；

2）车辆必须处于水平位置；

3）发动机必须处于怠速运转；

4）必须关掉空调和暖风；

5）开始检查前，ATF 的温度不允许超过 30℃，必要时先冷却变速器。

（2）ATF 油位检查步骤。

在车辆诊断、测量和信息系统 KT600 上读取 ATF 温度，变速器温度在 30℃～35℃时进行操作；发动机处于怠速运转，踩下制动器，在所有挡位（P、R、N、D）上停留一遍，并且在每一个位置上发动机怠速运转约 2s，最后将变速杆置于 P 位置。

举升车辆，拧出检查螺栓，检查有无 ATF 从检查孔溢出，如果没有，需加注 ATF。

（3）更换ATF。

1）拆卸变速器底部放油螺栓，将旧的ATF排除；

2）将变速器底部的ATF加注螺栓打开，利用专用ATF加注器将新的ATF加入变速器内部；

3）检查油面高度。

2. 检修方法

（1）问诊。

通过询问车主，可以帮助诊断故障信息的来源，确认故障发生时间、故障症状等，是故障维修的第一步。

（2）基本检查。

主要是一些外围的检查，包括发动机怠速检查、ATF液面高度检查、油质检查、换挡操纵机构的检查等。

（3）自诊断检查。

无级变速器电子控制系统具有故障自诊断功能，可通过故障指示灯的闪烁来指示故障，并将故障存储在控制单元内。01J无级变速器的故障指示灯有3种故障诊断模式：

1）轻微性故障，指示灯正常，驾驶员根据车辆运行情况可感知到故障；

2）一般性故障，故障指示灯全亮，替代程序使车辆行驶，故障被存储；

3）严重性故障，故障指示灯全亮并闪烁，故障被存储，需马上维修。

可通过故障指示灯的情况进行初步诊断，如果有故障存储，用专用检测仪调取故障码，并按维修提示进行维修。01J无级自动变速器故障状况见表9-1。

表9-1 01J无级自动变速器故障状况表

| 传感器代号 | 传感器作用 | 失效状况 | 替代值 | 故障灯显示 |
|---|---|---|---|---|
| G182 | 变速器输入转数 | 微量打滑和离合器匹配控制失效 | 发动机转数信号 | 无 |
| | | 起步-加速过程可利用固定参数完成 | | |
| 195 | 变速器输出转速1 | 坡路停车功能失效 | 195 | 无 |
| G195/G196 | 输出转速传感器 | 坡路停车功能失效 | 车速信号 | 无 |
| G193 | 离合器压力 | 安全阀激活—安全切断 | | 闪烁 |
| G194 | 扭矩传感器压力 | 爬行控制匹配功能失效 | | 无 |
| G93 | 变速器油温 | 离合器匹配控制功能失效 | 变速器ECU计算得出替代值 | 亮 |
| | | 当油温高于145℃时，发动机输出功率下降 | | 闪烁 |
| F125 | 挡位信号 | 霍尔传感器“D”损坏，点火功能失效 | 引入替代程序 | 闪烁 |

(4) 电子液压控制系统的检修。

有些 CVT 的液压控制系统可以直接通过油压试验来检查故障原因。大多数 CVT 的液压控制系统是通过油压传感器来反映变速器内部工作油压的，因此必须使用专用检测仪器通过读取汽车运行状态下的动态数据来进一步确认故障信息。对于液压控制元件（阀体）和液压执行元件（离合器或制动器）可进行液压测试和解体检查。

对于 CVT 电子控制系统的故障检修与其他电子控制自动变速器的故障检修几乎是一样的，可通过专用检测仪器的故障引导功能分析故障码、动态数据流、波形、电脑电路、网络数据通信及对电子元件（传感器、开关、电磁阀）进行元件测试和更换等。

(5) 机械元件的检修。

对于 CVT 机械元件的检修，只能作解体检查，以对故障部位进行修理和更换。

## 三、根据动态数据流进行诊断

打开点火开关，连接好故障诊断仪器，打开电源开关；按下起动按钮起动电机；将调速控制器开关按通；顺时针旋转调速旋钮，使电机为变速器输入动力，进入“大众车系”—“自动变速器系统”—“动态数据流”，逆时针旋转调速控制器调速旋钮到最低，将挡位手柄放到“D”“R”“N”“P”挡位，再将调速旋钮以顺时针方向慢慢旋转，提高变速器输入转速，读取：

(1) 变速器油温传感器 G93；

(2) 变速器输入转速传感器 G182；

(3) 变速器输出转速传感器 G195；

(4) 锁止电磁阀 N110；

(5) 压力调节电磁 N215。

根据动态数据流的变化值进行故障诊断。

## 测试题

**一、填空题**

1. CVT 是发展迅速的一种自动变速技术，其自动变速的基本原理是利用改变________，来改变传动比；与行星齿轮的变速相比，其最主要的特点在于可获得________。

2. 目前国内已有________、________、________、________、________以及奇瑞旗云轿车等车型装备 CVT。

**二、判断题**

1. 无级变速器可允许变速比在最小和最大之间无级调节。(　　)

2. 电子控制的 CVT 系统的主要信号有发动机转速、车速、节气门开度、换挡控制信号等。（　　）

3. 电子控制的 CVT 传动系统在要增大扭矩时，其传动带轮的变化是主动带轮的直径变小，从动带轮的直径变大。（　　）

4. 电子控制的 CVT 传动系统在要升挡时，其传动带轮的变化是主动带轮的直径变小，从动带轮的直径变大。（　　）

**三、单项选择题**

1. CVT 自动变速器的金属带轮部分，获得的传动比可达到（　　）的范围。

A. 2.3～2.5　　B. 3.1～3.4　　C. 4.8～5.2　　D. 6.8～7.1

2. CVT 自动变速器内，影响其使用寿命的关键部件是（　　）。

A. 电控系统　　B. 可变金属轮　　C. 梯形金属带　　D. 油液缸及活塞

3. 一种能连续换挡的机械式无级传动装置，其英文缩写为（　　）。

A. CVT　　B. AT　　C. MT　　D. 以上都不对

4. 以下不是 CVT 系统的控制信号的是（　　）。

A. 车速　　B. 节气门开度　　C. 发动机转速　　D. 空气流量

5. 国产奥迪 A4 轿车使用 CVT 自动变速器，其基本原理是采用（　　）结构。

A. 多级齿轮啮合式　　B. 可变行星齿轮组合式

C. 传动轮直径可变式　　D. 硅油滚子式

**四、实际操作题**

现场实操并说明如何检查和更换 ATF。

**五、思考题**

简述无级变速器的基本组成以及变速的基本原理。

项目十

# 大众01M型自动变速器的检修

| 学习目标 | 学习要求 | 教学建议 |
|---|---|---|
| 1. 了解大众01M型自动变速器的结构。<br>2. 掌握大众01M型自动变速器的检修方法。<br>3. 区分大众01M型自动变速器与其他自动变速器的异同。 | 应知：大众01M型自动变速器的结构。<br>应会：大众01M型自动变速器的检修。 | 现场实物教学和多媒体教学相结合，教师讲解和学生自学相结合，注重培养学生自我提高的能力。 |

## 项目准备

1. 完整的电控液力自动变速器实物1台，类型为01M（或01N或现代KM175）。
2. 电控发动机/自动变速器实验台1台。
3. 专用工具（特别是离合器、制动器拆卸专用工具）一套。
4. 8～17丁字杆各1个，卡簧钳1套。

## 理论学习

### 一、01M型自动变速器的结构

01M型自动变速器是电控液力四挡自动变速器，主要装备在捷达都市先锋轿车和宝来轿车上。它集成于自动变速驱动桥中，由液力变矩器、行星齿轮变速器、液压控制系统、电子控制系统、主减速器和差速器等部分组成，结构如图10－1所示。

动力通过行星齿轮系的输出齿轮传递到主传动齿轮轴（中间传动轴），进而传递到差速器，再通过差速器分配给左右车轮，如图10－2所示。

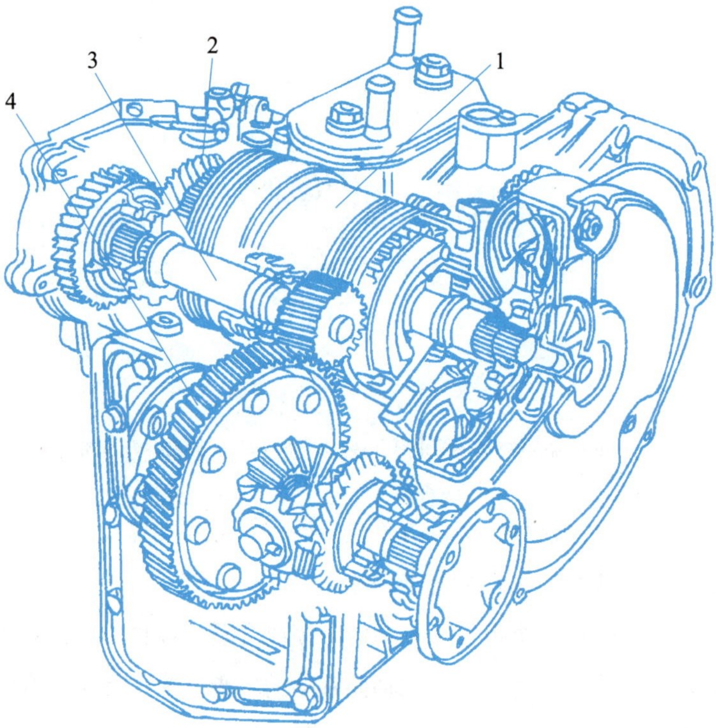


图 10－1　01M 型自动变速器的结构简图

1—行星齿轮系；2—行星齿轮系输出齿轮；3—中间传动轴；4—差速器

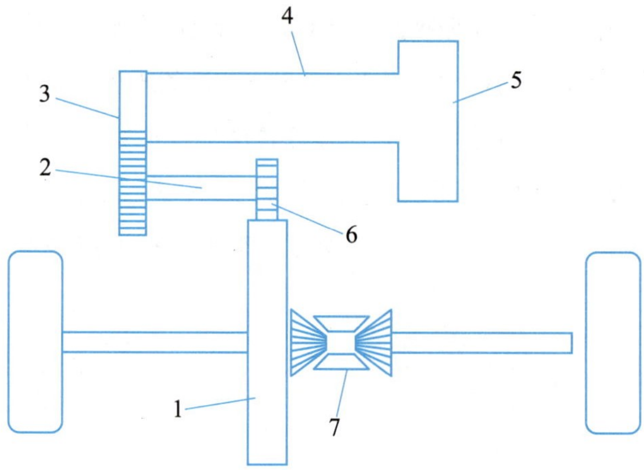


图 10－2　主传动的组成

1—差速器主动齿轮；2—中间传动轴；3—行星齿轮系输出齿轮；
4—行星齿轮系；5—变矩器；6—中间传动轴输出齿轮；7—行星齿轮

## 1. 闭锁式液力变矩器

闭锁式液力变矩器主要由泵轮、涡轮、导轮及带扭转减振器的锁止离合器组成，如图 10－3所示。

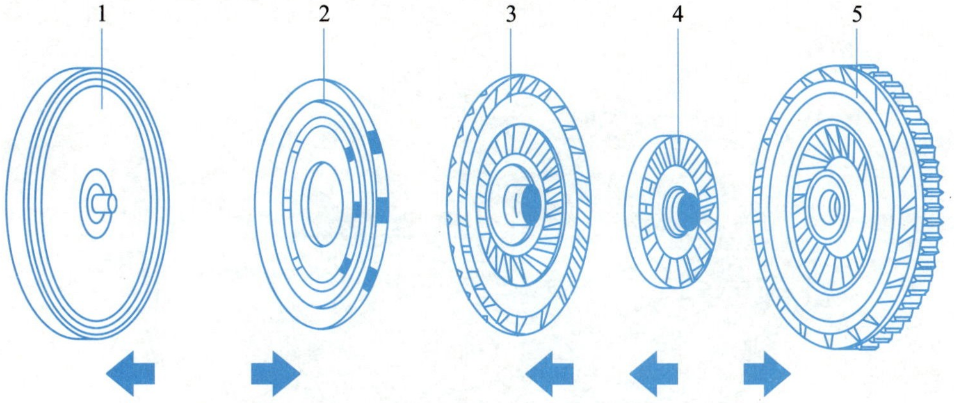


图 10-3　闭锁式液力变矩器的组成

1—变矩器壳体；2—锁止离合器；3—涡轮；4—导轮；5—泵轮

闭锁式液力变矩器可以提高效率，改善经济性。它可以实现液力变矩器传动和机械直接传动两种情况，并把两者的优点结合于一体。

闭锁式液力变矩器内有一个由液压操纵的闭锁离合器，或称锁止离合器。闭锁离合器的主动盘就是变矩器壳体，从动盘是可在轴向移动的压盘。为了减小离合器接合和分离瞬间的冲击，从动盘内圈上带有弹性减振盘，然后与涡轮输出轴相连。主动盘和从动盘相接触的工作面上有摩擦片。压盘左右两侧的油液由滑阀箱内的锁止电磁阀控制。当压盘左右两侧保持相同的压力时，闭锁离合器处于分离状态，如图 10-4（a）所示。动力须经液力变矩器传递，才可充分发挥液力传动减振吸振、自动适应行驶阻力剧烈变化的优点，适合于汽车起步、换挡或在坏路面上行驶时使用。当锁止电磁阀控制的压盘左侧的油压降低，而压盘右侧的油压仍较高时，在此压差的作用下，压盘通过摩擦片压紧在主动盘上，闭锁离合器接合，如图 10-4（b）所示。动力经闭锁离合器实现机械传动，变矩器输入（泵轮）轴与输出（涡轮）轴成为刚性连接，传动效率较高，提高了汽车的行驶速度和燃油经济性。

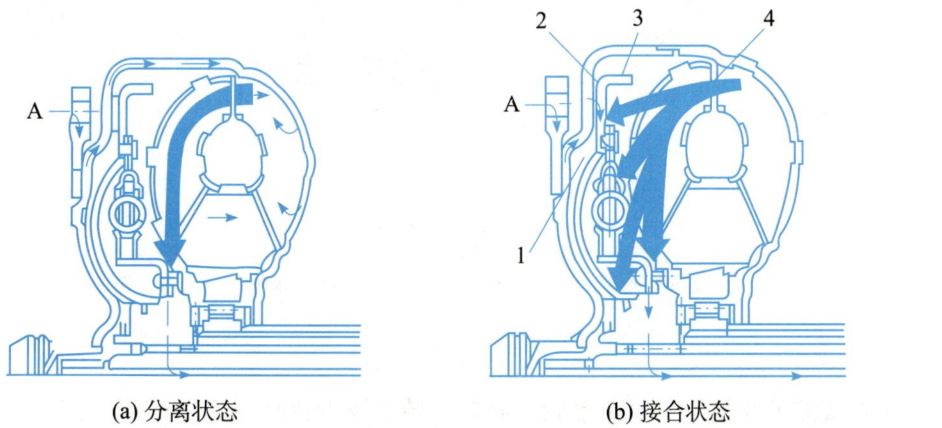


图 10-4　变矩器闭锁离合器工作原理

1—减压空间；2—摩擦衬片；3—锁止活塞；4—变矩器油压；A—动力传递方向

闭锁离合器的油路控制如图 10－5 所示。闭锁离合器的分离状态：油道 A 和油道 B 打开，油道 C 关闭，ATF 由油道 A 流向油道 B，油道 B 的油流向行星齿轮系起到润滑作用；闭锁离合器的接合状态：油道 A、油道 B、油道 C 都打开，油道 A 打开卸压，ATF 由油道 C 流向油道 A 和油道 B，油道 B 的油流向行星齿轮系起到润滑作用。

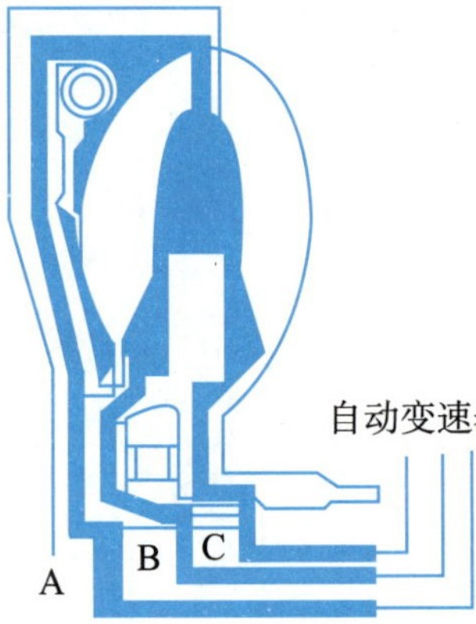

图 10－5　闭锁离合器的油路控制

当闭锁离合器接合时，导轮单向离合器即脱开，导轮自由旋转。泵轮和涡轮虽然是同速转动，但与导轮有一定的转速差，因此，在变矩器内仍有少量液流做循环流动，从而有一定的液力损失，即使成为直接机械传动，传动效率也略低于 100%。

2. 行星齿轮变速器

行星齿轮变速器的结构如图 10－6 所示。

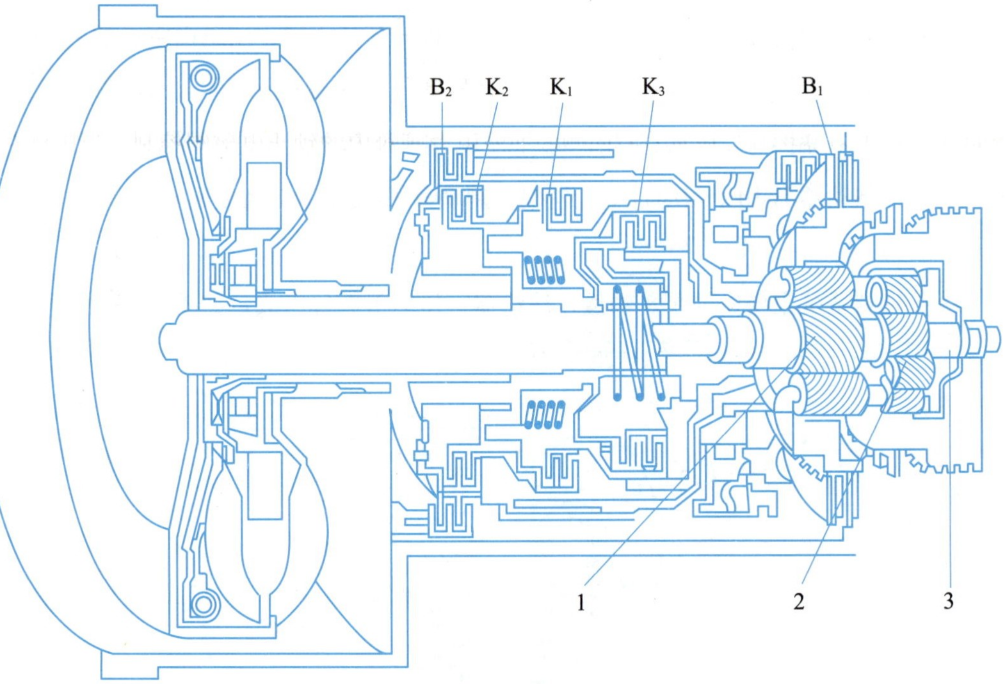

图 10－6　行星齿轮变速器的结构

1—大太阳轮；2—小太阳轮；3—行星齿轮架；$K_1$—1～3 挡离合器；$K_2$—倒挡离合器；$K_3$—3、4 挡离合器；$B_1$—倒挡制动器；$B_2$—2 挡和 4 挡制动器

行星齿轮系包括大、小太阳轮各 1 个，长、短行星齿轮各 3 个，行星齿轮架和齿圈，如图 10－7 所示。长行星齿轮采用分段式结构，使 3 挡到 4 挡的转换更加平顺。短行星齿轮与长行星齿轮及小太阳轮啮合；长行星齿轮同时与大太阳轮、短行星齿轮及齿圈啮合，

动力通过齿圈输出。

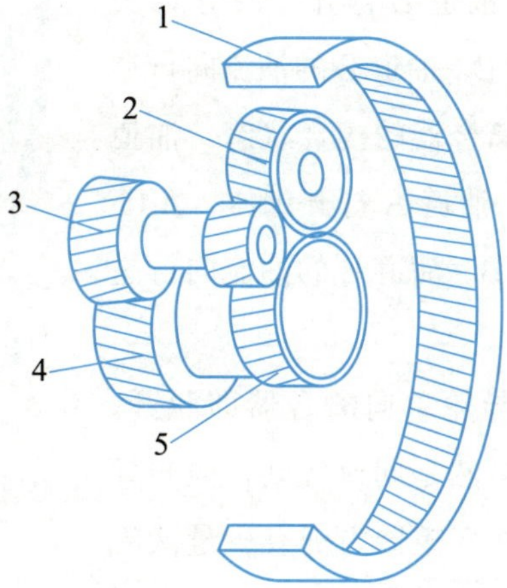


图 10－7　行星齿轮系的结构

1—齿圈；2—短行星齿轮；3—长行星齿轮；4—大太阳轮；5—小太阳轮

行星齿轮变速器的换挡执行机构主要由离合器、制动器和单向离合器三种执行元件组成。离合器和制动器以液压方式控制行星齿轮机构元件的旋转，而单向离合器则以机械方式对行星齿轮机构的元件进行锁止。片式离合器和盘式制动器由阀体（滑阀箱）进行液压控制。离合器 $K_1$ 用于驱动小太阳轮，离合器 $K_2$ 用于驱动大太阳轮，离合器 $K_3$ 用于驱动行星齿轮架，制动器 $B_1$ 用于制动行星齿轮架，制动器 $B_2$ 用于制动大太阳轮。

### 3. 液压控制系统

液压控制系统主要由油泵、油道、滤清器、压力滑阀等组成，如图 10－8 所示。

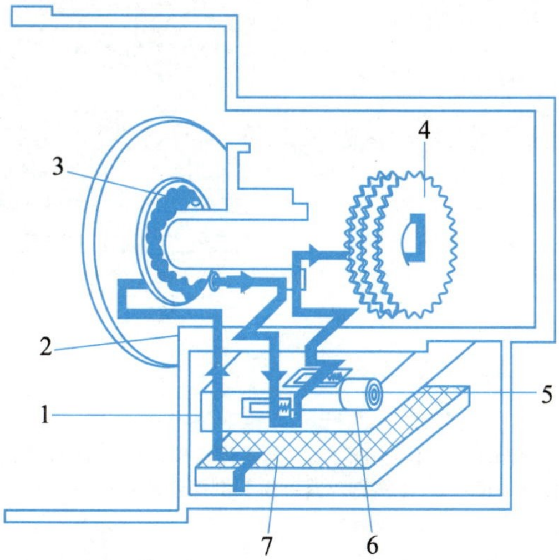


图 10－8　液压控制系统

1—滑阀箱；2—壳体密封装置；3—油泵；4—离合器；5—电磁阀；6—压力滑阀；7—滤清器

4. 电子控制系统

自动变速器的电子控制系统由传感器、控制开关、自动变速器控制单元（微电脑）等部件组成，如图 10－9 所示。控制单元是控制系统的核心，它根据安装在发动机、自动变速器上的各种传感器所测得的节气门开度、汽车车速、变速器油温等运行参数，以及各种控制开关传来的当前状态信号，经运算比较和分析后，调用其内设的控制程序，向各个执行器件发出指令，以使各液压控制阀动作，从而实现对自动变速器的控制。

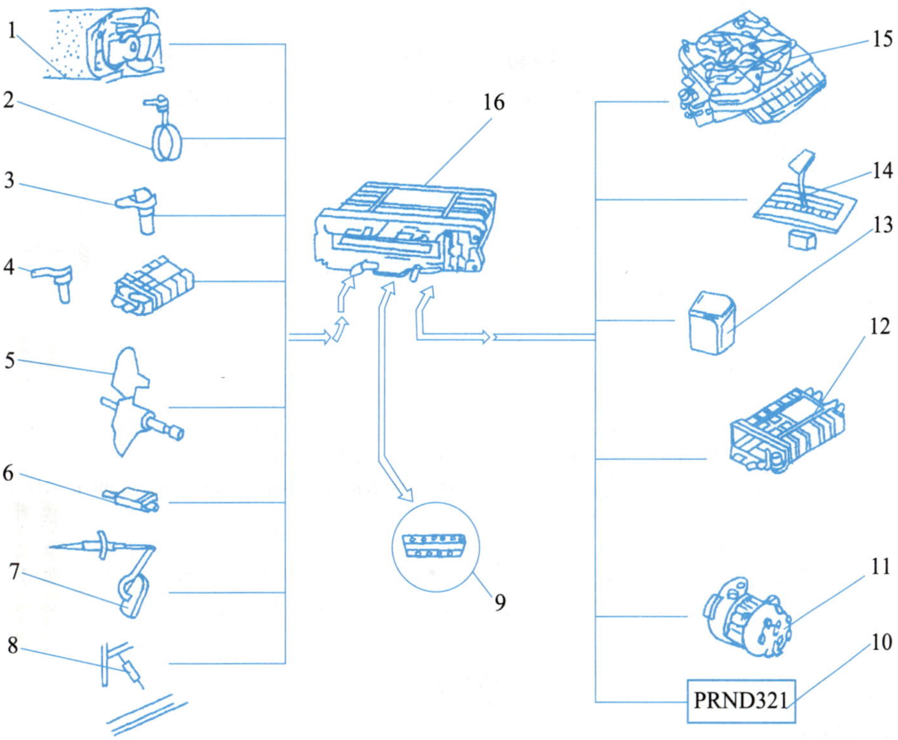


图 10－9　电子控制系统组成

1—节气门电位计 $G_{69}$；2—变速器转速传感器 $G_{38}$；3—车速传感器 $G_{68}$；4—发动机转速传感器 $G_{28}$；5—多功能开关 $F_{125}$；6—制动灯开关；7—强制低挡开关 $F_8$；8—变速器机油温度传感器 $G_{93}$；9—自诊断接口；10—变速杆位置指示板；11—空调装置；12—发动机控制单元 1220；13—起动锁和倒车灯继电器 $J_{226}$；14—变速杆锁止电磁阀 $N_{110}$；15—带电磁阀的滑阀箱；16—变速器控制单元 $J_{217}$

电子控制系统的电路如图 10－10 所示。

（1）节气门电位计 $G_{69}$。

节气门电位计与节气门连在一起，不断地将节气门位置和节气门踏下的速度信号传给发动机控制单元，然后由发动机控制单元传给自动变速器控制单元。

该信号的作用：

1）计算按载荷变化的换挡时刻。

2）根据挡位按载荷变化对自动变速器油压进行调整。

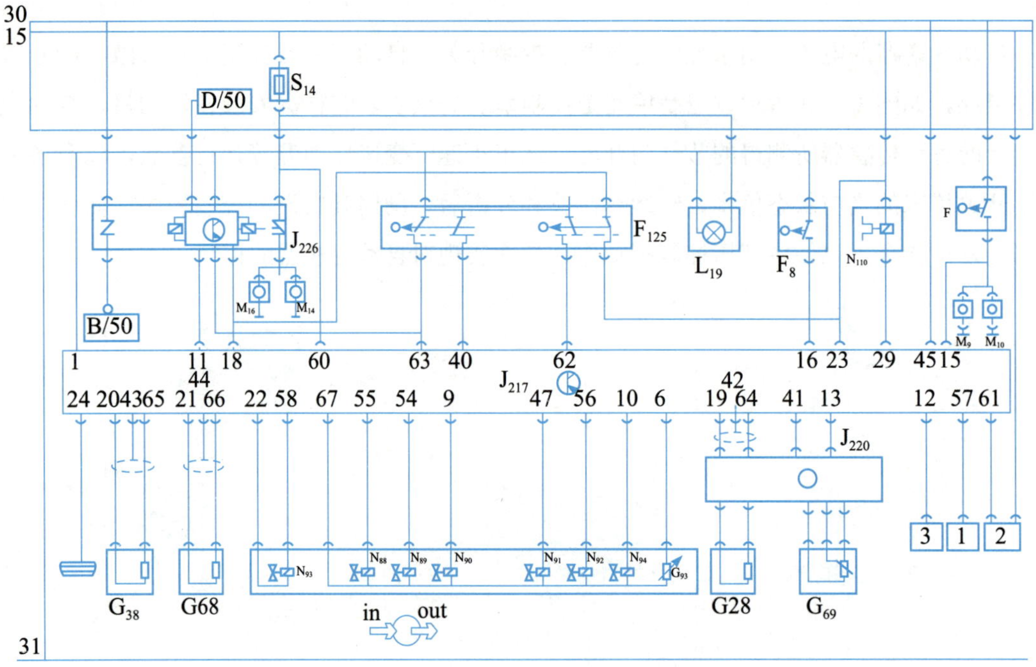


图 10-10 电子控制系统的电路

B/50—起动机（接线柱 50）；D/50—点火开关（接线柱 50）；F—制动灯开关；$F_8$—强制低挡开关；$F_{12}$—多功能开关；$G_{28}$—发动机转速传感器；$G_{38}$—变速器转速传感器；$G_{68}$—车速传感器；$G_{69}$—节气门电位计；$G_{93}$—变速器机油温度传感器；$J_{226}$—起动锁和倒车灯继电器；$J_{220}$—发动机控制单元；$J_{217}$—自动变速器控制单元；$L_{19}$—挡位指示板照明灯；$M_{16}/M_{110}$—倒车灯；$M_9/M_{10}$—制动灯和尾灯；$N_{88}$—电磁阀 1；$N_{89}$—电磁阀 2；$N_{90}$—电磁阀 3；$N_{91}$—电磁阀 4；$N_{92}$—电磁阀 5；$N_{93}$—电磁阀 6；$N_{94}$—电磁阀 7；$N_{110}$—变速杆锁止电磁阀；$S_{14}$—熔断器附加号；1—变速杆位置指示板；2—速度调节装置；3—空调装置

3）按加速踏板的踏下速度，确定换挡时刻。

信号中断的影响：

1）控制单元根据发动机平均负载确定换挡时刻。

2）自动变速器油压按挡位调整到节气门全开时的油压。

（2）变速器转速传感器 $G_{38}$。

变速器转速传感器是感应式传感器，位于变速器壳体内，用于指示行星齿轮系中大太阳轮的转速，如图 10-11 所示。

利用大太阳轮转速，控制单元可以准确识别换挡时刻，控制多片离合器。换挡过程中，通过减小点火角来减小发动机转矩。该信号中断后，控制单元进入应急状态。

（3）车速传感器 $G_{68}$。

车速传感器安装在变速器壳体内，如图 10-12 所示，根据车速传感器信号和 $G_{69}$、$G_{38}$ 信号确定换挡时刻，通过主动齿轮上的脉冲叶轮，由感应式传感器接收车速信息，如图 10-13 所示。

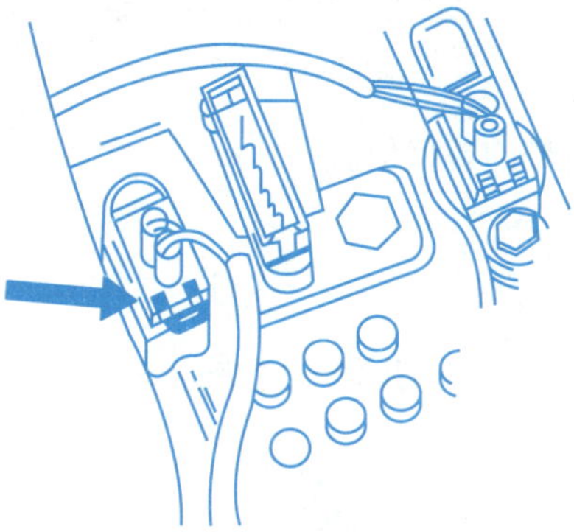

图 10－11　变速器转速传感器 $G_{38}$（插头为白色）

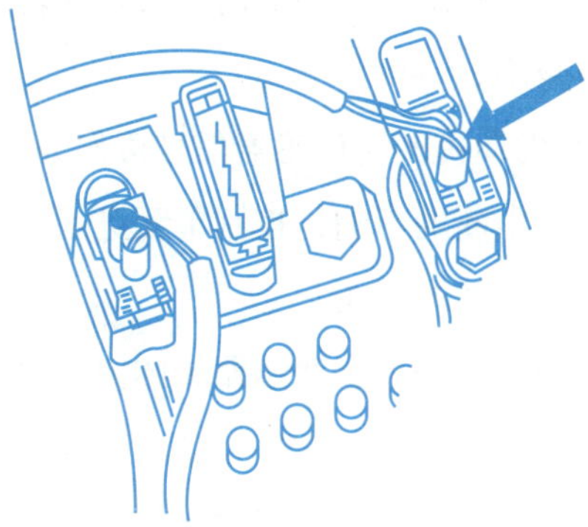

图 10－12　车速传感器 $G_{68}$（插头为黑色）

图 10－13　主动齿轮上的脉冲叶轮

信号作用：

1）决定应换入某一挡位。

2）速度调节装置（本车未使用）。

3）进行变矩器锁止控制。

信号中断的影响：

1）控制单元将发动机转速作为代用信号。

2）锁止离合器失去锁止功能。

（4）发动机转速传感器 $G_{28}$。

自动变速器控制单元使用发动机管理系统的发动机转速信号，如图 10－14 所示。

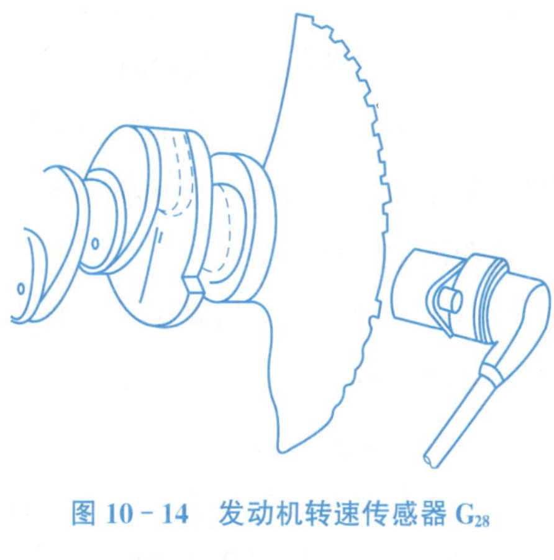

图 10－14　发动机转速传感器 $G_{28}$

信号作用：

1）控制单元将发动机转速信号与车速进行对比。根据转速差控制单元识别出锁止离合器的打滑状况。如果滑动过大，即转速差过大，控制单元就增大锁止离合器压力，使滑动相应减小。

2）发动机转速传感器信号可作为车速传感器信号的替代值。

信号中断的影响：控制单元进入应急状态。

（5）多功能开关 $F_{125}$。

多功能开关位于变速器壳体内，由变速杆拉索控制，如图 10－15 所示。

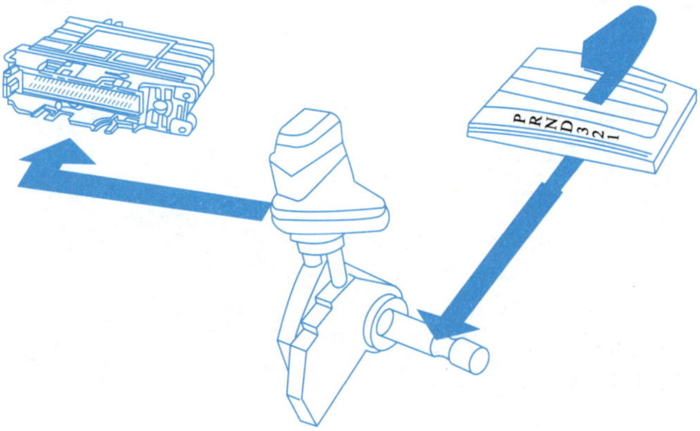


图 10－15　多功能开关 $F_{125}$

信号作用：

1）将挡位信息传给变速器控制单元。

2）负责倒车灯的开启。

3）防止起动机在行驶状态啮合，并锁住变速杆。

信号中断的影响：控制单元进入应急状态。

（6）制动灯开关 F。

制动灯开关安装在脚踏板支架上，控制单元通过该开关判断汽车是否制动。

信号作用：制动灯开关信号用于锁止变速杆。静止的车辆只有踏下制动踏板，变速杆才能脱离 P 位或 N 位。

信号中断的影响：如果接触点断开，变速杆锁止功能解除。

（7）强制低挡开关 $F_8$。

该开关与节气门拉索组成一体，加速踏板踏到底并超过节气门全开点时，此开关工作，如图 10－16 所示。

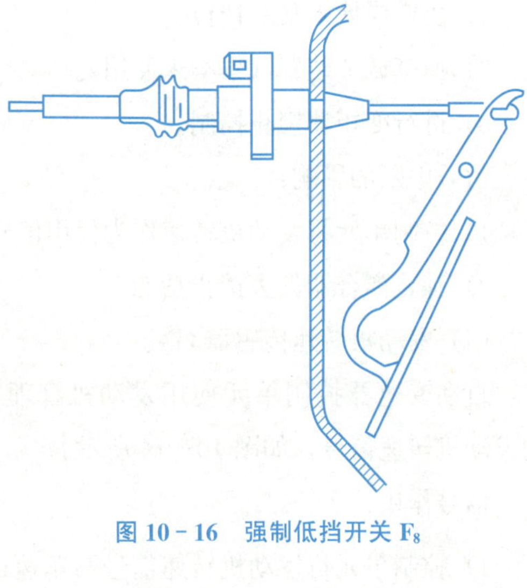

图 10－16　强制低挡开关 $F_8$

信号作用：

1）压下此开关，变速器马上强制换入相邻低挡（如从 4 挡到 3 挡）；升挡需在发动机转速较高时才能进行。

2）压下此开关后，为加大输出功率，空调装置切断 8s。

强制低挡开关信号中断时，当加速踏板踏到行程的 95%，控制单元设定该开关起动。

（8）变速器油温传感器 $G_{93}$。

变速器油温传感器位于浸在 ATF 内的滑阀箱的传输线上。该传感器用于感知 ATF 的温度，如图 10－17 所示。

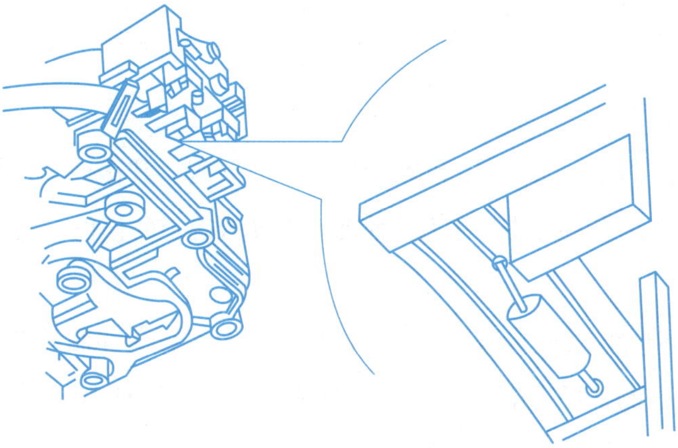

图 10－17　变速器油温传感器 $G_{93}$

变速器油温传感器 $G_{93}$ 是一个负温度系数电阻，随 ATF 油温的升高，其电阻降低。油温达到最高值 150℃时，锁止离合器接合，液力变矩器卸荷，自动变速器油开始冷却。如果变速器油温还不下降，控制单元使变速器降一挡。该信号中断后，无替代功能。

（9）起动锁和倒车灯继电器 $J_{226}$。

起动锁和倒车灯继电器是一个组合继电器，装在中央继电器盘上，接收多功能开关 $F_{125}$ 的信号。

该继电器的作用：

1）防止车辆在挂挡状态下起动发动机。

2）挂上倒挡可接通倒车灯。

（10）变速杆锁止电磁阀 $N_{110}$。

变速杆锁止电磁阀位于变速杆上，该电磁阀与点火系统接通，起到挡位锁止作用。踏下制动踏板，锁解除，变速杆可推入其他挡位。

（11）带电磁阀的滑阀箱。

电磁阀 $N_{88}$～$N_{94}$ 位于变速器的滑阀内，由控制单元控制，如图 10－18 所示，它们分为两种。

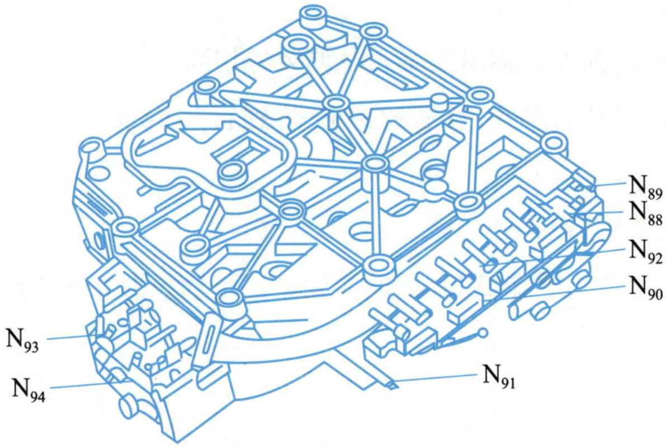


图 10－18　电磁阀

1）电磁阀 $N_{88}$、$N_{89}$、$N_{90}$、$N_{92}$ 和 $N_{94}$ 是“是-非”阀。其作用为：控制单元通过电磁阀 $N_{88}$、$N_{89}$ 和 $N_{90}$ 打开或关闭某一油道，使变速器换入确定的挡位；电磁阀 $N_{92}$ 和 $N_{94}$，使换挡平顺。

2）电磁阀 $N_{91}$ 和 $N_{93}$ 是调节阀。这两个阀用来调节离合器和制动器压力大小，油压由控制单元来控制，控制油压低表示压力大。具体作用：电磁阀 $N_{91}$ 调节锁止离合器压力，电磁阀 $N_{93}$ 控制多片式离合器和制动器的压力。

信号中断的影响：控制单元进入应急状态。

（12）变速器控制单元 $J_{217}$。

该控制单元控制自动变速器的所有电气及液压系统的工作。

1）包括与驾驶员和行驶状况有关的行驶程序，由模糊逻辑控制，满足不同驾驶员的驾驶要求。

2）与行驶阻力有关的行驶程序，可识别如上坡、顶风及下坡等的行驶阻力。

3）应急状态。如果控制单元出了故障，可通过变速杆在滑阀箱内换挡，使液压 1 挡、液压 3 挡、倒挡仍然有效。变速杆在 D 位时，汽车通过液压 3 挡起动。

## 二、自诊断系统

自动变速器 ECU $J_{217}$ 接收与变速有关的信号，经过处理后输出控制信号，控制电磁阀动作。ECU 内部有一故障存储器，当电气元器件及其接线有故障时，ECU 能立刻识别并将故障以故障码的形式储存于故障存储器。在读出故障时，控制单元区分出永久故障和偶发故障。

在几个行驶周期内只发生一次的故障即认为是偶发故障。如果一个故障在汽车行驶 1 000km后不再出现，它将自动从存储器中清除。如果在控制单元运行周期内故障仍存在，那么控制单元认为它是永久故障。

若车辆行驶过程中出现严重故障，则自动变速器进入应急状态。若变速杆位于 D 挡、3 挡或 2 挡时出现故障，则变速器由液压控制以 3 挡工作，直至故障消除。变速器进入应急状态后，直到自动变速器 ECU 不再识别该故障为止。可能导致进入应急状态的故障有：导线断路、短路，电气元件和液压元件失效。

# 项目实施

## 一、车辆的拆装

### 1. 拆卸

（1）拆卸液力变矩器及其他附属装置。

（2）参照图 10－19，分解齿轮变速机构。

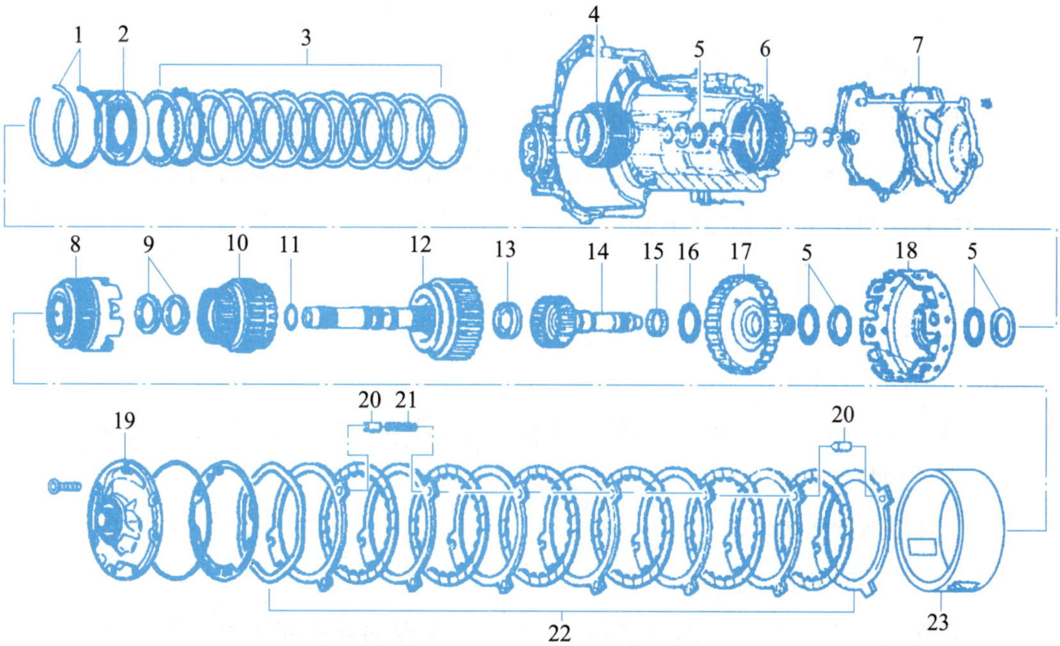


图 10－19　01 M 型自动变速器分解图

1—开口弹性挡圈；2—单向滚柱离合器；3—倒挡制动器 $B_1$ 总成；4—行星架总成；5—轴承总成；6—输入齿轮；10—盖；8—倒挡离合器 $K_2$ 总成；9—垫片；10—1/2/3 挡离合器 $K_1$ 总成；11—油封；12—涡轮轴和 4 挡离合器 $K_3$ 总成；13—滚针轴承（带垫片）；14—小行星齿轮主动轴；15—滚针轴承；16—轴滚针轴承；17—小太阳轮主动壳；18—大太阳轮主动壳；19—油泵；20—弹簧帽；21—弹簧；22—2/4 挡离合器 $B_2$ 总成；23—支承管

1）拆下油泵（用内六星）及$B_2$活塞。

2）取下$B_2$钢片、摩擦片、回位弹簧。

3）抽出输入轴，带出$B_2$的制动器鼓、支承管，$K_2$、$K_1$和$K_3$的离合器壳。

4）拆除后端盖，拧下$K_3$离合器鼓上的固定螺栓。

5）抽出$K_3$离合器鼓。

6）抽出小太阳轮主动壳。

7）抽出大太阳轮。

8）取下两道卡环。

9）取下F和公用行星架（带后排小太阳轮）。

10）取下$B_1$的钢片、摩擦片。

11）从后端拧下内六角螺母（固定公用齿圈的）。

12）从前端拿出公用齿圈。

13）将拆解后的传动部分按照原始顺序摆好。

### 2. 装配

按与拆卸相反的顺序进行组装。

## 二、大众01M型自动变速器故障诊断

使用故障诊断仪V·A·G1552可将偶然故障显示出来，并在显示器右侧带有SP标志。偶然故障在汽车行驶1 000km或20h后，自动消除。若自诊断执行完毕后，自动变速器运行时仍有故障，可根据故障查找程序继续进行诊断。

### 1. 连接故障诊断仪V·A·G1552

（1）条件。

1）蓄电池电压正常。

2）第7号、第11号、第15号和第31号熔丝正常。

3）中央熔断器上熔丝正常。

4）变速器搭铁线正常。

5）变速杆置于P位，拉起驻车制动杆。

6）检查变速器搭铁线（在发动机舱蓄电池下面）是否腐蚀或接触不良，如有必要应进行维修。

7）检查蓄电池搭铁线（在蓄电池和变速器之间）是否可靠。

（2）连接方法。

1）拆下诊断插接器罩盖。

2）关闭点火开关，连接带诊断线的故障诊断仪 V·A·G1552。

3）接通点火开关。

4）按“Print”键，接通打印机（键上指示灯点亮）。

5）按“1”键，选择快速数据传递模式。

6）输入地址码“02”（变速器电子系统）。

7）按“Q”键确认，显示器显示 ECU 版本号。

8）若显示器显示 ECU 无应答，则按“Help”键，打印可能的故障原因。排除故障后，重新输入地址码“02”并确认。若显示不变，则检查 ECU 的供电电压，执行电气检修，检查到诊断插接器的线束连接。

9）按“→”键，显示器显示：快速数据传递并选择功能。

10）按“Help”键选择打印执行的项目。

### 2. 读取故障码

（1）连接故障诊断仪 V·A·G1552 并输入地址码“02”（变速器电子系统），显示器显示：快速数据传递并选择功能。

（2）按“0”键和“2”键（用 02 选择“读取故障码”功能），显示器显示：快速数据传递；02 读取故障码。

（3）按“Q”键确认，显示器显示：“Faults recognized”或存储故障的数量。

（4）按“→”键，进行功能选择。

### 3. 清除故障码

（1）读取故障码后，显示器显示：快速数据传递并选择功能（回到初始状态）。

（2）按“0”和“5”键（选择“清除故障码”功能，显示器显示：快速数据传递；05 清除故障码）。

（3）按“Q”键确认，显示器显示：注意！未读取故障码。若读取和清除故障码时关闭了点火开关，则不能清除故障码，必须严格遵守操作规程。

（4）显示器显示：快速数据传递；故障码已清除。在显示器显示 5s 后，故障码清除。显示器显示：系统不能被识别。

重新读取故障码必须等 1min 后方可进行。读取和消除故障码之后，应进行试车并重新读取故障码，显示器应显示：“Faults recognized”。

## 三、典型故障诊断

### 1. 行驶中不能升入高挡

故障现象：一辆捷达都市先锋轿车（装 01M 型自动变速器）行驶中不能升入高挡，

发动机转速很高，但就是不跳挡。

故障诊断与排除：

（1）连接 V·A·G1552 进行故障诊断，无故障存储。

（2）在试车中读取测量数据块，发现变速器只能升到 2 挡，并且在 1 挡与 3 挡间来回跳动。

（3）打开发动机舱盖，发现变速器转速传感器 $G_{38}$ 与车速传感器 $G_{68}$ 插反，黑色插头 $G_{68}$ 应插在变速器外侧。

将两个传感器插头按正确的位置装好，试车后，故障消失。

故障点评：变速器转速传感器 $G_{38}$ 是监控大太阳轮的转速变化信号的，在 2 挡时大太阳轮被制动，因为两个传感器插反，所以在 2 挡时，车速传感器 $G_{68}$ 收不到车速信号，从而又降入 1 挡，如此反复，车辆升不到 3 挡。由于插错了这两个插头，因而输出了两个完全相反的错误信号，使 ECU 无法正确地按储存的程序发出正确指令进行控制，结果导致自动变速器频繁跳挡。但是因 ECU 能接收到转速传感器信号，所以 ECU 不会储存故障码。

### 2. 发动机转速快，而车速非常慢

故障现象：捷达 AT 挂上前进挡，踏下加速踏板，发动机转速表指针已指向 3 000r/min，此时车速只有 30km/h。

故障诊断与排除：此现象说明自动变速器总以 1 挡行驶。使用 V·A·G1552 查询无故障码。汽车停在原地，打开点火开关，踩加速踏板，观察数据块 001 显示组第三区，即节气门位置值。随着节气门由全闭到全开，节气门位置值应从 0 到 100%变化，而此车不管节气门在任何位置，节气门位置值总是 57%。自动变速器 ECU 是根据变速器转速信号和节气门电位计信号变换挡位的，如果收不到节气门电位计信号，或者节气门电位计信号始终是一个固定的数值，ECU 就不会发出换挡指令。使用 V·A·G1552 进入自动变速器地址，因 ECU 自诊断程序未设置节气门电位计故障码，所以不能储存此故障，但是可以观看数据块中节气门的位置，以此来判断节气门电位计是否有故障。

用 V·A·G1552 查询发动机地址，无故障码，检测数据块中节气门角度不正常，则怀疑自动变速器控制单元有问题。更换自动变速器控制单元，然后用 V·A·G1552 查询发动机、自动变速器地址并进行节气门角度的基本调整。

最后进行路试，观察当发动机转速为 3 000r/min，对应的车速应为 100km/h。此情形说明自动变速器换挡完全正常，故障应排除。

### 3. 自动变速器的高速挡时有时无

故障现象：宝来 1. 8T AT 行驶 10 000km 时，来服务站报修，自动变速器的高速挡时

有时无。

故障诊断与排除：根据故障现象，分析故障产生的原因可能是自动变速器电子元器件故障，如某个传感器或电磁阀出现故障，而像变速器内离合器片烧蚀、油路堵塞或齿轮打齿等变速器内部本身故障的可能性不大。

用专用故障诊断仪 V·A·G1552 对发动机 ECU、自动变速器 ECU 进行故障查询，显示变速器机油温度传感器 $G_{93}$ 信号过大。变速器机油温度传感器 $G_{93}$ 信号过大的故障原因有：

（1）变速器太热。

（2）车辆负载过大。

（3）自动变速器油位不正常。

（4）变速器机油温度传感器损坏。

（5）自动变速器冷却器损坏。

自动变速器机油温度传感器 $G_{93}$ 是一个负温度系数电阻，随着变速器油温的升高其阻值降低，其传递至自动变速器 ECU 的信号相应增大。当油温达 150℃时，变速器内锁止离合器接合，液力变矩器卸荷，自动变速器油开始冷却。如果油温还不下降，自动变速器 ECU 将强制变速器降 1 挡，此时就会产生这种现象。

更换自动变速器机油温度传感器 $G_{93}$ 后，故障排除。

## 测试题

**一、选择题**

1. 自动变速器无倒挡，甲说：可能是主油路严重泄漏，乙说：可能是倒挡油路严重泄漏。（　　）

A. 甲正确　　B. 乙正确　　C. 两人均不正确　　D. 两人都正确

2. 甲说：超速挡开关有故障可能会引起无超速挡，乙说：节气门位置传感器故障可能会引起无超速挡。（　　）

A. 甲正确　　B. 乙正确　　C. 两人均不正确　　D. 两人都正确

**二、多项选择题**

1. 下列关于大众轿车自动变速器中离合器摩擦片的说法正确的是（　　）。

A. 安装新摩擦片前，必须在 ATF 中浸泡 15min 以上

B. 为便于工艺操作，可沿任意方向安装摩擦片

C. 一旦发现有的摩擦片上的印记数字或标志被磨去，则必须更换所有的摩擦片

D. 安装完毕后，摩擦片间隙应为 2.5～4.0mm

2. 在下列几条结论中，关于大众轿车的 ATF，正确的是（　　）。

A. 使换挡执行元件运作

B. 在行星齿轮变速机构中做动力传递

C. 在液力变矩器的锁止状态下做动力传输

D. 在液力变矩器的非锁止状态下做动力传输

**三、思考题**

1. 简述大众 01M 型自动变速器的特点及应用车型。

2. 请画出大众 01M 型自动变速器的传动机构简图，并叙述其动力传动路线。

3. 大众 01M 型自动变速器电子控制系统主要有哪些传感器?

**四、案例分析题**

某厂某款大众轿车使用电控自动变速器，近两个月来发现该车即使在平坦路面上行驶，加速踏板保持稳定时，自动变速器也经常突然降挡，随之发动机产生空挡轰油现象，接着车速与发动机转速又升高并恢复正常。请回答下述问题：

1. 对于此类故障，维修前应对电控自动变速器做________检查。

2. 产生这种故障表明（　　）。

A. 发动机输出功率突然不够稳定　　B. 车辆负荷不稳定

C. 自动变速器的输出转矩不稳定　　D. 自动变速器出现频繁换挡现象

3. 对于此类故障，应重点检查的电气元件是________。

4. 应重点检查的传感器是________和________。

项目十一

# 丰田A341E型自动变速器的检修

| 学习目标 | 学习要求 | 教学建议 |
|---|---|---|
| 1. 了解丰田A341E型自动变速器的结构。<br>2. 掌握丰田A341E型自动变速器的检修。<br>3. 区分丰田A341E型自动变速器与其他自动变速器的异同。 | 应知：丰田A341E型自动变速器的结构。<br>应会：丰田A341E型自动变速器的检修。 | 现场实物教学和多媒体教学相结合，教师讲解和学生自学相结合，注重培养学生自我提高的能力。 |

## 项目准备

1. 丰田自动变速器2台。
2. 自动变速器试验台架1台。
3. 自动变速器各类型零部件1套。
4. 常用拆装工具1套，专用工具1套。
5. 零件存放台、盆各1个。

## 理论学习

### 一、丰田A341E型自动变速器的结构

丰田A341E型自动变速器的形式为辛普森式，有三排行星齿轮机构，结构简图如图11－1所示。

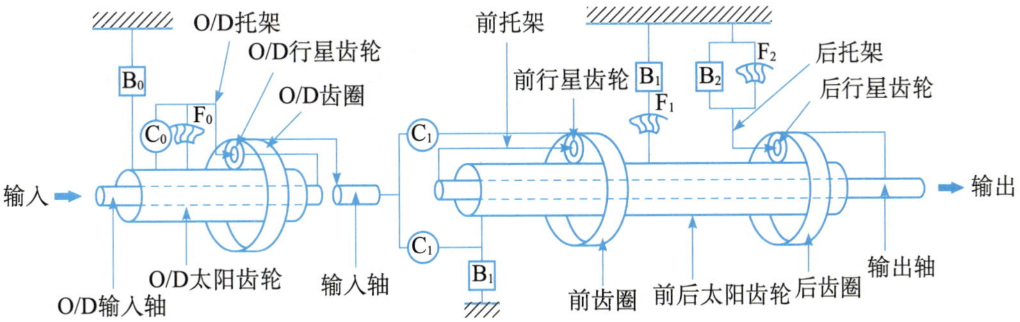


图11－1 丰田A341E型自动变速器的结构简图

## 二、丰田 A341E 型自动变速器的工作情况

丰田 A341E 型自动变速器有 10 个换挡执行机构，其中 3 个离合器，4 个制动器，3 个单向离合器。其各挡位的工作情况见表 11 - 1。

表 11 - 1　丰田 A341E 型自动变速器各挡位的工作情况

| 执行机构 | $C_0$ | $F_0$ | $B_0$ | $C_1$ | $C_2$ | $B_1$ | $B_2$ | $B_3$ | $F_1$ | $F_2$ |
|---|---|---|---|---|---|---|---|---|---|---|
| R | ○ | ○ | | | | | | ○ | | |
| D—1 | ○ | ○ | | | ○ | | | | | ○ |
| D—2 | ○ | ○ | | | ○ | | ○ | | ○ | |
| D—3 | ○ | ○ | | ○ | ○ | | ● | | ● | |
| D—4 | | | ○ | ○ | ○ | | ● | | ● | |
| 2（1） | ○ | ○ | | | ○ | | | | | ○ |
| 2（2） | ○ | ○ | | | ○ | ○ | ● | | ● | |
| L（1） | ○ | ○ | | | ○ | | | ○ | | |

注：○表示执行机构作用；●表示执行机构作用但不影响该挡位。

## 三、丰田 A341E 型自动变速器的液压控制系统

如图 11 - 2 所示，变速器的液压控制系统由油泵、阀体、电磁阀、蓄压器、离合器、制动器和连接这些零部件的液压通道组成。液压控制系统由油泵产生液压，并根据车辆的行驶情况来调节用于变矩器的液压。另外，阀体上有 4 个电磁阀。这些电磁阀受 ECU 控制。当 1、2 号电磁阀收到 ECU 信号后进行接通和关闭动作，以操纵换挡阀改变变速器的挡位；3 号电磁阀收到 ECU 信号后，便使变矩器的锁定离合器脱开或接合；当 4 号电磁阀收到 ECU 信号后，便控制接通速度和降低齿轮换挡时的冲击。

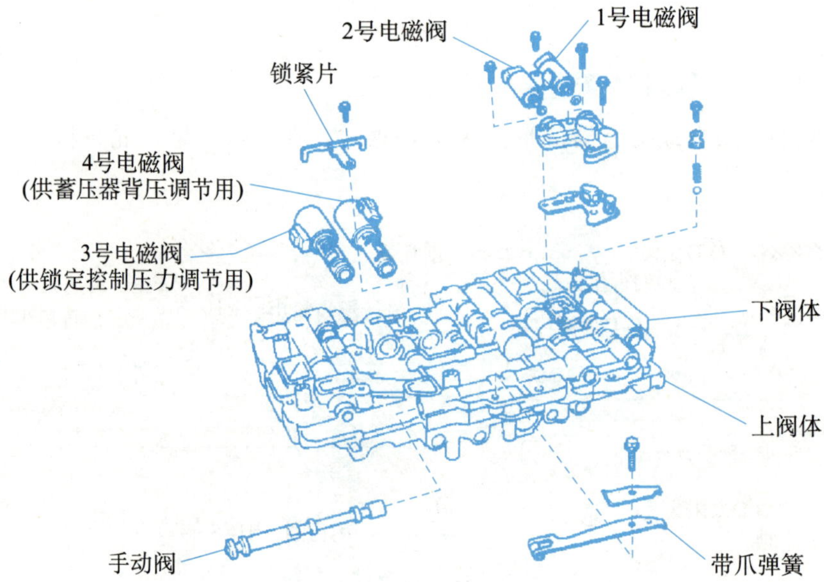


图 11 - 2　液压控制系统

## 项目实施

### 一、丰田 A341E 型自动变速器的拆卸

丰田 A341E 型自动变速器的拆卸方法和普通齿轮变速器有所不同，必须按照正确的步骤进行，以避免损坏自动变速器。在拆卸自动变速器之前，应关闭汽车的点火开关，拆下蓄电池负极电缆，放掉自动变速器中的液压油，然后按下列步骤进行拆卸，如图 11－3 所示。

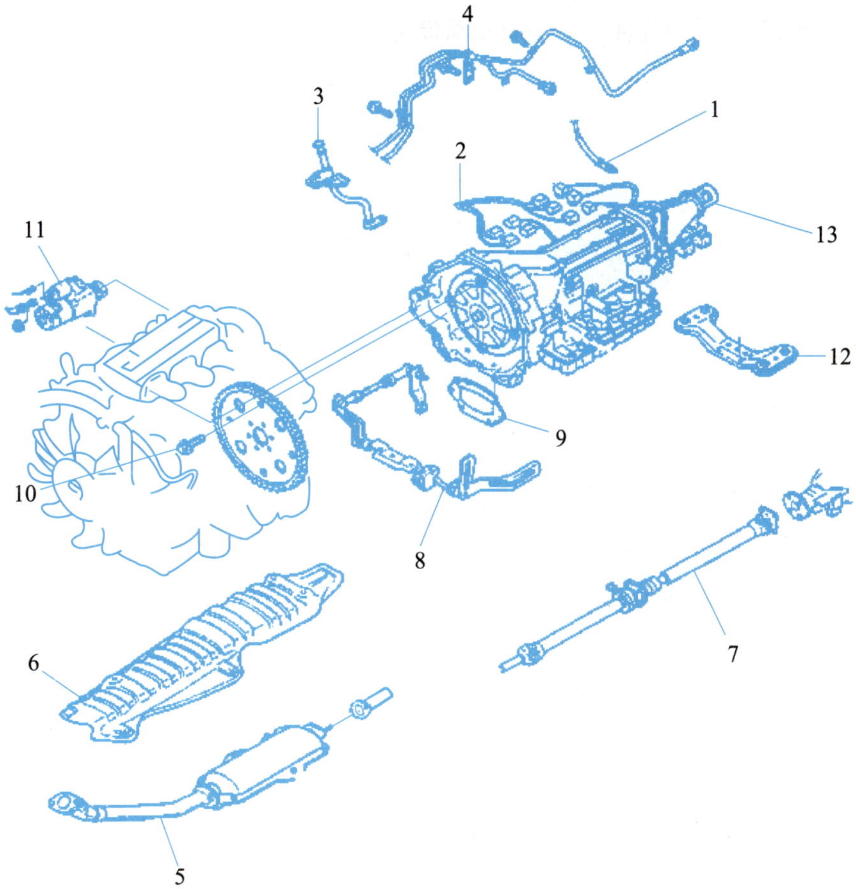


图 11－3　丰田 A341E 型自动变速器的拆卸

1—车速表软轴；2—线束；3—油尺及加油管；4—散热器油管；5—排气管中段；6—护罩；7—传动轴；8—操纵手柄拉杆；9—飞轮壳盖板；10—变矩器与飞轮的连接螺栓；11—起动机；12—支架；11—自动变速器

（1）拆下与节气门摇臂连接的自动变速器节气门拉索，拔下自动变速器上的所有线束插头，拆除车速表软轴、液压油加油管、散热器油管、操纵手柄与手动阀摇臂的连接杆等所有与自动变速器连接的零部件。

（2）拆去排气管中段，拆除自动变速器下方的护罩、护板等。

（3）松开传动轴与自动变速器输出轴的连接螺栓，拆下传动轴。

（4）拆下飞轮壳盖板，用起子撬动飞轮，逐个拆下飞轮与变矩器的连接螺栓。

（5）拆下起动机。

（6）拆下自动变速器与车架的连接支架，用千斤顶托住自动变速器。

（7）拆下自动变速器和飞轮壳的连接螺栓，将变矩器和自动变速器一同抬下。在抬下自动变速器时，应扶住变矩器，以防止滑落。

## 二、拆卸自动变速器前后壳体、油底壳及阀板

拆卸自动变速器前后壳体、油底壳及阀板见图 11－4。

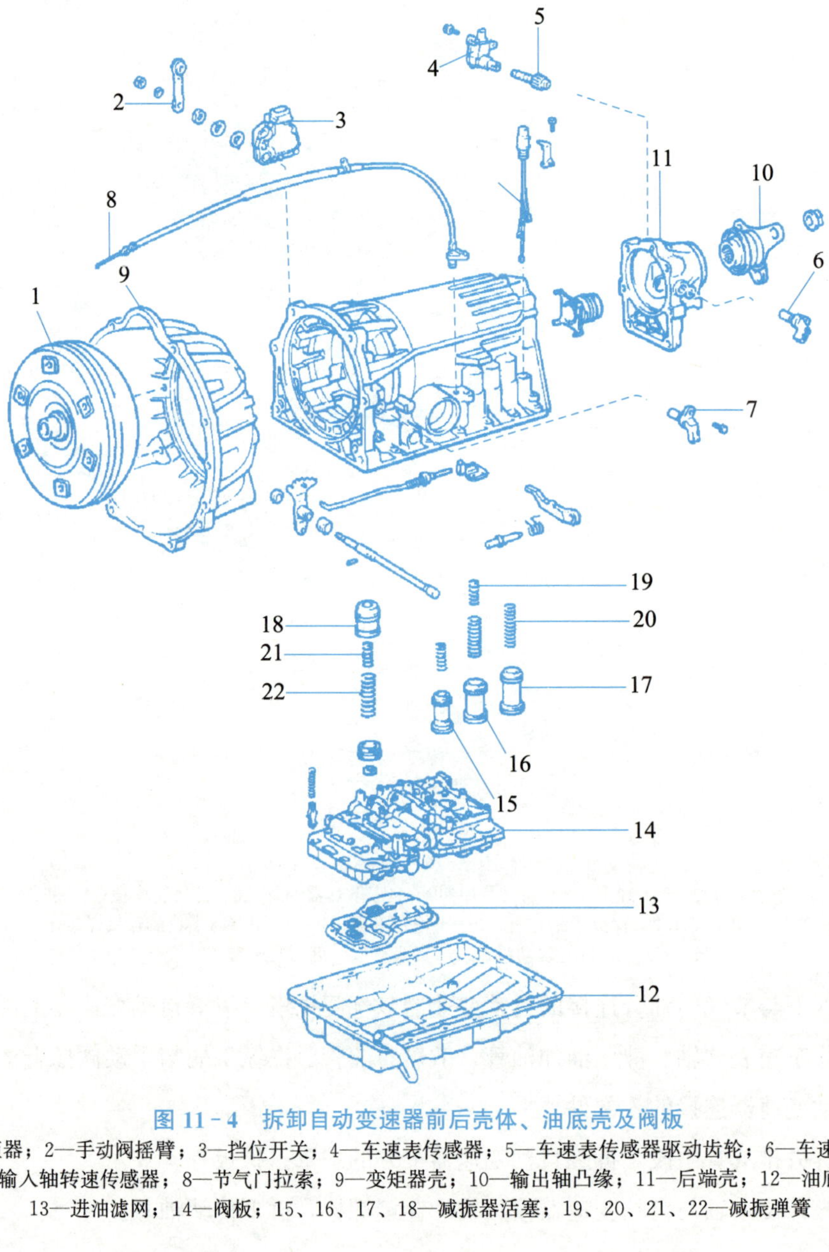


图 11－4　拆卸自动变速器前后壳体、油底壳及阀板

1—变矩器；2—手动阀摇臂；3—挡位开关；4—车速表传感器；5—车速表传感器驱动齿轮；6—车速传感器；7—输入轴转速传感器；8—节气门拉索；9—变矩器壳；10—输出轴凸缘；11—后端壳；12—油底壳；13—进油滤网；14—阀板；15、16、17、18—减振器活塞；19、20、21、22—减振弹簧

（1）从自动变速器前方取下变矩器。

（2）拆除所有安装在自动变速器壳体上的部件，如加油管、挡位开关、车速传感器、输入轴传感器等。

（3）松开紧固螺栓，拆下自动变速器前端的变矩器壳。

（4）拆除输出轴凸缘和自动变速器后端壳，从输出轴上拆下车速传感器感应转子。

（5）拆下油底壳，松开进油滤网与阀板之间的固定螺栓，从阀板上拆下进油滤网。

（6）拔下连接在阀板上的所有线束插头，拆除与节气门阀连接的节气门拉索，松开阀板与自动变速器壳体之间的固定螺栓，如图 11－5 所示，取下阀板总成。阀板上的螺栓除一部分固定在自动变速器壳体上之外，还有许多是上下阀板之间的固定螺栓。在拆卸阀板总成时，应对照维修手册，认准阀板与自动变速器壳体之间的固定螺栓。有些自动变速器的阀板与自动变速器壳体之间有油管连接（如 A341E 型自动变速器），对此，可先用起子将油管撬起后再拆下阀板总成，如图 11－6 所示。

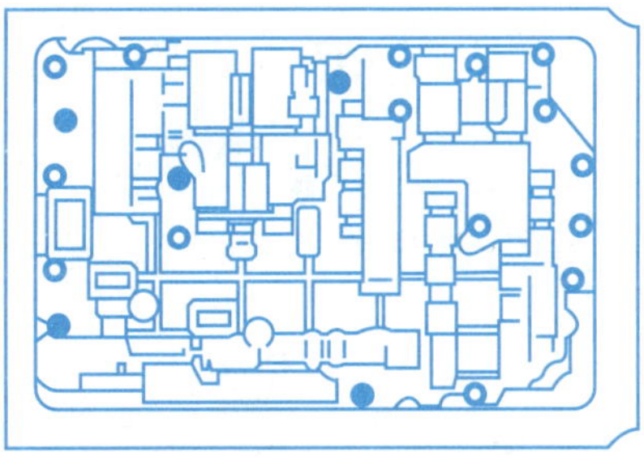

图 11－5　A341E 型自动变速器阀板固定螺栓

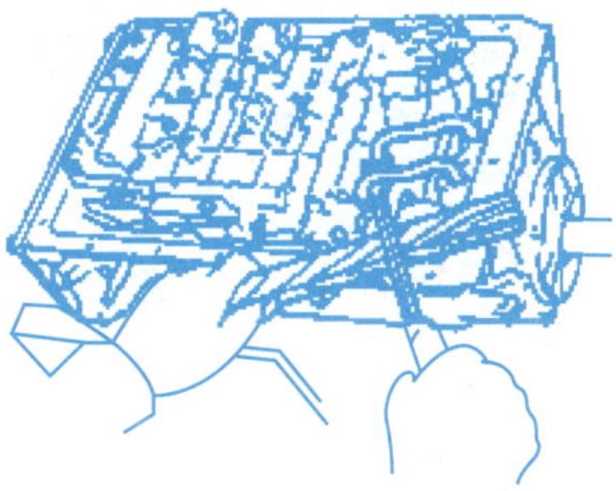

图 11－6　拆除阀板与壳体之间的油管

（7）取出自动变速器壳体油道中的止回阀和弹簧，如图 11－7（a）所示。

（8）取出自动变速器壳体上的减振器活塞。方法是：用手指按住减振器活塞，从减振器活塞周围相应的油孔中吹入压缩空气，将减振器活塞吹出，如图 11－7（b）所示。

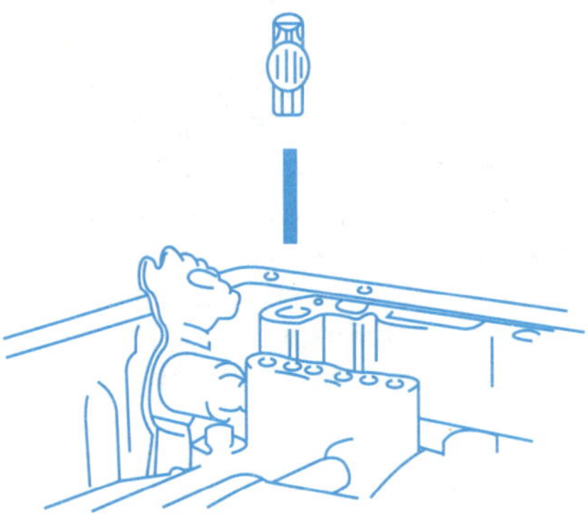

(a)取出油道中的止回阀、弹簧

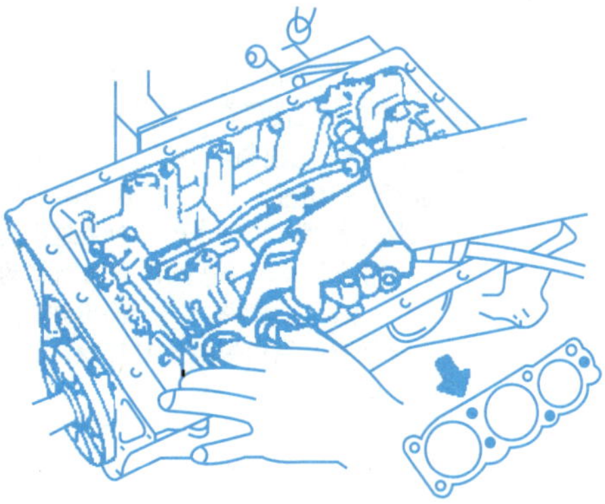

(b)取出壳体上的减振器活塞

图 11－7　取出油道中的止回阀、弹簧和减振器活塞

## 三、拆卸油泵总成

（1）拆下油泵周围的固定螺栓。

（2）用专用拉具拉出油泵总成。

具体见图 11-8。

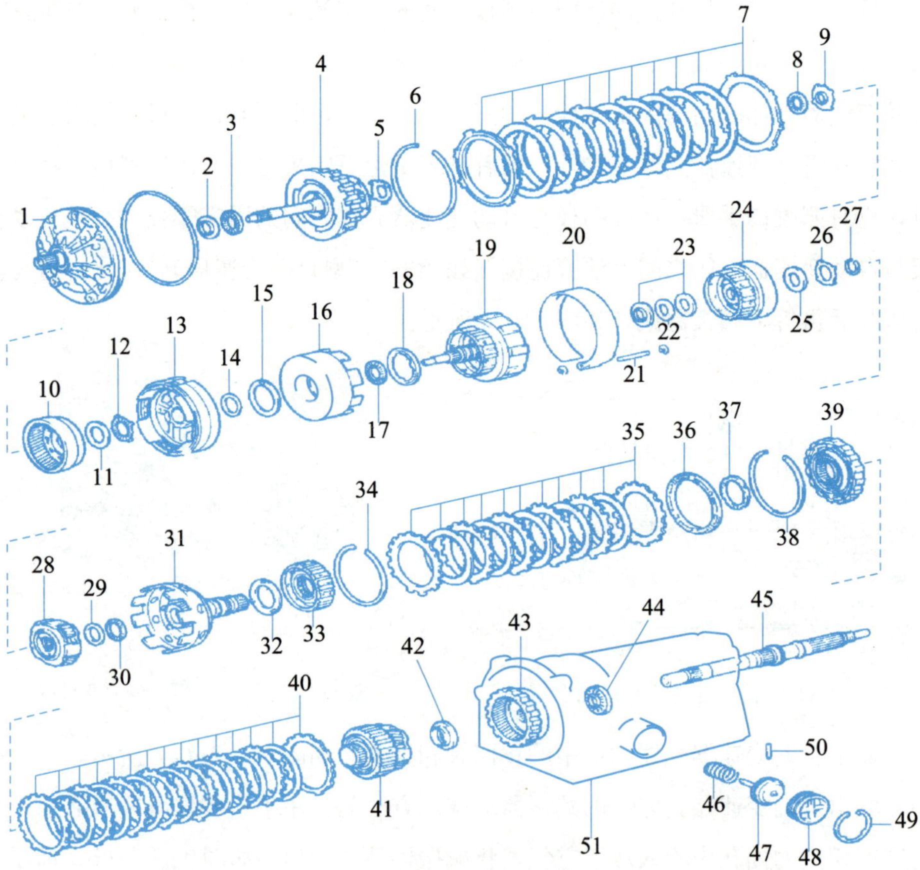

图 11-8　丰田 A341E 型自动变速器的分解

1—油泵；2、5、9、11、14、23，26、29—止推垫片；3、8、12、17、22、25、30、42、44—止推轴承；4—超速行星架和直接离合器组件；6、27、24、38、49—卡环；7—超速制动器钢片和摩擦片；10—超速齿圈；13—超速制动器鼓；15、18、32、37—尼龙止推垫圈；16—倒挡及高挡离合器组件；19—前进离合器组件；20—2 挡强制制动带；21—制动带销轴；24—前齿圈；28—前行星架；31—前后太阳轮组件；33—2 挡单向超越离合器；35—2 挡制动器摩擦片和钢片；36—活塞衬套；39—2 挡制动器鼓；40—低挡及倒挡制动器摩擦片和钢片；41—后行星架和行星轮组件；43—后齿圈；45—输出轴；46—弹簧；47—2 挡强制制动带活塞；48—2 挡强制制动带液压缸缸盖；50—超速速制动鼓进油孔油封；51—变速器壳体

## 四、分解行星齿轮变速器

（1）从自动变速器前方取出超速行星架和直接离合器组件及超速齿圈。

（2）拆卸超速制动器：用起子拆下超速制动器卡环，取出超速制动器钢片和摩擦片。拆下超速制动器鼓卡环，松开壳体上的固定螺栓，用拉具拉出超速制动器鼓，如图 11－9（a）所示。

（3）拆卸 2 挡强制制动带活塞：从外壳上拆下 2 挡强制制动带液压缸缸盖卡环，用手指按住液压缸缸盖，从液压缸进油孔中吹入压缩空气，将液压缸缸盖和活塞吹出，如图 11－9（b)所示。

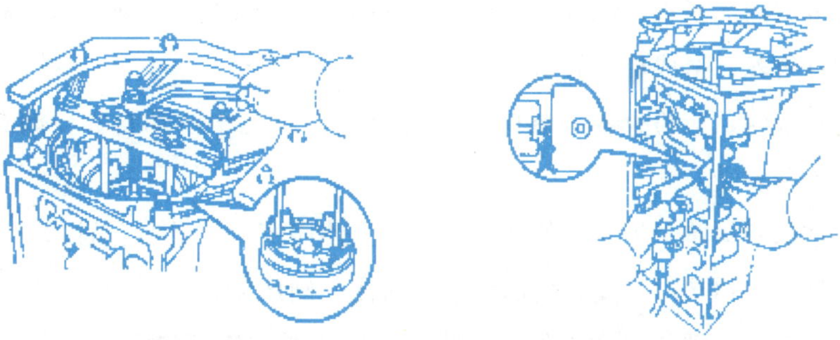

(a) 拉出超速制动器鼓　　(b) 吹出缸盖和活塞

图 11－9　超速制动器鼓和 2 挡强制制动带活塞的拆卸

（4）取出中间轴、高挡及倒挡离合器和前进离合器组件。

（5）拆出 2 挡强制制动带销轴，取出制动带。

（6）拆出前行星排：取出前齿圈，将自动变速器立起，用木块垫住输出轴，拆下前行星架上的卡环，拆出前行星架和行星轮组件，如图 11－10 所示。

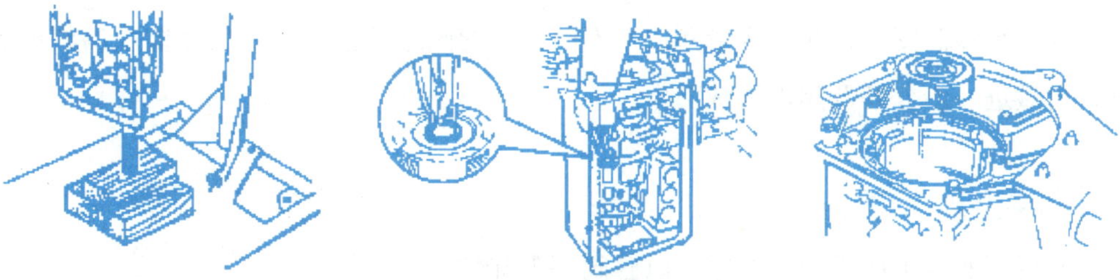

(a) 立起自动变速器　　(b) 拆下卡环　　(c) 拆出前行星架

图 11－10　前行星排拆卸

（7）取出前后太阳轮组件和低挡单向超越离合器。

（8）拆卸 2 挡制动器：拆下卡环，取出 2 挡制动器的所有摩擦片、钢片及活塞衬套。

（9）拆卸输出轴、后行星排和低挡及倒挡制动器组件：拆下卡环，抓住输出轴，取出输出轴、后行星排、前进单向超越离合器、低挡及倒挡制动器和 2 挡制动器鼓组件。

在分解自动变速器时，应将所有组件和零件按分解顺序依次排放，以便于检修和组装。要特别注意各个止推垫片、止推轴承的位置，不可错乱。

## 五、液压控制阀板的分解及装配

由于阀板中各个控制阀的加工精度和配合精度都极高，不正确的检修方法往往会损坏控制阀，影响其正常工作，因此在检修阀板时，应注意以下几点：

（1）拆检阀板时，切不可让阀芯等重要零件掉落。不要将铁丝、起子等硬物伸入阀孔中，以免损伤阀芯和阀孔的精密配合表面。

（2）阀板分解后的所有零部件在清洗后，可用压缩空气吹干。不允许用棉布擦拭，以免粘上细小的纤维丝，造成控制阀卡滞。

（3）装配阀板时，应检查各控制阀阀芯是否能在阀孔中活动自如，如有卡滞，应拆下，经清洗后重新安装。

（4）不要在阀板衬垫及控制阀的任何零部件上使用密封胶或黏合剂。

（5）在更换隔板衬垫时，要将新旧件进行对比，确认无误后再装入，以防止因零件规格不符而影响自动变速器的正常工作。有些自动变速器的修理包中没有阀板的隔板衬垫，在维修中如果发现旧衬垫破损，可用清克纸（即电工用绝缘纸）自制，方法是：将旧衬垫的形状画在清克纸上，用割纸刀和圆冲照原样刻出。

（6）在分解、装配阀板时，要有详细的技术资料（如阀板分解图），以作为对照。拆下的各个控制阀零部件要按顺序排放，以便重装。另外，在分开上下阀板时。要特别注意不要使阀板油道中的阀球、滤网等小零件掉出。在拿起上面的阀板时，要将隔板连同阀板一同拿起，翻转阀板使油道一面朝上后再拿开隔板。认清上下阀板油道中所有阀球等零部件的位置并画在简图上，同时测量并记下不同直径的阀球的位置，然后才能取出阀球等零部件，再做进一步分解及阀板清洗工作。

## 六、液压控制阀板的分解

（1）拆下阀板上的手动阀阀芯及电磁阀等零部件。

（2）松开上下阀板之间的固定螺栓，将上下阀板分开，如图 11-1 所示。在拿起上阀板时，为了防止上阀板油道内的单向阀阀球掉落，应将上下阀板之间的隔板和上阀板一同拿起，并将上阀板油道一面朝上放置后再取出隔板。

（3）从上阀板一侧取下隔板，取出上阀板油道内的所有单向阀阀球。

（4）按图 11－12 所示顺序拆出上阀板中所有的控制阀。在拆出每个控制阀时，应先取出锁销和栓塞，再让阀芯和弹簧从阀孔中自由落出。若阀芯在阀孔中有卡滞，不能自由落出，可用木槌或橡皮锤敲击阀板，将阀芯震出；不要用铁丝或钳子伸入阀孔去取阀芯，以免损坏阀孔内径或阀芯。

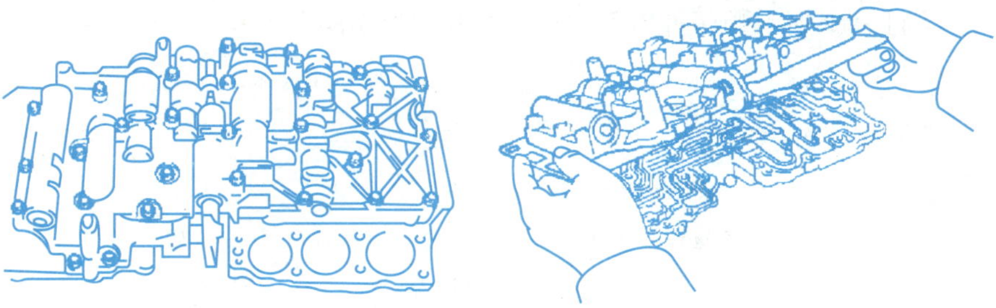

图 11－11 分开上下阀板

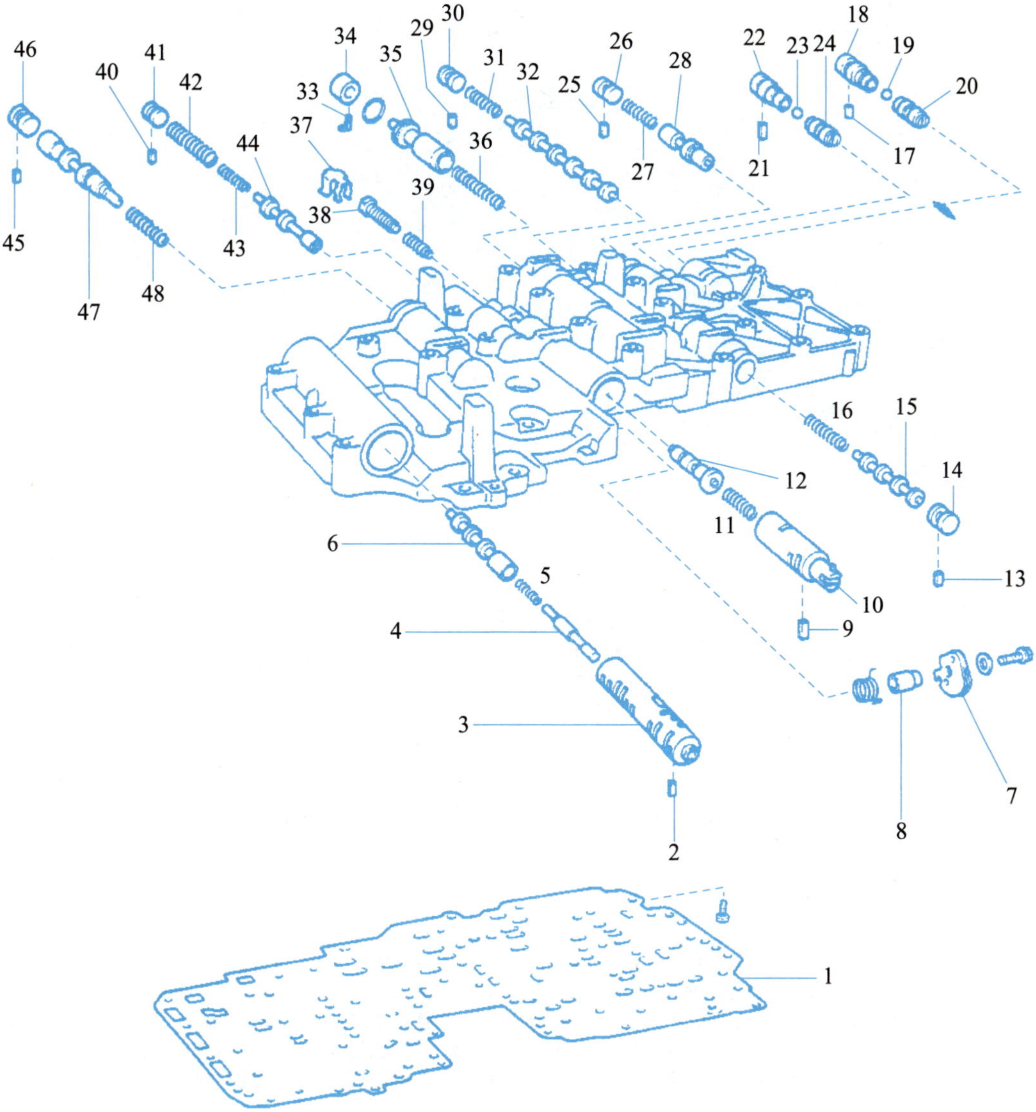


图 11－12 上阀板分解

1—隔板和衬垫；2、9、13、17、21、25、29、33、40、45—锁销；3—锁止控制阀阀套；4—锁止控制阀；5、11、16、27、31、36、39、42、43、48—弹簧；6—锁止继动阀；7—节气门阀凸轮；8—销套；10—强制降挡阀；12—节气门阀；14、18、22、26、30、34、41、46—栓塞；15—3—4 挡换挡阀；19、23—止回阀阀球；20、24—止回阀；28—倒挡控制阀；32—2—3 挡换挡阀；35—前进挡减振器活塞；37—锁片；38—节气门阀调节螺钉；44—前进挡减振器节流阀；47—变矩器阀

（5）按图 11－13 所示顺序拆出下阀板中所有的控制阀。

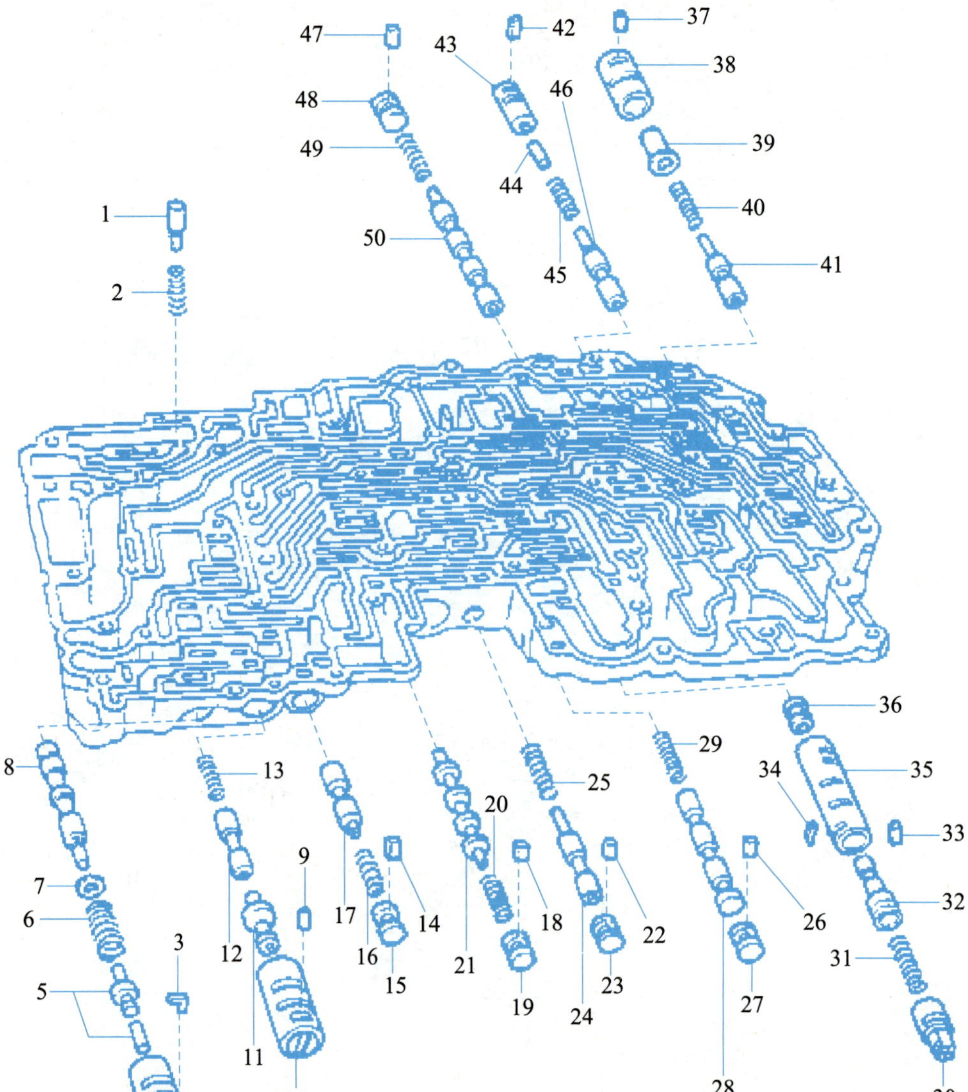


图 11－13 下阀板分解

1—止回阀；2、6、13、16、20、25、29、31、40、45、49—弹簧；
3、9、14、18、22、26、33、34、37、42、47—锁销；4、10、35、38、43—阀套；
5、11、36、39、44—阀杆；7—垫圈；8—主油路调压阀；12—锁止控制阀；
15、19、23、27、30、48—栓塞；17—止回阀；21—电磁转换阀；24—电磁调节阀；
28—截止阀；32—减振器控制阀；41、46—滑行调节阀；50—1—2 换挡阀

## 七、液压控制阀板的装配

（1）将清洗后的上下阀板和所有控制阀零部件放在干净的液压油中，让它浸泡几分钟。

（2）按图 11－12 和图 11－13 相反的顺序安装上下阀体各控制阀，注意各控制阀弹簧的安装位置，切不可将各控制阀的弹簧装错。

（3）按图 11－14 所示位置，将上阀板油道内的球阀装入。

（4）用螺钉将隔板及隔板衬垫固定在上阀板上。

（5）将上下阀板合在一起，按图 11－15 所示方法将三种不同规格的阀板螺栓安装在不同的位置上，分 2～3 次将所有螺栓拧紧。阀板螺栓的标准拧紧力矩为 6.1N·m。

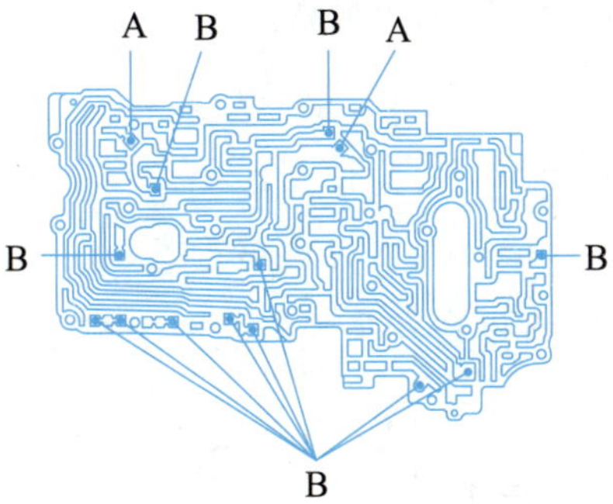


图 11－14　装入阀板油道内的球阀

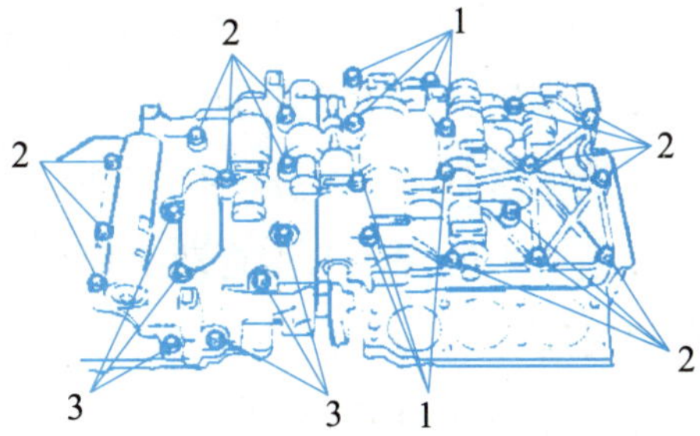


图 11－15　阀板螺栓的安装

（6）按顺序安装电磁阀、手动阀等零部件。

## 测试题

### 一、判断题

1. 在有 4 个前进挡的自动变速器中，设置超速行星排单向离合器的目的是连接超速行星排太阳轮和超速行星排行星架。（　　）

2. 在自动变速器中，由于行星齿轮机构处于常啮合状态，故动力传输不会产生齿轮间冲击。（　　）

3. 在丰田自动变速器中，变速机构的换挡离合器是装在转轴上的。（　　）

4. 丰田 A341E 型自动变速器前进挡能正常行驶，但在倒挡时不能行驶，则说明可能是由于其内部倒挡油路严重泄漏、二挡制动器打滑引起的。（　　）

5. A341E 型轿车行驶时无超速挡，但将驱动轮悬空时，车速能达到高速要求，说明自动变速器内部超速挡执行元件打滑。（　　）

6. A341E 型自动变速器在 D 位时，有些挡位没有发动机制动。（　　）

7. A341E 型自动变速器在 L 位 1 挡行驶时，突然松开油门，汽车依旧原速滑行，说明自动变速器打滑。（　　）

**二、单向选择题**

1. 变速杆在 2 挡位置，汽车行驶时，自动变速器将（　　）。

A. 所有前进挡都能自动换挡　　B. 只有 2 挡以上能自动换挡

C. 只能在 1 挡和 2 挡之间自动换挡　　D. 能自动换挡

2. 丰田 A341E 型自动变速器共有（　　）行星齿轮排。

A. 1 组　　B. 2 组　　C. 3 组　　D. 4 组

3. 自动变速器的主油路压力调节阀在（　　）时调出的油压最高。

A. 前进低挡　　B. 前进高挡　　C. 空挡　　D. 倒挡

4. 在丰田 A341E 型自动变速器中，3 号电磁阀用于（　　）控制。

A. 换挡正时　　B. 锁止正时　　C. 巡航　　D. 超速挡

5. 进行丰田 A341E 型自动变速器失速试验时，R 挡和 D 挡失速转速高于规定值，可能的原因是（　　）。

A. 管路压力过低　　B. 油面高度不正常

C. 超速单向离合器工作不良　　D. 发动机功率不足

6. 人工读取丰田汽车自动变速器的故障码时，需要短接的诊断端子是（　　）。

A. TE1 和 E1　　B. FP 和＋B　　C. TC 和 E1　　D. OX 和 E1

7. 自动变速器无前进挡，甲说：可能是前进离合器打滑，乙说：可能是前进离合器油路严重泄漏。（　　）

A. 甲正确　　B. 乙正确

C. 两人均不正确　　D. 两人都正确

8. A341E 型自动变速器无倒挡，甲说：可能是倒挡油路严重泄漏，乙说：可能是高倒挡离合器或低倒挡制动器打滑。（　　）

A. 甲正确　　B. 乙正确　　C. 两人均不正确　　D. 两人都正确

9. 造成装用 A341E 型轿车无超速挡的可能原因是（　　）。

A. 超速电磁阀有故障　　B. 3—4 挡换挡阀卡滞

C. 超速排直接离合器卡滞　　D. 以上均有可能

**三、思考题**

对于丰田 A341E 型自动变速器，如何读取和清除故障码?

**四、案例分析**

某皇冠轿车的自动变速器近日车速最高只能达到 87～95km/h，但起步和低速挡行驶都正常。给该自动变速器做了时滞试验和油压试验，其测量值均在允许范围内。但失速检查 D 位时发动机转速为 2 200r/min，属于常值；R 位时为 3 050r/min。请回答下列问题：

1. 判断：几项试验结果表明发动机工作良好。（　　）

2. 判断：由于前进挡车速上不去，说明前进离合器 $C_1$ 及直接离合器 $C_2$ 均出现打滑故障。（　　）

3. 该自动变速器在 R 位时，执行元件 $C_2$ 和 $B_3$ 均工作，此时的动力传输路线为：发动机输出动力→______________________________________________________________。

4. R 位时的传动比为________。

项目十二

# 广汽本田MAXA型自动变速器的检修

| 学习目标 | 学习要求 | 教学建议 |
| --- | --- | --- |
| 1. 了解广汽本田 MAXA 型自动变速器的结构。<br>2. 掌握广汽本田 MAXA 型自动变速器的检修。<br>3. 区分广汽本田 MAXA 型自动变速器与其他自动变速器的异同。 | 应知：广汽本田 MAXA 型自动变速器的结构。<br>应会：广汽本田 MAXA 型自动变速器的检修。 | 现场实物教学和多媒体教学相结合，教师讲解和学生自学相结合，注重培养学生自我提高的能力。 |

## 项目准备

1. 完整的广汽本田 MAXA 型自动变速器实物 1 台。
2. MAXA 型自动变速器综合实验台 1 台。
3. 专用工具（特别是离合器、制动器拆卸专用工具）1 套。
4. 8～17 丁字杆各 1 个，卡簧钳 1 套。

## 理论学习

### 一、本田 MAXA 型自动变速器的整体结构

广州本田雅阁轿车上使用的 MAXA 型自动变速器为电控液力自动变速器，有 4 个前进挡和 1 个倒挡，其变速杆有 7 个位置：P 位、R 位、N 位、$D_4$ 位、$D_3$ 位、2 位、1 位。该自动变速器主要由定轴式齿轮变速传动机构、液压控制系统和电子控制系统三部分组成，如图 12-1 所示。

定轴式齿轮变速器传动机构主要由平行轴、各挡齿轮和湿式多片离合器等组成，如图 12-2所示。

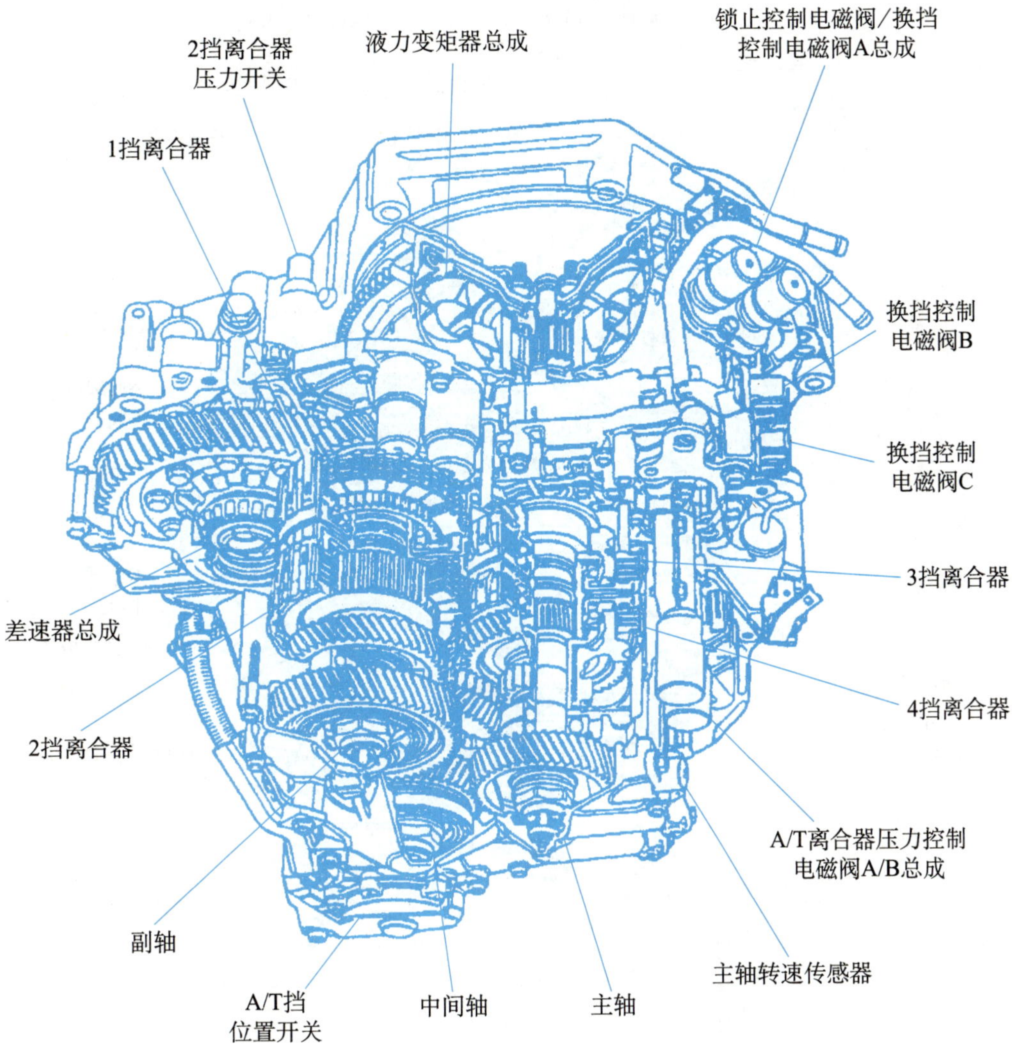


图 12-1 本田 MAXA 型自动变速器

平行轴有三根：主轴、中间轴和副轴。主轴与发动机曲轴轴线同轴，其上装有 3 挡和 4 挡离合器以及 3 挡、4 挡、倒挡齿轮和惰轮，倒挡齿轮和 4 挡齿轮制成一体。中间轴上装有最终主动齿轮及 1 挡、3 挡、4 挡、倒挡、2 挡和驻车挡齿轮以及惰轮，最终主动齿轮和中间轴制成一体。副轴上装有 1 挡、2 挡离合器和 1 挡、2 挡齿轮及惰轮。中间轴的 4 挡齿轮及倒挡齿轮可以在副轴中部锁止，工作时是锁止 4 挡齿轮还是倒挡齿轮取决于接合套的移动方式。主轴和副轴上的齿轮与中间轴上的齿轮保持常啮合状态。在行车中，当控制系统使某一组齿轮实现啮合传动时，动力将从主轴和副轴传递到中间轴，并由中间轴输出，同时仪表板上的自动变速器挡位指示灯将显示正在运行的挡位。

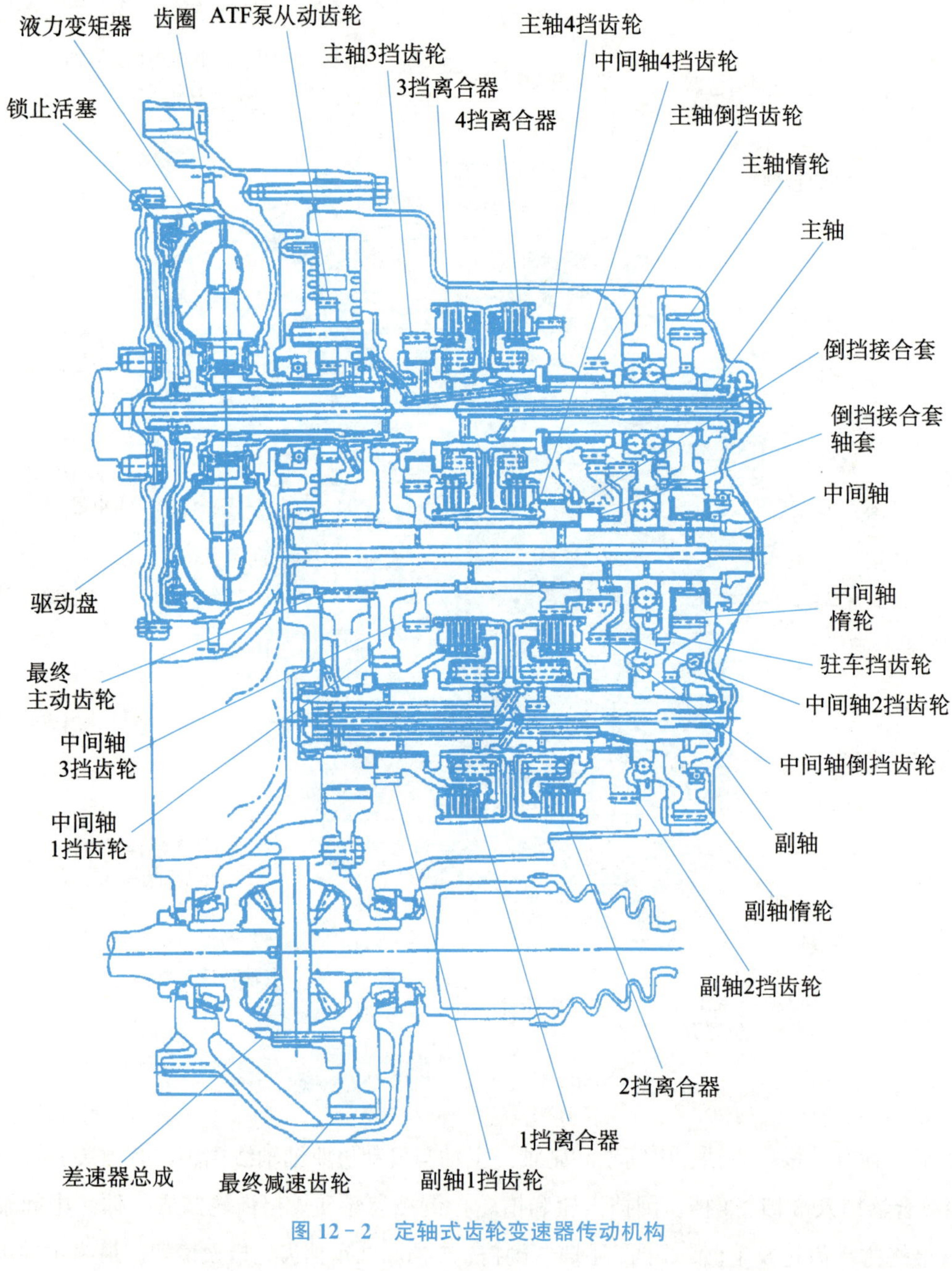


图 12－2　定轴式齿轮变速器传动机构

## 二、各挡的动力传递

### 1. 齿轮的连接及工作情况

（1）主轴上的齿轮。3 挡齿轮通过 3 挡离合器与主轴实现啮合或脱离。4 挡齿轮通过 4 挡离合器与主轴实现啮合或脱离。倒挡齿轮通过 4 挡离合器与主轴实现啮合或脱离。惰轮通过花键与主轴连接，随主轴旋转。

（2）中间轴上的齿轮。最终主动齿轮和中间轴制成一体，随主轴旋转。1 挡、3 挡、2 挡和驻车挡齿轮通过花键与中间轴相连，随中间轴旋转。4 挡齿轮和倒挡齿轮不随中间轴旋转。倒挡接合套通过花键与接合套相连，以便通过轴套使 4 挡齿轮和倒挡齿轮与中间轴啮合。惰轮不随中间轴旋转。

（3）副轴上的齿轮。1 挡齿轮通过 1 挡离合器与副轴实现啮合或脱离。2 挡齿轮通过 2 挡离合器与副轴实现啮合或脱离。惰轮通过花键与副轴连接，随副轴旋转。

MAXA 型自动变速器的齿轮机构如图 12-3 所示。

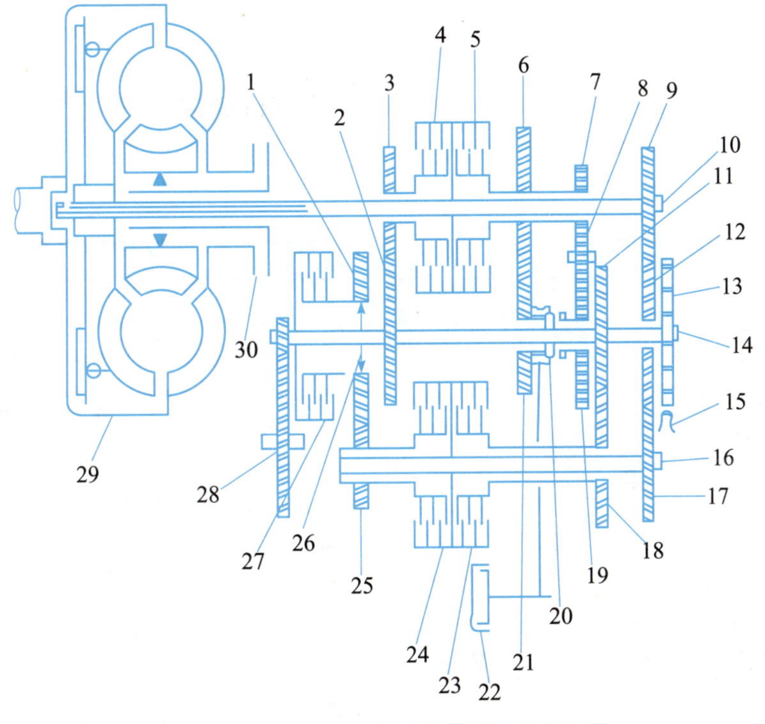


图 12-3 MAXA 型自动变速器的齿轮机构

1—副轴 1 挡齿轮；2—副轴 3 挡齿轮；3—主轴 3 挡齿轮；4—3 挡离合器；5—4 挡离合器；6—主轴 4 挡齿轮；7—主轴倒挡齿轮；8—倒挡惰轮；9—主轴惰轮；10—主轴；11—副轴 2 挡齿轮；12—副轴惰轮；13—驻车挡齿轮；14—副轴齿轮；15—驻车锁销；16—辅助轴；17—辅助轴惰轮；18—副轴 2 挡齿轮；19—副轴倒挡齿轮；20—倒挡滑套；21—副轴 4 挡齿轮；22—伺服阀；23—2 挡离合器；24—1 挡离合器；25—辅助轴 1 挡齿轮；26—单向离合器；27—1 挡固定离合器；28—最终主动齿轮；29—液力变矩器；30—油泵

## 2. 离合器

本田雅阁轿车 MAXA 型自动变速器通过液力使离合器接合或分离，实现变速器齿轮的啮合或脱离，从而达到变换挡位的目的。离合器主要由多片离合器片、多片离合器盘、液压活塞以及离合器毂等组成。离合器盘与离合器毂在周向固连，而在轴向可做相对移动。当离合器活塞被液压油推动时，离合器的盘与片被压紧实现接合，动力便通过离合器毂传递给齿轮。当液压卸压时，活塞被弹簧推动回位，离合器分离，动力传递被切断。

1挡离合器由副轴内的供油管提供液压，可使1挡齿轮实现啮合或脱离。它位于副轴中部，与2挡离合器相背。

2挡离合器由来自副轴内与液压回路相连的回路提供液压，可使2挡齿轮实现啮合或脱离。它位于副轴中部，与1挡离合器相背。

3挡离合器由主轴内的供油管提供液压，可使3挡齿轮实现啮合或脱离。它位于主轴中部，与4挡离合器相背。

4挡离合器由主轴内的供油管提供液压，可使4挡齿轮实现啮合或脱离。它位于主轴中部，与3挡离合器相背。

### 3. 各执行元件的工作情况

本田雅阁轿车MAXA型自动变速器在不同挡位时，其执行组件的工作情况见表12-1。

表12-1 本田MAXA型自动变速器各执行组件工作一览表

| 操纵手柄位置 | 挡位 | 换挡执行组件 | | | | | | |
|---|---|---|---|---|---|---|---|---|
| | | 1挡齿轮<br>1挡离合器 | 2挡齿轮<br>2挡离合器 | 3挡齿轮<br>3挡离合器 | 4挡 | | 倒挡齿轮 | 驻车挡齿轮 |
| | | | | | 齿轮 | 离合器 | | |
| P | 驻车 | | | | | | | ● |
| R | 倒挡 | | | | | ● | ● | |
| N | 空挡 | | | | | | | |
| $D_4$ | 1挡 | ● | | | | | | |
| | 2挡 | | ● | | | | | |
| | 3挡 | | | ● | | | | |
| | 4挡 | | | | ● | | | |
| $D_3$ | 1挡 | ● | | | | | | |
| | 2挡 | | ● | | | | | |
| | 3挡 | | | ● | | | | |
| 2 | 2挡 | | ● | | | | | |
| 1 | 1挡 | ● | | | | | | |

注：●—表示接合。

## 三、液压控制系统

液压控制系统主要由ATF油泵、管路和各种控制阀组成，如图12-4所示。

油泵为内齿轮泵，由液力变矩器轴套上的槽驱动。控制阀主要包括主阀体、调节器阀体、伺服器体和蓄压器体等。

主阀体等液压控制阀体均位于自动变速器下方，蓄压器体位于液力变矩器壳体上。各阀体的滑阀在一定程度上受换挡电磁阀的控制。换挡电磁阀B、C以及换挡控制电磁阀A和锁止换挡控制电磁阀均安装在液力变矩器壳体上，离合器压力控制电磁阀A和B则安装在变速器箱体上。

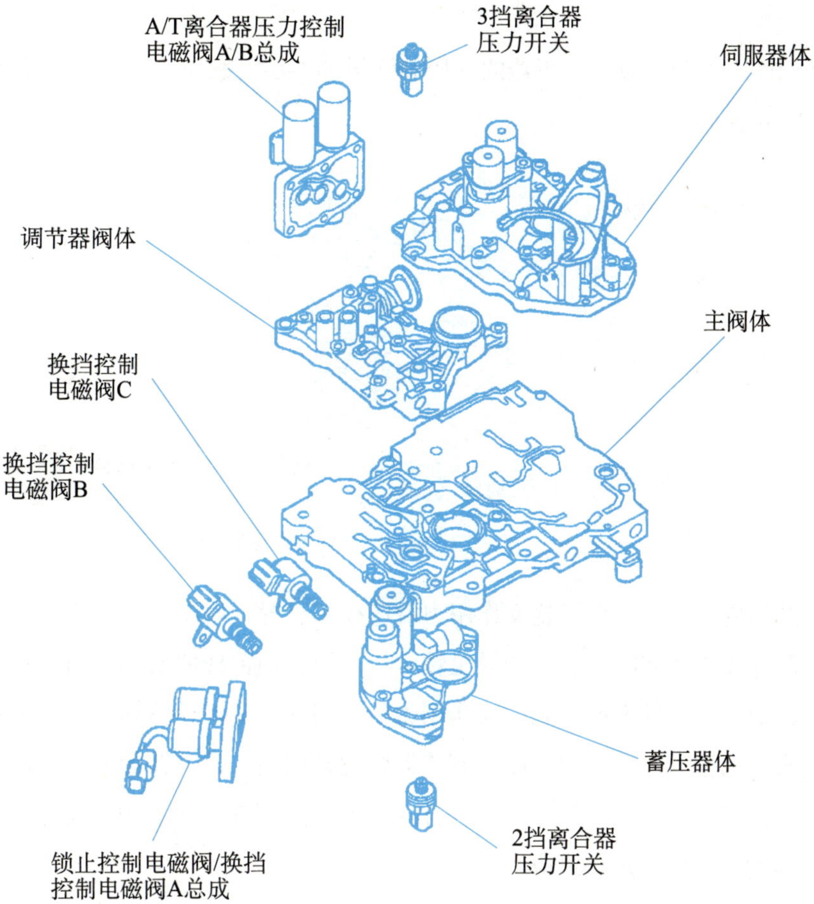


图 12 - 4　液压控制系统的结构组成

## 1. 主阀体

主阀体用于控制通往各液压元件的管路油压，其组成如图 12 - 5 所示。

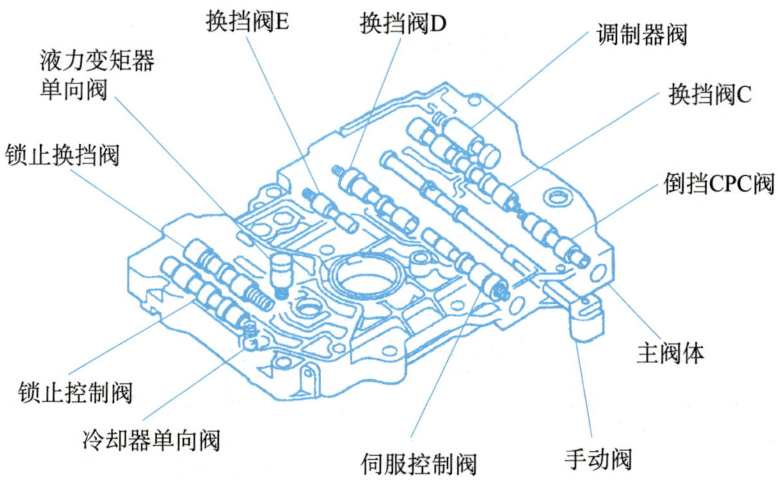


图 12 - 5　主阀体

2. 调节器阀体

调节器阀体用于调节液力变矩器的油压和润滑油油压。它位于主阀体的上方，其结构组成如图 12－6 所示。

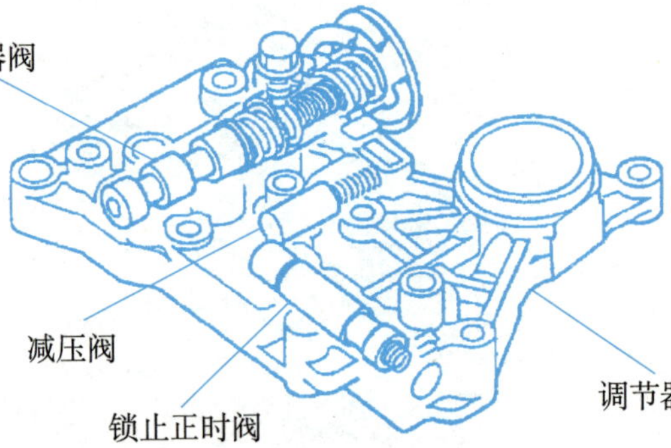


图 12－6　调节器阀体

调节器阀体内部还有一个导轮反作用力液压控制装置，如图 12－7 所示。导轮轴的外端与调节器阀体相连并同时连接一个导轮轴臂杆，导轮轴臂杆伸出端与调节器弹簧座相接触。在大的转矩下，导轮上所受到的反作用力传递到导轮轴，导轮轴臂杆便根据力的大小朝图示的箭头方向推动调节器弹簧座，调节器弹簧被压缩，调节器阀上移，从而使调节器阀所调节的管路压力增加。当导轮的反作用力达到最大值时，管路压力也将达到最大值，与变矩器传递的发动机转矩相适应。

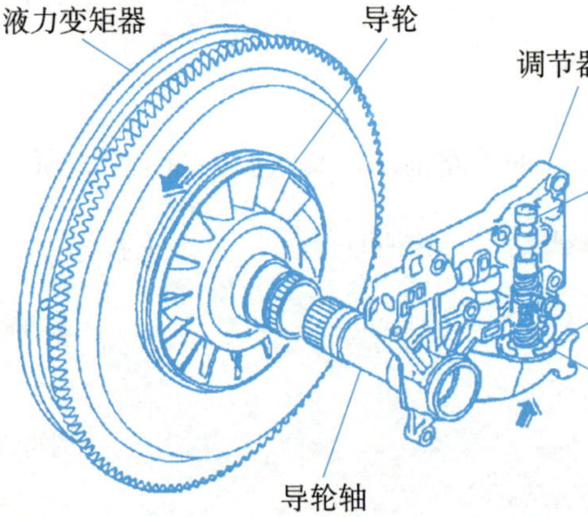


图 12－7　导轮反作用力液压控制装置

伺服器体用来调节最终管路压力，从而实现自动变速器挡位的变换。伺服器体位于主阀体的上方，其结构组成如图 12－8 所示。

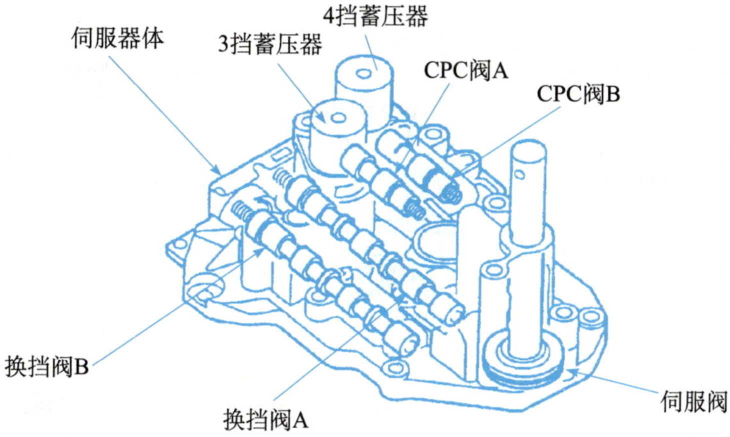


图 12-8　伺服器体

3. 蓄压器体

蓄压器体主要由 1 挡和 2 挡蓄压器以及润滑单向阀组成，如图 12-9 所示。蓄压器体在液力变矩器壳体上，与主阀体相邻。蓄压器主要用来缓冲离合器压力上升时的压力脉动，避免换挡冲击。润滑单向阀用来确保液压元件有足够的润滑油压。

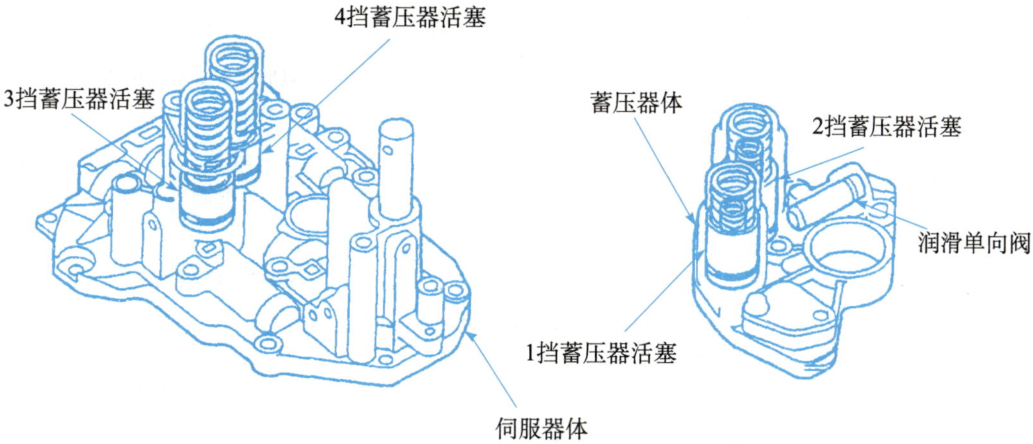


图 12-9　蓄压器体

## 四、电子控制系统

电子控制系统主要由动力控制模块 PCM、传感器和 6 个电磁阀等组成，其控制原理框图如图 12-10 所示。该自动变速器在车辆行驶过程中，根据需要具有换挡控制、锁止控制和坡度逻辑控制等功能。

1. 换挡控制

在行车中，PCM 根据各传感器的输入信号计算出需要换挡时间，控制换挡电磁阀 A、

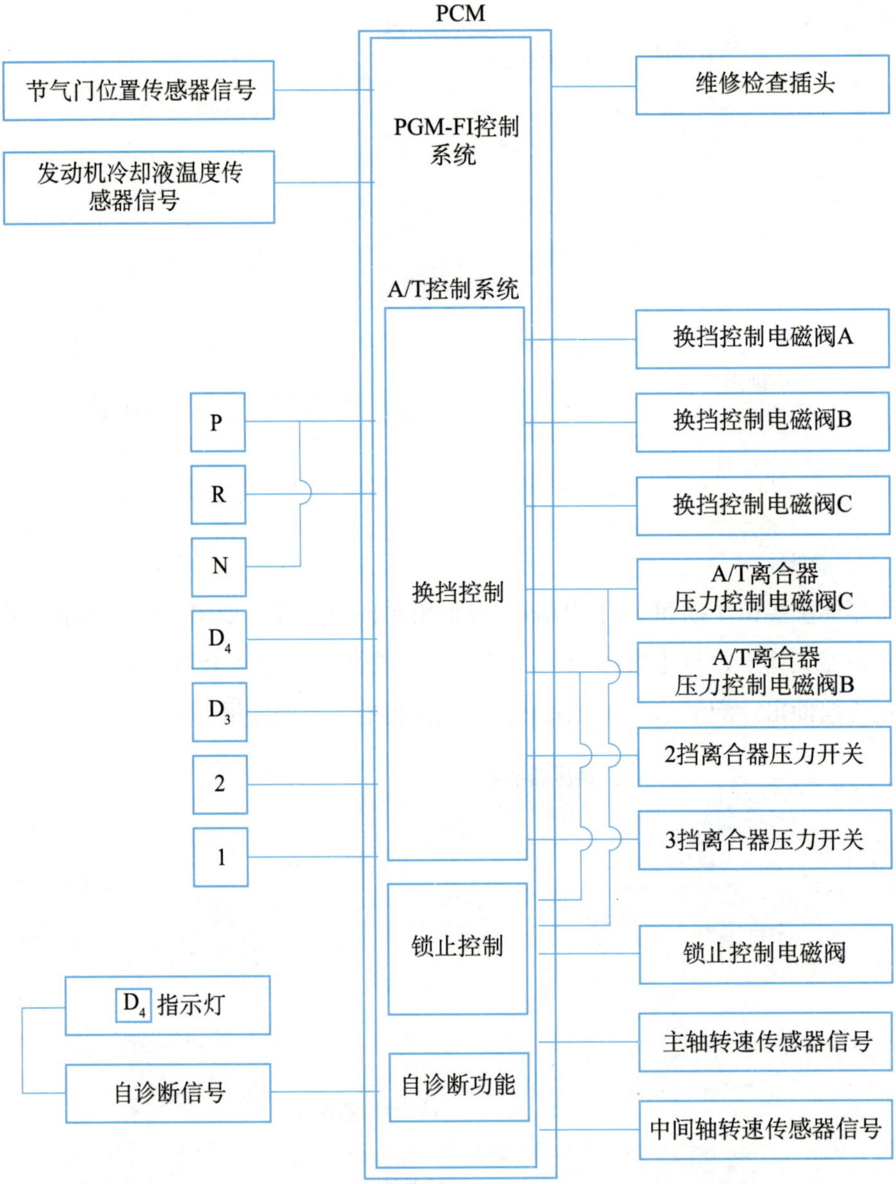


图 12－10　MAXA 型自动变速器电子控制系统控制原理框图

B、C 以及 A/T 离合器控制电磁阀 A、B。前三者将改变换挡阀的位置以变换挡位，后两者则调节自身的压力，并视情况给某一离合器的油路增压，从而实现换挡准确而平顺。另外，当变速杆在 $D_4$ 或 $D_3$ 位，而车辆处于坡道上时，PCM 中的坡度逻辑控制系统会控制车辆在上下坡或减速时准确平顺地换挡。

各挡位及挡位变换和换挡控制电磁阀的工作情况见表 12－2，不同节气门开度下的换挡车速见表 12－3。

表 12-2　MAXA 型自动变速器各挡位及挡位变换和换挡控制电磁阀的工作情况

| 挡位 | 挡位及挡位变换信号 | 电磁阀的工作情况 | | |
|---|---|---|---|---|
| | | A | B | C |
| P | 驻车 | | ● | |
| R | 由 P 或 N 位换至 R 位 | | ● | ● |
| | 保持在 R 位 | | ● | |
| N | 空挡 | | ● | |
| $D_4$ | 由 N 位换至 $D_4$ 挡 | ● | ● | ● |
| | 保持在 4 挡位置 | | | |
| | 在 3 挡与 4 挡间变换挡位 | | | ● |
| $D_3$ | 由 N 位换至 $D_3$ 挡 | ● | ● | ● |
| | 保持在 3 挡位置 | ● | | ● |
| | 在 2 挡与 3 挡间变换挡位 | ● | | |
| $D_2$ | 保持在 2 挡位置 | ● | ● | |
| | 在 1 挡与 2 挡间变换挡位 | ● | ● | ● |
| $D_1$ | 保持在 1 挡位置 | | ● | ● |
| 2 | 2 挡 | ● | ● | |
| 1 | 1 挡 | | ● | ● |

注：●—表示工作。

表 12-3　不同节气门开度下的换挡车速

| TPS 信号电压/V | 升挡车速/(km/h) | | | | 降挡车速/(km/h) | | | |
|---|---|---|---|---|---|---|---|---|
| | 1~2 | 2~3 | 3~4 | 锁止 | 解锁 | 4~3 | 3~2 | 2~1 |
| 0.8 | 15~17 | 33~37 | 42~48 | 75~79 | 73~77 | 30~40 | — | 8~12 |
| 2.25 | 33~37 | 63~69 | 94~100 | 110~116 | 94~100 | — | — | — |
| 4.5 | 55~61 | 99~105 | 155~161 | 152~162 | 146~152 | 137~143 | 87~93 | 42~48 |

### 2. 锁止控制

为了提高液力变矩器的传动效率，在进入变矩器耦合区时，PCM 进行锁止控制。锁止时刻由 PCM 控制。PCM 的锁止控制过程可分为 5 种工作状态：不锁止、部分锁止、半锁止、全锁止和减速锁止。各锁止状态下锁止控制电磁阀及 AT 离合器压力控制电磁阀 A、B 的工作情况见表 12-4。

表 12-4　各锁止状态下锁止控制电磁阀及 AT 离合器压力控制电磁阀 A、B 的工作情况

| 锁止状态 | 锁止电磁阀的工作状况 | AT 离合器压力控制电磁阀 A、B 的压力 |
|---|---|---|
| 不锁止 | 断开 | 低压 |
| 部分锁止 | 接通 | 低压 |
| 半锁止 | 接通 | 中压 |
| 全锁止 | 接通 | 高压 |
| 减速锁止 | 接通 | 中压 |

### 3. 坡度逻辑控制

动力系统控制模块 PCM 根据中间轴转速传感器、节气门位置传感器 TPS、发动机冷

却液温度传感器、制动开关和变速杆位置等信号，将实际行驶条件进行分析并与存储的行驶条件相比较，以便选择合适的换挡模式：

（1）正常模式，即平路模式。

（2）上坡模式，采用模糊逻辑方式。

（3）下坡模式，分缓坡下坡模式和陡坡下坡模式。

（4）减速模式。

#### 4. PCM 电路及端子位置

PCM 电路及端子位置如图 12－11 所示。

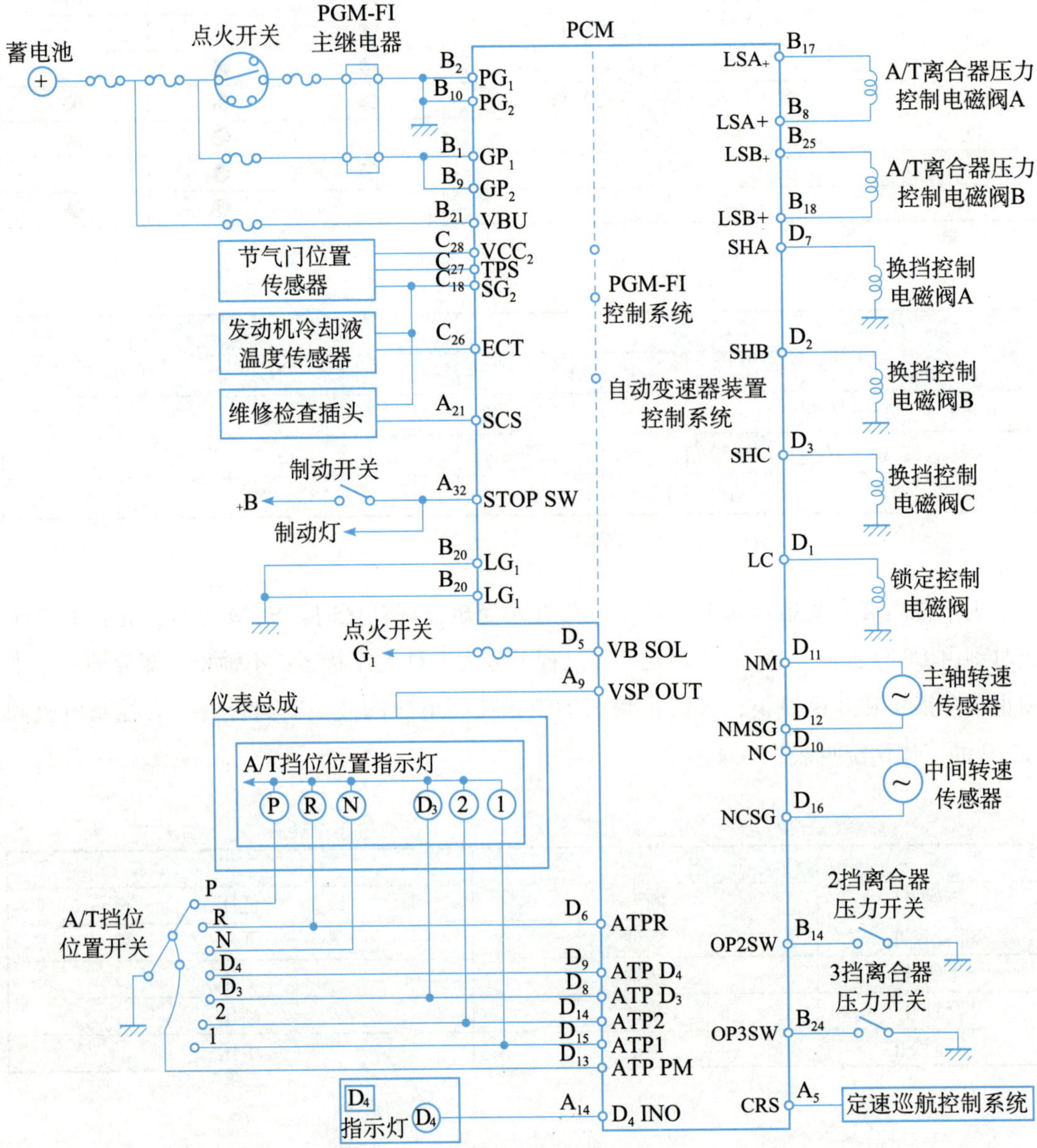


图 12－11　PCM 电路及端子位置

## 五、本田 MAXA 型自动变速器主要特点

（1）采用定轴式齿轮变速传动机构，而日产、丰田及大多数欧美汽车自动变速器采用的是行星齿轮变速传动机构。

（2）除液压控制系统外，还增设有电子控制系统，使车辆在各种道路条件下均具有平顺的驾驶操纵性和最佳的挡位选择。

（3）采用前轮驱动，自动变速器与驱动桥合为一体，动力传递路线短，结构更紧凑。

# 项目实施

## 一、本田 MAXA 型自动变速器的拆装

### 1. 拆卸

（1）放净自动变速器油（ATF）。

（2）拆下液力变矩器，观察油泵驱动机构和飞轮。

（3）拆下油管、线束以及壳体等附件。

### 2. 分解齿轮变速机构

详见图 12－12、图 12－13。

（1）拆下后端盖。

（2）拧下 3 个锁紧螺母，用专用工具卸下三个惰轮和 P 位锁止齿轮。

（3）拆下 P 爪以及后端的其他附件。

（4）拧下壳体与前端盖的连接螺栓。

（5）拆下节气门阀控制机构。

（6）拆下倒挡惰轮轴支架，将倒挡惰轮拨开。

（7）将选挡轴转至合适角度。

（8）将壳体拿下。

（9）将输入轴、输出轴、中间轴及其上各零部件一并取下。

拆解过程中务必注意轴承等小零部件和一些有定位要求的部位。

### 3. 画结构简图

将拆卸后的传动部分按照原始顺序摆好，按动力传递路线从前往后逐个对零部件进行讲解，画出结构简图，如图 12－14 所示。

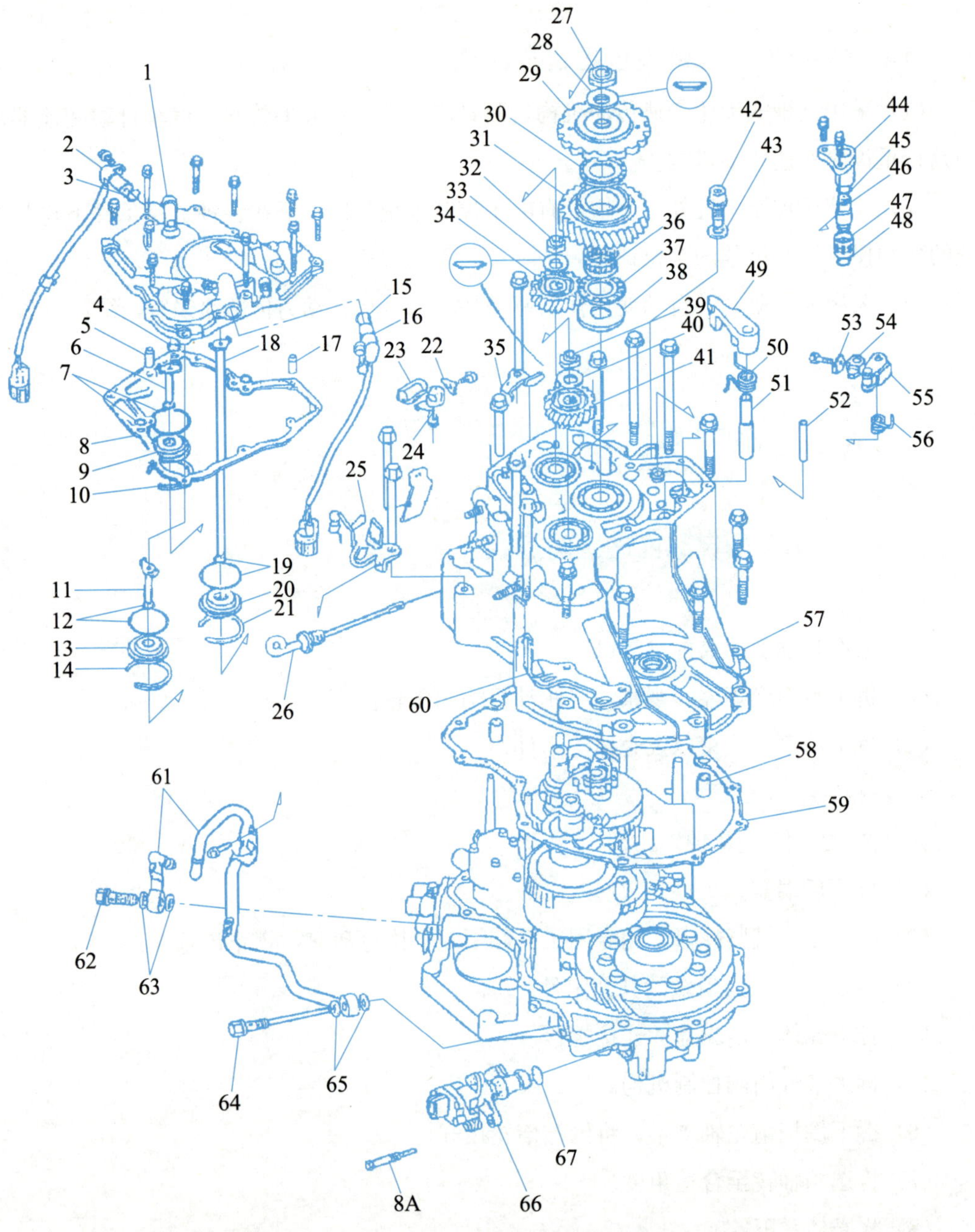


**图 12－12　自动变速器外围部件分解图**

1—右端盖；2—输入轴转速传感器；3、4、7、12、15、19、45、48、67—O 形圈；5、17、58—定位销；6—4 挡离合器供油管；8—右端盖衬垫；9、13、20—供油管导套；10、14、21—卡环；11—1 挡离合器供油管；16—输出轴转速传感器；18—1 挡固定离合器供油管；22、38、53—锁止垫圈；23—节气门控制杆；24—节气门控制杆弹簧；25—节气门控制拉锁支架；26—量油尺；27—输出轴锁紧螺母；28、33、40—锥形弹簧垫圈；29—P 挡齿轮；30、37—推力滚针轴承；31—输出轴惰轮；32—输入轴锁紧螺母；34—输入轴惰轮；35—线束支架；36、47—滚针轴承；39—中间轴锁紧螺母；41—中间轴惰轮；42—放油螺塞；43、63、65—密封垫圈；44—倒挡惰轮轴固定器；46—倒挡惰轮轴；49—驻车制动棘爪；50—驻车制动棘爪弹簧；51—驻车制动棘爪轴；52—驻车制动棘爪限位器；54—驻车制动限位器；55—驻车制动杆；56—驻车制动杆弹簧；57—变速器壳体；59—变速器壳体衬垫；60—变速器吊耳；61—自动变速器油冷却管；62、64—连接螺栓；66—车速传感器

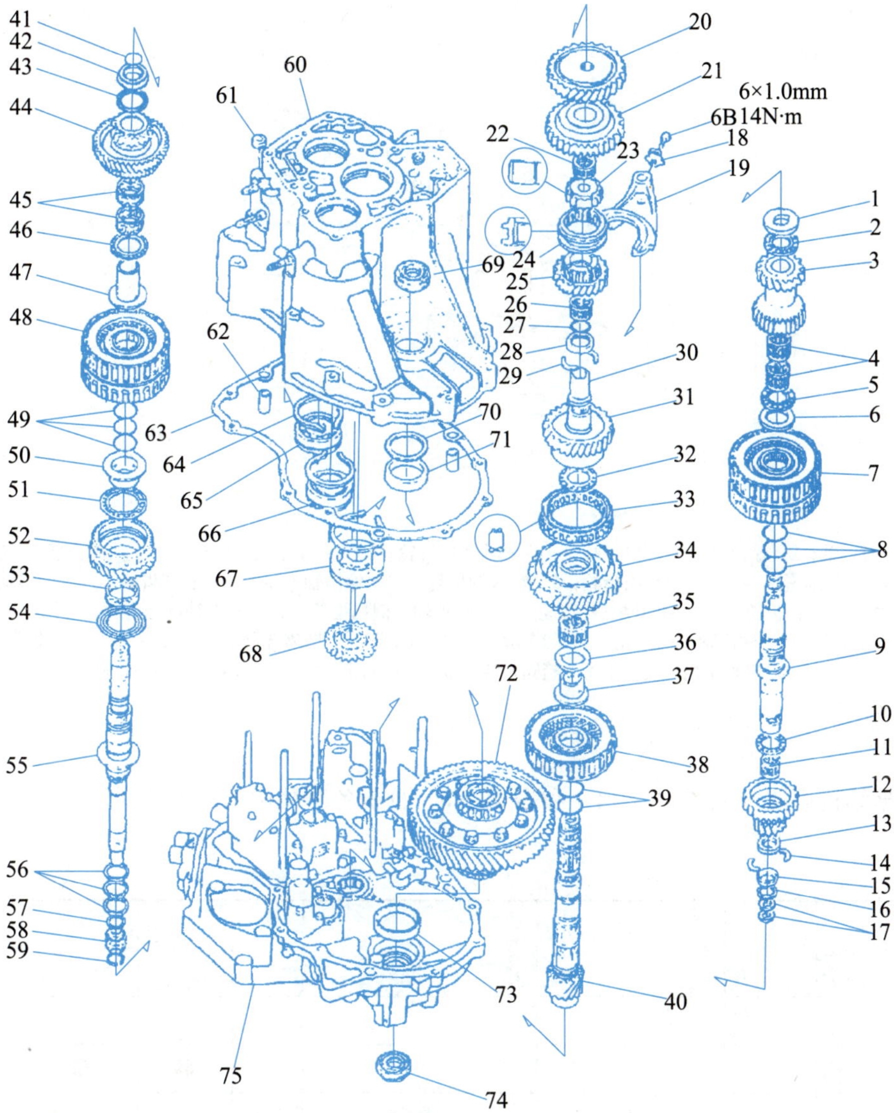


图 12－13　自动变速器内部齿轮变速机构分解图

1、36、70—止推垫圈；2、5、10、32、43、46、51、54—推力滚针轴承；3—中间轴 2 挡齿轮；4、11、22、26、35、45、53、58—滚针轴承；6—花键垫圈；7—1 挡/2 挡离合器总成；8、39、49—O 形圈；9—中间轴；12—中间轴 1 挡齿轮；13、30—分隔凸缘；14、29—开口销；15—开口销护圈；16、27、41、64—卡环；17、56、57—密封圈；18—锁止垫圈；19—换挡拨叉；20—输出轴 2 挡齿轮；21—输出轴倒挡齿轮；23—倒挡选择器鼓；24—倒挡选择器；25—输出轴 4 挡齿轮；28、42—凸缘；31—输出轴 3 挡齿轮；33—单向离合器；34—输出轴 1 挡齿轮；37—输出轴 1 挡齿轮法兰；38—1 挡固定离合器总成；40—输出轴；44—输入轴 4 挡/倒挡齿轮；47—4 挡齿轮凸缘；48—3 挡/4 挡离合器总成；50—3 挡齿轮凸缘；52—输入轴 3 挡齿轮；55—输入轴；59—定位环；60—变速器壳体；61—油封；62—沉头销；63—变速器壳体衬垫；65—变速器壳上的输入轴轴承；66—变速器壳上的中间轴轴承；67—变速器壳上的输出轴轴承；68—倒挡惰轮；69—变速器壳油封；71、73—轴承外座圈；72—差速器总成；74—变矩器壳油封；75—变矩器壳

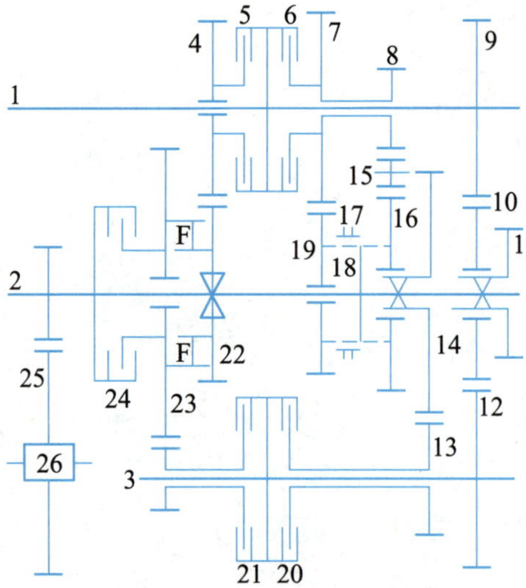


图 12-14　本田雅阁 ECT 结构简图

1—输入轴；2—输出轴；3—中间轴；4—输入轴 3 挡齿轮；5—3 挡离合器 $D_3/C$；6—4 挡离合器 $D_4/C$；7—输入轴 4 挡齿轮；8—输入轴倒挡齿轮；9—输入轴惰轮；10—输出轴惰轮；11—P 挡齿轮；12—中间轴惰轮；13—中间轴 2 挡齿轮；14—输出轴 2 挡齿轮；15—倒挡轴及倒挡齿轮；16—输出轴倒挡齿轮；17—接合套；18—花键毂；19—输出轴 4 挡齿轮；20—2 挡离合器 $D_2/C$；21—1 挡离合器 $D_1/C$；22—输出轴 3 挡齿轮；23—输出轴 1 挡齿轮；24—1 挡固定离合器 $D_1/C$ 固定；25—主减速器；26—差速器

### 4. 分析动力传递情况

根据结构简图（见图 12-14）和表 12-5，分析各个挡位的动力传递情况。

表 12-5　各挡执行元件及齿轮工作情况

| 挡位 | | 1 挡固定 | 单向离合器 | 1 挡齿轮 | $D_1/C$ | $D_2/C$ 与 2 挡齿轮 | $D_3/C$ 与 3 挡齿轮 | 4 挡齿轮 | $D_4/C$ | 倒挡齿轮 | 驻车挡齿轮 |
|---|---|---|---|---|---|---|---|---|---|---|---|
| P | | | | | | | | | | | ● |
| R | | | | | | | | | ● | ● | |
| N | | | | | | | | | | | |
| $D_4$ | 1 | | ● | ● | ● | | | | | | |
| | 2 | | | ● | ● | ● | | | | | |
| | 3 | | | ● | ● | | ● | | | | |
| | 4 | | | ● | ● | | | ● | ● | | |

注：●—表示工作。

### 5. 组装

按与拆卸相反的顺序进行组装，着重注意以下问题：

（1）注意倒挡拨叉轴的方向；注意各挡离合器要安装到位。

（2）注意变速杆的方向；注意倒挡轴倒挡齿轮的正确安装。

(3) 注意各常啮合齿轮副要啮合正确；注意各轴承的安装；注意驻车爪及其控制机构的安装；注意三根轴末端锁紧螺母的更换、正反螺纹及锁紧。

## 二、本田 MAXA 型自动变速器的故障自诊断

如果使用维护和操纵不当或 MAXA 型自动变速器使用时间过长，会使自动变速器出现故障，如起步困难、加速迟钝、挡位失控、换挡不便、油耗增加等。一旦出现故障，首先应弄清故障现象，分析故障原因，再进行故障诊断，快速排除故障。

自动变速器出现故障，应首先确定是机械故障，还是电控系统故障。电控系统的故障可以实现自诊断。

### 1. 故障码的读取

当自动变速器电控系统的 ECM 检测到输入、输出系统有故障时，则将其故障以故障码的形式存入 PCM 的存储器，仪表板内的 $D_4$ 指示灯会闪烁，如图 12－15 所示。为了解故障内容，应读出其故障码。

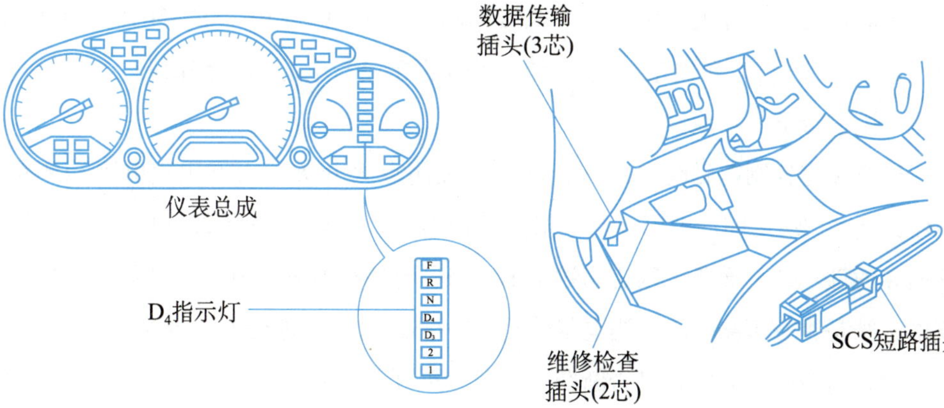


图 12－15　$D_4$ 指示灯及短路插头连接位置

故障码的读取既可使用汽车计算机检修仪读取，也可以人工读取。由于汽车计算机检修仪价格昂贵，因而需要掌握人工读取的方法。

### 2. 故障码的清除

自动变速器电控系统的故障排除后，应进行故障码的清除，其步骤如下：

(1) 关闭点火开关。

(2) 从发动机盖下的熔断器/继电器盒中取下备用熔断丝（7.5A），如图 12－16 所示。

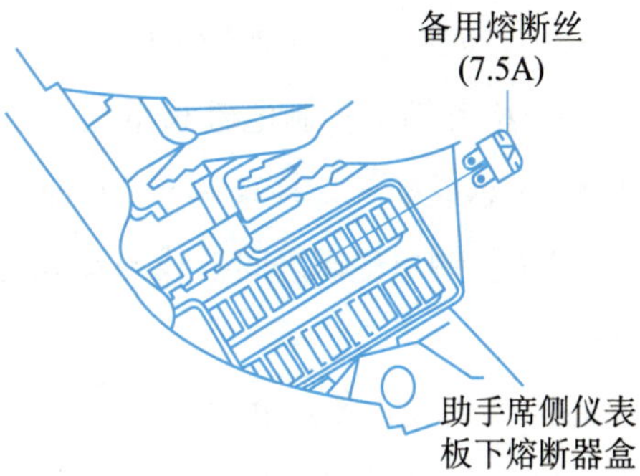


图 12－16　清除故障码的备用熔丝

(3) 等候 10s，故障码即已清除，然后重新

安装备用熔断丝（7.5A）。

（4）设置无线电台的预置频率和时钟。因为在拆下备用熔断丝时，原无线电台的预置频率和时钟的设置会自动取消，因此应重新设置。

## 三、本田 MAXA 型自动变速器的故障排除

### 1. 变矩器锁定离合器不能接合或不能分离，造成不能换挡

故障现象：一辆本田轿车自动变速器工作时卡滞在 4 挡；读取故障码时，自诊断指示灯 $D_4$ 闪烁 1 次，显示“DTC1”。

故障诊断与排除：根据“DTC1”故障的可能原因，利用万用表对 PCM 的 B（25 芯）、D（16 芯）有关端子进行检查，以诊断和排除故障。

（1）验证故障码。先清除故障码，然后再读取故障码，确认为“DTC1”后进行下一步检修。

（2）检查锁定控制电磁阀是否电源短路。先关闭点火开关，再将插头 B 和 D 从 PCM 上断开，然后接通点火开关，用万用表电压挡测量端子 $D_1$ 与 $B_{20}$、$D_1$ 与 $B_{22}$之间的电压。若有电压，说明端子 $D_1$ 和锁定控制电磁阀之间的导线与电源有短路故障，应予以排除；若无电压，则进行下一步检修。

（3）检查锁定控制电磁阀电路是否断路。关闭点火开关，用万用表电阻挡测量端子 $D_1$ 与 $B_{20}$、$D_1$ 与 $B_{22}$之间的电阻。当电阻值不是 12～25Ω 时，检查端子 $B_{20}$、$B_{22}$与车身地线之间的导通性。若不导通，则说明端子 $B_{20}$、$B_{22}$与地线有断路故障；若导通，应检查锁定控制电磁阀是否有短路故障。当电阻值是 12～25Ω 时，则进行下一步检修。

（4）检查电磁阀电源电路是否断路。接通点火开关，测量端子 $D_5$ 与 $B_{20}$、$D_5$ 与 $B_{22}$之间的电压。若测得的电压值不为蓄电池电压，则检查驾驶席侧仪表板下的保险/继电器盒中的 6 号保险丝（15A）是否熔断。若保险正常，则表明端子 $D_5$ 与保险/继电器盒之间的导线有断路故障，应予以排除。若所测验电压值约为蓄电池电压，则检查 PCM 端子插头是否松动，如有必要，则需更换一个无故障的 PCM，并重新检查。

（5）检查锁定控制电磁阀电路是否短路。将 2 芯插头与锁定控制电磁阀/换挡控制电磁阀 A 总成断开，检查端子 $D_1$ 与 $B_{20}$、$D_1$ 与 $B_{22}$之间的导通性。若导通，说明端子 $D_1$ 与锁定控制电磁阀之间导线与地线有断路故障，应予以排除；若不导通，则做下一步检修。

（6）检查锁定控制电磁阀/换挡控制电磁阀 A 总成。测量该总成 1 号端子与车身地线之间的电阻。若电阻值为 12～25Ω，则检查端子 $D_1$ 与锁定控制电磁阀之间的导线是否断路；若电阻值不是 12～25Ω，则更换锁定控制电磁阀/换挡控制电磁阀 A 总成。

### 2. 自动变速器滑阀卡滞，车辆无法行驶

故障现象：一辆广州本田自动变速器轿车在行驶过程中曾经出现过变速器打滑的现象，但是故障现象出现的时间并不确定，所以一直没有进行彻底检查。该车在一次高速行驶过程中，大量 ATF 从变速器壳体上部通气孔喷出，导致车辆无法继续行驶而被拖进修理厂。

故障诊断与排除：

因为缺少 ATF 而引发的故障是比较容易维修的，一般只需要检查出导致 ATF 温度过高的原因并更换烧蚀的摩擦片等部件，然后进行变速器内部清洗即可解决。首先检查 ATF，从 ATF 中包含的杂质可以看出变速器内部已经严重烧蚀，于是决定解体变速器。解体变速器后检查各部件的状态，发现变速器油泵的主动齿轮和从动齿轮严重烧毁，而且有多个离合器摩擦片存在不同程度的烧蚀。更换变速器油泵、主阀体以及烧毁的摩擦片，并清洗变速器内部。

检查到差速器时，发现行星齿轮轴严重磨损，这应该是润滑不良所致。检查润滑油孔正常，顺着油路检查到变速器散热器，发现散热器内部有很多杂质，这说明上次维修时清洗不彻底。变速器的散热器中有杂质，而且油泵有磨损，这说明杂质来自变矩器。因为变矩器除了翻新无法进行彻底清洗，于是更换变矩器和差速器，并研磨主阀体中卡滞的滑阀。检修完毕后装车路试，变速器的故障彻底排除了。

### 3. 自动变速器挂上前进挡或倒挡，车辆均不能起步

故障现象：一辆广州本田雅阁轿车，行驶里程为 79 000km，驾驶人反映，该车自动驱动桥传动轴的半轴油封漏油，自动变速器挂上前进挡或倒挡，车辆均不能起步。

故障诊断与排除：询问驾驶人是否维修过，驾驶人反映该车曾在一家维修厂进行过维修。

因该车在第一次拆检后没有进行彻底清洗，导致液压系统内残存有离合器磨削粉及杂质。装复后在运行中，这些磨削粉及杂质堵塞阀体液压通道，导致 1—2 挡单向阀球卡滞，运动不通畅，1—2 挡离合器工作油压过高，从而出现换挡振动过大现象。而修理工拔掉的插头是液力变矩器壳体上的一个黑色两孔插头。该插头是换挡控制电磁阀 B 插头。插头被拔掉之后，换挡电磁阀 B 处于断开状态，而当变速器处于 3 挡与 4 挡以及 2 挡与 3 挡之间变换挡位，3 挡与 4 挡之间变换挡位时，换挡电磁阀不动作，处于断开状态。在换挡控制电磁阀 A、C 以及相关系统正常的情况下，车辆将以 3 挡起步行驶，并且能在 3 挡与 4 挡之间正常换挡。只是 3 挡起步时，发动机负荷相对增大，起步自然无力。另外，倒挡时，换挡控制电磁阀 B 必须处于接通状态，插线被拔掉之后，自然没有倒挡。

维修人员通过分析故障现象，认为自动变速器内部有故障，通过对自动变速器进行拆

检，发现3—4挡离合器严重烧蚀，1—2挡离合器片磨损程度相对较轻。于是更换1、2、3和4挡离合器片，以及各种密封圈、密封垫、半轴油封之后，装复试车，却发现1挡升2挡或2挡降1挡时振动过大，而在其他工作状况都比较正常。当时，修理工考虑到自动变速器已经进行大修，问题只会出在电路上，于是，拔掉液力变矩器壳体上的一个黑色两孔插头，发现换挡居然正常了，但没有倒挡，并且起步明显无力。

再认真读取自动变速器的故障码。具体步骤是：关闭点火开关，将短路插头SCS与位于驾驶室仪表板下方的维修检查2芯插头相连接。然后打开点火开关，观察$D_4$故障指示灯闪烁故障码。没有故障码显示，说明自动变速器电控部分没有问题。

拔出自动变速器油尺，检查自动变速器的油质和油量，发现自动变速器油太脏。把ATF放出，发现ATF中有一些离合器磨削下来的粉末。说明该车的自动变速器在拆检后没有对变矩器进行彻底清洗，换ATF时也没有使用换油机，变速器内的粉末很可能是残留下来的烧损的离合器磨削粉。

拆检自动变速器进行仔细检查。发现2挡离合器压力开关没有问题，1—2挡蓄压器弹簧正常，活塞运动自如，1—2挡离合器相关元件都没有问题，最后发现阀体内的1—2挡单向阀球槽孔被堵塞。彻底清洗阀体，利用自动变速器换油机对自动变速器进行换油，然后装复。重新试车，一切恢复正常，故障排除。

## 测试题

**一、单向选择题**

1. 我国生产的广州本田雅阁轿车，其自动变速器使用（　　）。

A. 三个行星齿轮排的齿条　　B. 辛普森式交叉行星齿轮装置

C. 金属带轮　　D. 平行轴外啮合式齿轮系

2. 下列对本田MAXA自动变速器说法不正确的是（　　）。

A. 结构与手动变速器相似

B. 动力传递路线与手动变速器基本相同

C. 换挡采用的是接合套

D. 换挡执行元件有离合器，没有制动器

**二、思考题**

1. 简述本田MAXA型自动变速器的特点及应用车型。

2. 简述本田MAXA型自动变速器的动力传动路线。

3. 本田MAXA型自动变速器的故障码如何读取？

**三、案例分析**

一辆本田MAXA型自动变速器轿车，经常在高速公路上长途行驶，近年来该车多次维修，主要问题是耗油比正常行驶要高近 1/3，车速也只能达到 130km/h，不如先前能达到 140km/h 以上，发动机也做了常规维护，但始终感觉动力不够。请帮忙分析这辆轿车的故障，并回答下列问题：

1. 检修本车之前，应给自动变速器做的试验是________。

2. 维修前如对车辆进行了道路试验，应重点检查（　　）性能。

A. 滑行　　B. 加速　　C. 锁止　　D. 发动机制动

3. 对于此类故障，应在自动变速器上重点查找的电磁阀是________。

4. 如果自动变速器的所有电气检查基本正常，则最可能出现故障的部位是________。

项目十三

# 本田飞度轿车无级自动变速器的检修

| 学习目标 | 学习要求 | 教学建议 |
| --- | --- | --- |
| 1. 了解本田飞度轿车无级自动变速器的结构。<br>2. 掌握本田飞度轿车无级自动变速器的检修。<br>3. 区分本田飞度轿车无级自动变速器与奥迪 A6 无级自动变速器的异同。 | 应知：本田飞度轿车自动变速器的结构。<br>应会：本田飞度轿车自动变速器的检修。 | 现场实物教学和多媒体教学相结合，以教师讲解、学生自学等为辅，注重培养学生自我提高的能力。 |

## 项目准备

1. 完整的本田飞度无级自动变速器实物 1 台。
2. 本田飞度无级自动变速器综合实验台 1 台。
3. 专用工具（特别是离合器、制动器拆卸专用工具）一套。
4. 8～17 丁字杆各 1 个，卡簧钳 1 套。

## 理论学习

本田飞度轿车采用轮带式无级变速器，该变速器使用范道尔纳式梯形传动带，具有速比连续可变前进挡和二级倒挡变速器功能，前进挡传动比可在 2.367～0.407 连续变化。该变速器装于发动机后端横置于汽车前桥，其机械结构如图 13－1 所示。无级变速器机械结构主要由带扭转减振器的飞轮、进行速比调节的轮带总成、改变汽车行进方向的前进挡离合器和倒挡离合器总成、起步离合器、主减速和差速器总成等几部分组成。

机械传动机构由液压装置实现动作或调节，如系统压力、液压离合器动作、带轮速比调节等。机械传动路线与液压执行机构的结构如图 13－2 所示。

### 一、自动变速器机械结构

#### 1. 弹簧扭转减振器

自动变速器没有采用传统的液力变矩器传递发动机动力，而是将发动机曲轴飞轮直接与变速器输入轴连接，输入轴传递发动机动力的同时还驱动自动变速器的油泵。

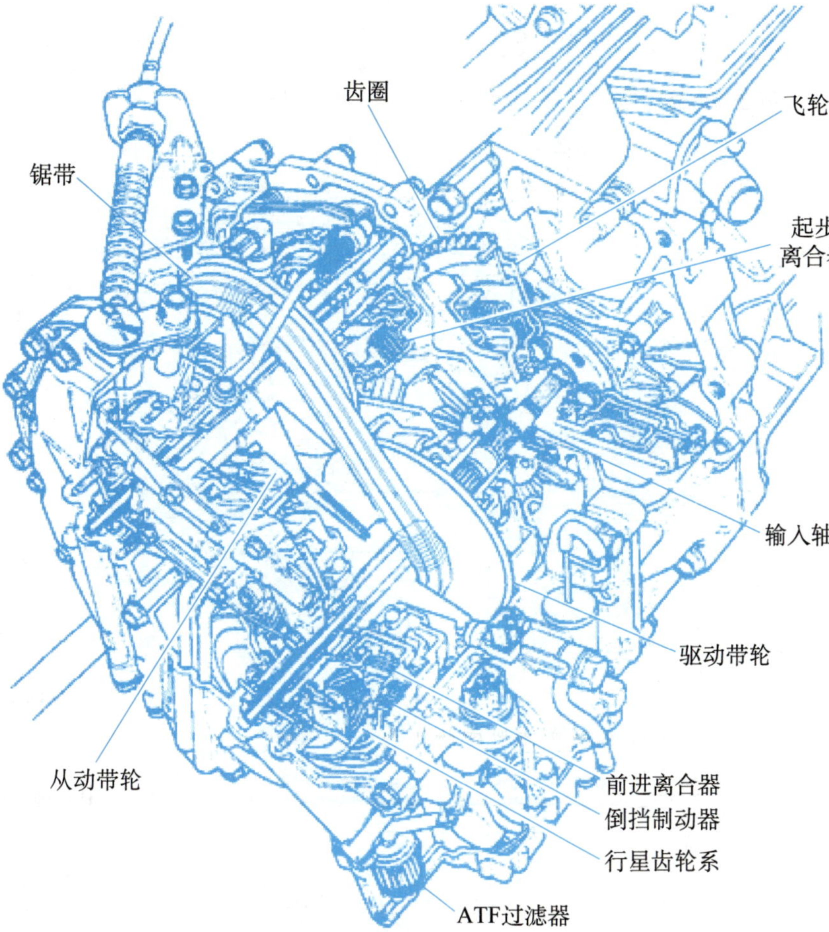


图 13－1　本田无级变速器的机械结构

为抑制发动机振动频率与传动系频率的叠加产生的共振影响，在飞轮上设置了弹簧扭转减振器，如图 13－3 所示，飞轮盘与变速器输入轴通过扭转减振器过渡连接，如图 13－4所示，利用弹簧的变形吸收振动，减缓发动机振动向传动系统的传递。

2. 行星齿轮组

该无级变速器采用行星齿轮结构实现变速器前进挡与倒挡的动力输入。其功用是实现汽车前进或倒车时的动力传递，可在发动机运转方向不变的情况下改变动力输入的旋向，并能够实现前进挡、倒挡和空挡的控制。前进挡与倒挡控制机构由行星齿轮组、前进挡离合器、倒挡制动器组成。输入轴与行星齿轮、太阳轮通过花键刚性连接，太阳轮与行星齿轮啮合。行星架套在输入轴上，外侧与变速器壳体由片式制动器建立联系。行星齿圈与行星齿轮啮合，并通过花键与带轮轴刚性连接。行星齿圈毂通过多片离合器与太阳轮连接。

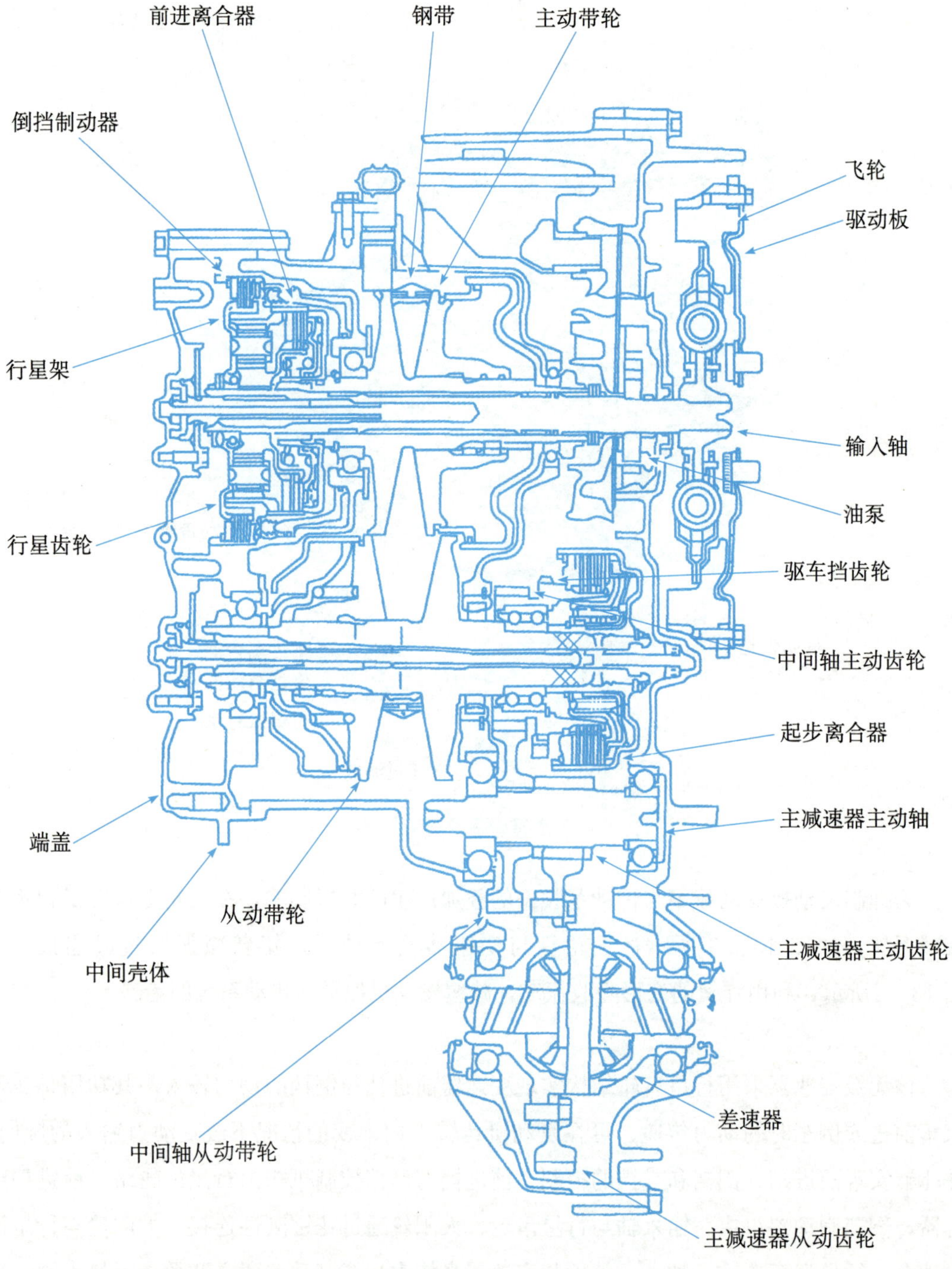


图 13－2　机械传动路线与液压执行机构的结构

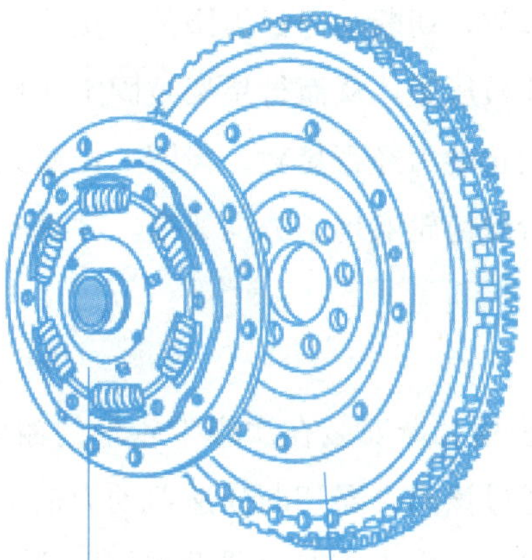


图 13-3　飞轮与扭转减振器

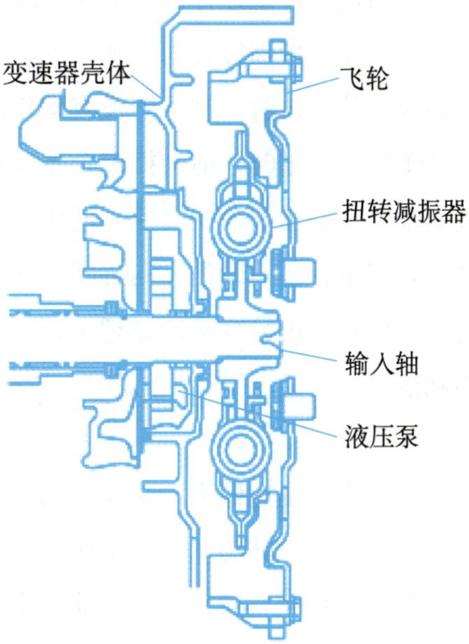


图 13-4　扭转减振器连接飞轮与变速器输入轴

3. 前进挡与倒挡控制

前进挡离合器和倒挡制动器为多片式摩擦离合器，内有液压活塞，如图 13-5 所示。其功用是受液压作用，通过摩擦离合器将发动机动力传递到变速带轮。

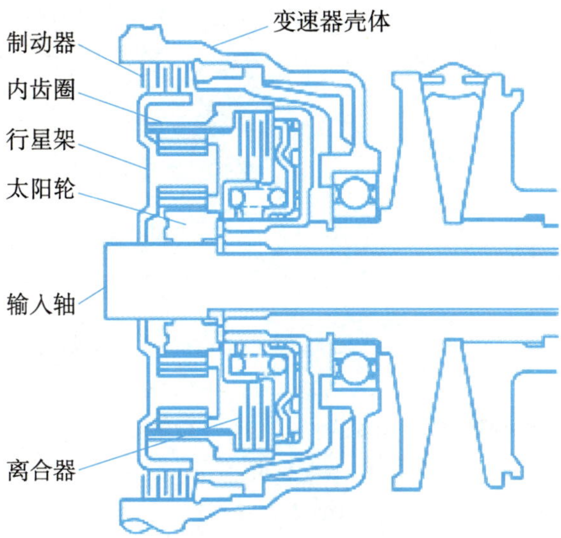


图 13-5　前进挡离合器与倒挡制动器结构示意图

当前进挡离合器与倒挡制动器液压缸内解除油压作用时活塞回位，摩擦片放松可自由滑动，不能满足行星齿轮约束条件，此时行星齿轮机构不传递任何动力。

汽车前进时，变速杆被推到 D 位，液压系统使前进离合器液压缸动作，压紧离合器片，将太阳轮与齿圈接合为一体，发动机动力经输入轴、太阳轮、离合器片、齿圈直接传递给初级带轮。此时，制动器没有动作，行星架毂只是空转。

汽车需要倒车时，前进挡离合器液压缸油压被释放，切断动力经齿圈的直接传递。然后液压系统使制动器液压缸建立油压，制动器摩擦片被压紧，从而行星架被固定在变速器壳体上，满足行星齿轮的反向旋转的约束条件。太阳轮动力经行星轮、齿圈，传递到初级带轮。根据行星齿轮变速器原理可知，此种状态下行星齿轮实现了方向改变，并具有减速增矩功能。

#### 4. 起步离合器

在这款无级变速器上，采用了起步离合器。起步离合器安装在次级带轮轴的输出端，如图 13 - 6 所示，其功用是汽车在停车、怠速时，通过该离合器切断变速器动力输出，而在汽车起步运行时，通过该离合器实现动力的平稳接合。由于该变速器没有使用液力变矩器，所以无自动离合的作用。起步、加速和带挡停车就由起步离合器控制发动机动力传递到主减速器、差速器。起步离合器所需液压通过位于主动带轮轴内的自动变速器油管提供，该离合器鼓上加工有大流量润滑冷却孔道。起步离合器结构如图 13 - 7 所示。

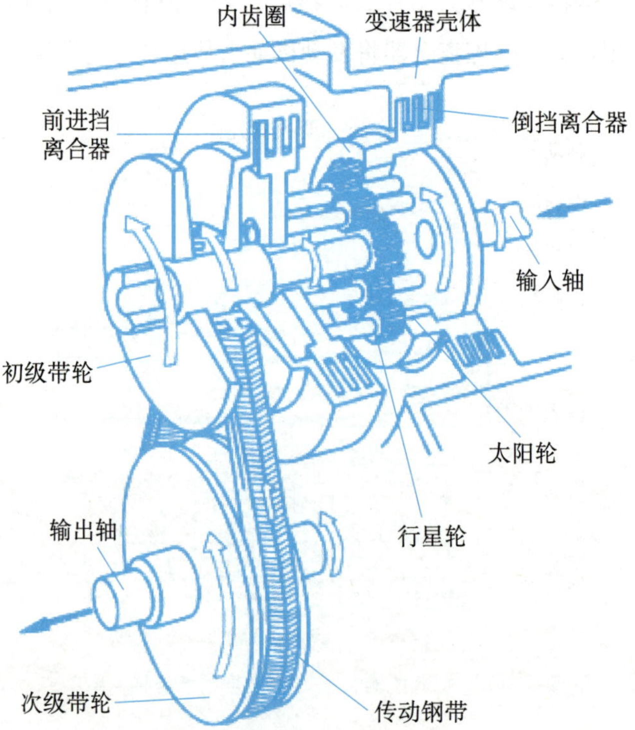


图 13 - 6　次级带轮轴的输出端

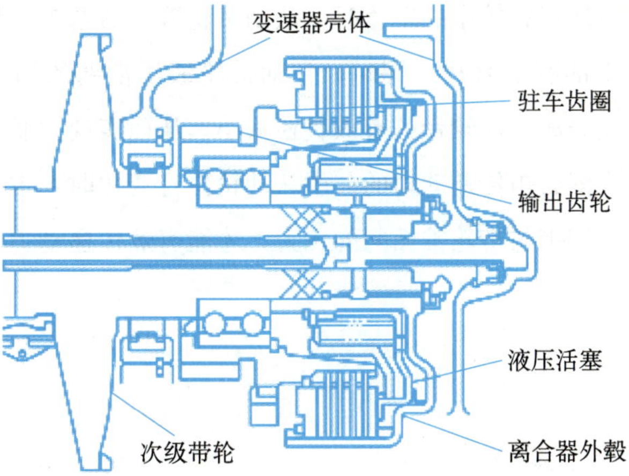


图 13-7　起步离合器结构

5. 轮带组结构

传动轮带组由主、从动带轮和传动带组成，结构如图 13-8 所示。本田的轮带使用范道尔纳式推力传动钢带，带轮为两对对置锥形圆盘，每对带轮均有一个固定锥盘和一个可轴向移动锥盘，移动锥盘由液压缸推动。带轮结构的传动比通过改变每对锥盘的轴向宽度（即改变轮带在主动带轮和从动带轮上的半径位置）进行调节。

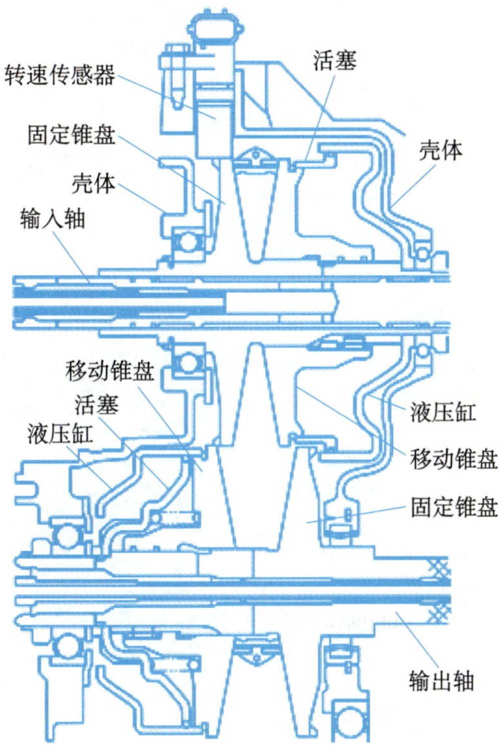


图 13-8　主从动带结构及位置关系

当需要较大的输出转矩和较小的车速时，从动带轮液压活塞被施加较高的油压，从动锥盘相互靠近增加钢带的有效直径。同时，主动带轮液压活塞的油压下降，在钢带挤压下，主动带轮锥盘相互分离，使轮带的有效直径减小，从而实现大速比的传动。

带轮机构是依靠摩擦力矩传递动力的。主从动轮位置变化时，主动带轮液压活塞上仍维持一定油压，以保持钢带与带轮锥面间的压力，才能有效传递动力，所以必须避免钢带在带轮上打滑。

## 二、动力传递路线

### 1. 前进挡动力传递路线

当变速杆位于 D、2 或 L 位时，前进挡离合器动作，将行星齿轮的太阳轮与齿圈连接为一体，发动机动力经发动机飞轮、行星齿轮机构、前进离合器驱动主动带轮，主动带轮驱动钢带，钢带驱动从动带轮。与此同时，起步离合器在计算机控制下，按照汽车起步时控制策略，调节作用于起步离合器液压缸油压，使从动带轮的驱动传递至输出齿轮和主减速器。前进挡动力传递路线如图 13－9 所示。

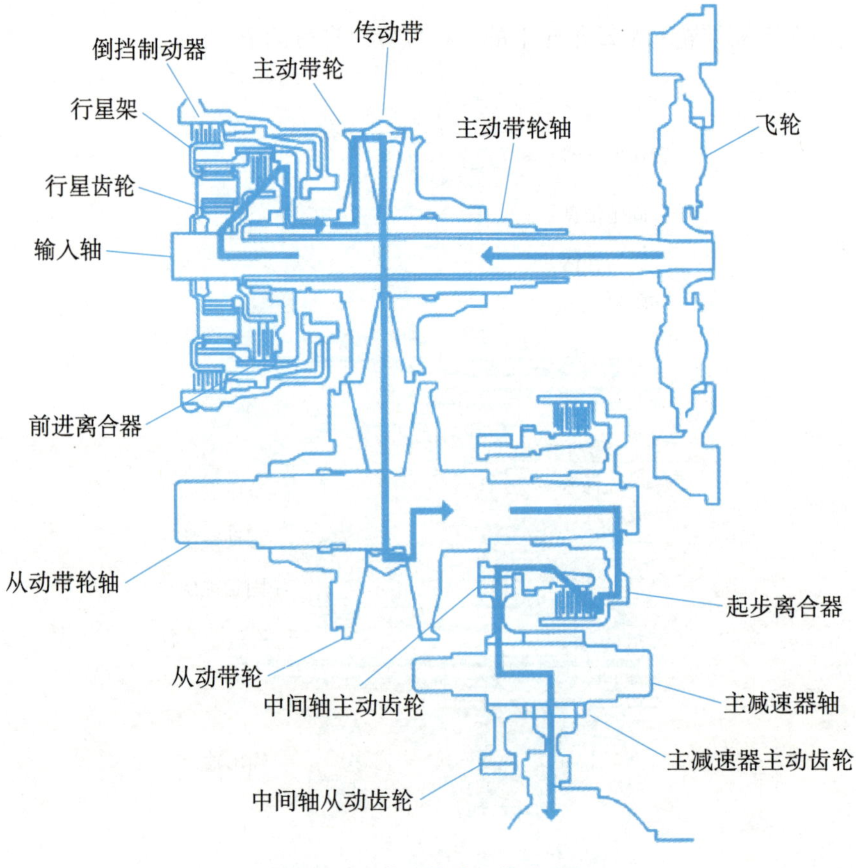


图 13－9　前进挡动力传递路线

2. 倒挡动力传递路线

当变速杆被置于倒挡位置时，前进挡离合器分离，倒挡制动器动作，将行星架与变速器壳体连接为一体，行星架不能转动。发动机动力经飞轮、主动轴、太阳轮、行星轮和齿圈传递到主动带轮。经过行星轮后，齿圈的旋向与太阳轮旋向相反。其后的动力传递过程和起步离合器动作与前进挡时相同。倒挡动力传递路线如图 13 - 10 所示，当汽车在未换到空挡，踩下制动踏板，怠速时，前进挡离合器或倒挡离合器会分别保持接合状态，发动机动力传动至起步离合器。此时，由于起步离合器液压缸没有液压作用，离合器分离，不能将动力传递到主减速器。一旦放松制动踏板，起步离合器会按照接合规律动作，迅速、平稳地将动力传递给主减速器。

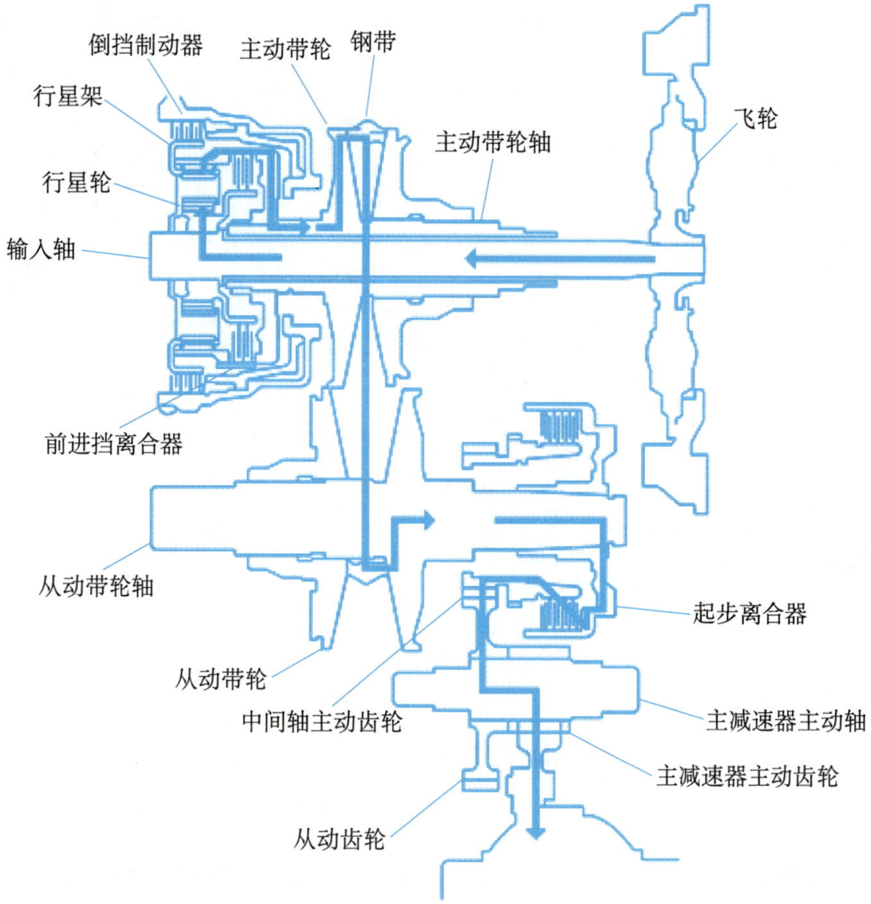


图 13 - 10　倒挡动力传递路线

通过以上机构分析可以看出，无级变速器的机械结构组成较行星齿轮轮系和定轴轮系自动变速器的构件少，传动原理相对简单，且传动比变化范围大。但其在传动比控制和离合器接合控制方面需要较高的技术。这也是为何带轮传动较行星齿轮传动在汽车上应用较晚的原因之一。除了传动带是非常关键的技术之一，液压技术也同样是控制改变传动比的重要技术。

## 三、液压控制油路

轮带式无级自动变速器依靠改变钢带在带轮的位置，即通过改变带轮直径来改变传动比，现在汽车上应用的无级变速器均是采用液压技术对主、从动带轮的直径进行调节。尽管使用了计算机控制技术，但仍然是通过液压元件实现指令实施的基本功能。本田无级变速器的液压控制油路如图 13－11 所示。

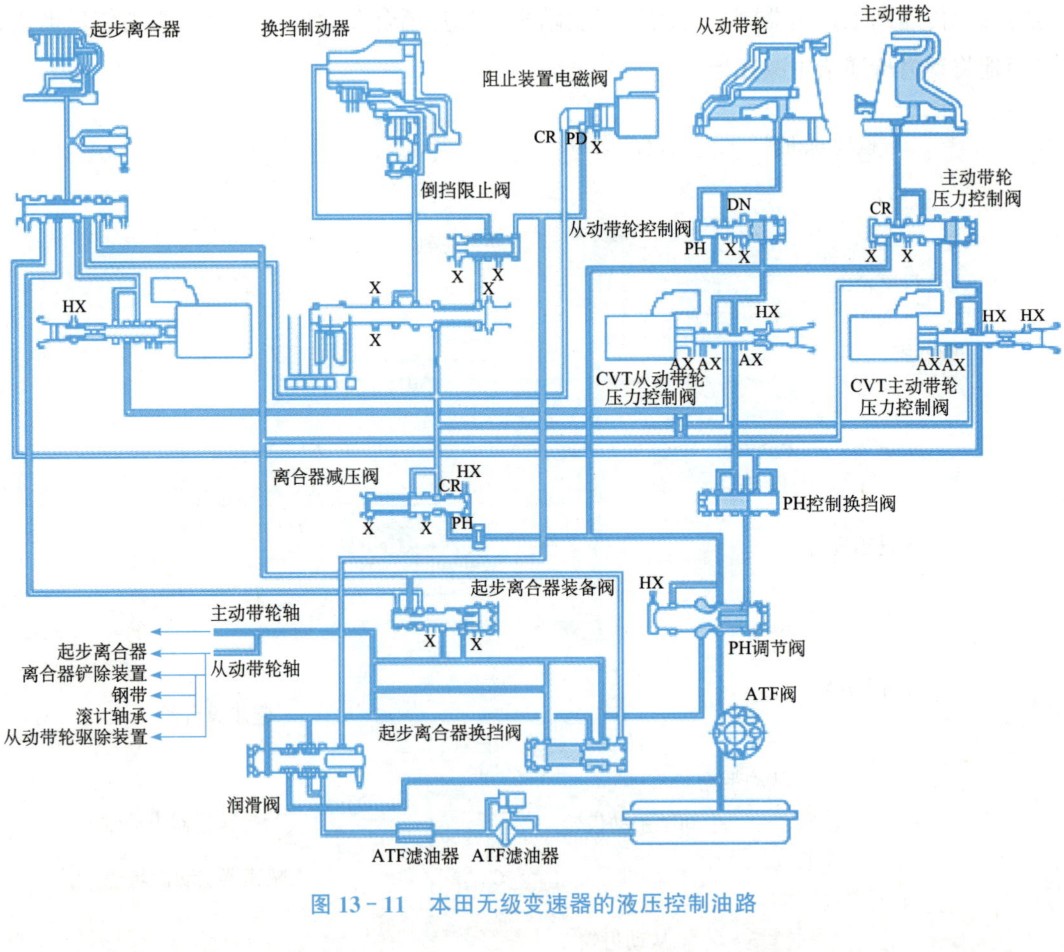


图 13－11　本田无级变速器的液压控制油路

液压系统分为三个部分：一是液压执行元件，包括带轮液压缸、离合器、制动器液压缸；二是调压部分，分别有主调压阀（对系统压力进行调节）、二次调压阀（根据执行元件工作压力需要进行二次压力调节）；三是换挡控制部分，由液压换挡阀和电磁液压阀等构成控制液压执行元件协调动作。由于自动变速器传动比的改变要与道路工况相适应，其影响因素很多，故采用计算机控制技术，进行道路、汽车工况等方面信息采集、数据分析和发布改变传动比指令，通过电磁液压阀实现变速控制。

1. 主油压调节

主油压又称为系统油压，是液压系统工作的最高油压，其他油压都是在系统油压（主油压）下经过再调节而成。本田 CVT 自动变速器液压系统的主油压由油泵、主调压阀和主油上油压控制阀组成。

由变速器输入轴驱动的油泵将油从油底壳吸出，并将具有一定压力的油送至主调压阀，经调节后送入系统油路。调节压力受调压阀弹簧和来自主油压控制阀油压的控制。由弹簧产生基本限定油压，控制阀油压根据汽车工况不同，调节主油压使之变化。

2. 主、从动带轮的控制

带传动变速是通过改变带轮的轴向位置，实现钢带与带轮直径的变化。控制主、从动带轮协调变化是液压控制的重要任务。主、从动带轮控制油路及调压原理如图 13 - 12 所示。

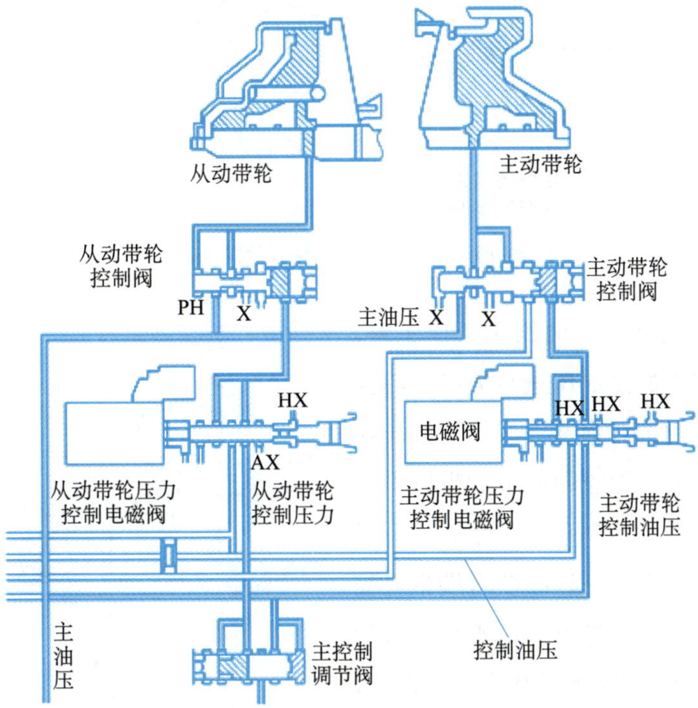


图 13 - 12　主、从动带轮控制油路及调压原理图

根据带轮变速原理可知：主动带轮“收缩”、从动带轮“扩张”时，传动比最大；而主动带轮“扩张”、从动带轮“收缩”时，传动比最小。只要传动钢带在主、从动带轮直径的最大与最小间变化，就可以获得无穷多传动比。为此，主、从动带轮采用随动方式，通过一个带轮液压缸（此处简称为轮缸）充压“扩张”直径，另一个轮缸卸压“收缩”直径，达到协调动作、改变传动比的目的。

由主、从带轮控制油路，可以看出：主、从动带轮分别由主、从动带轮控制阀（简称轮控阀）控制主、从动轮缸内的油压，使轮缸活塞“扩张”，形成对钢带沿径向的推动或挤压。主、从动轮控阀是两个调压阀，作用是根据变速需要将主油压分别调节为“扩张”或“收缩”带轮的油压。主、从动轮控阀的结构如图 13－13 所示。两个轮控阀工作原理相似，这里只以主动轮控阀为例进行调压分析。

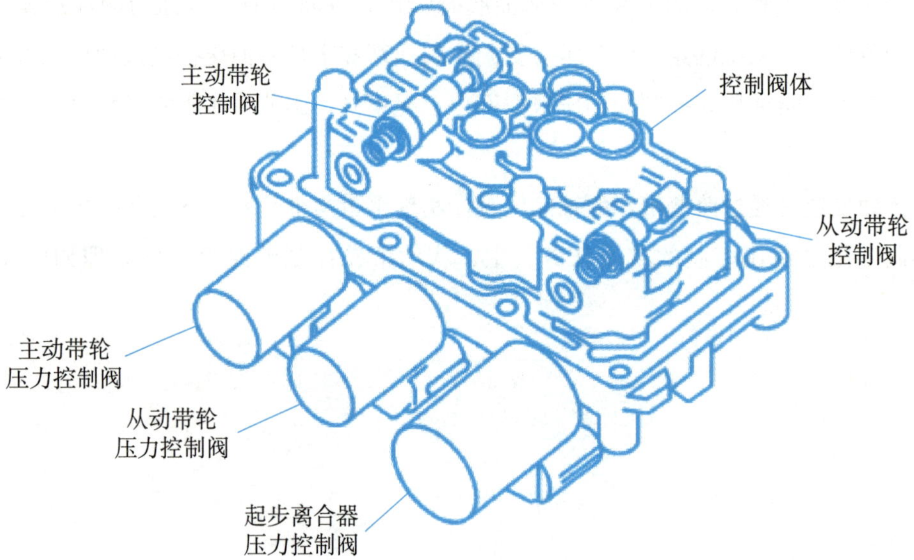


图 13－13　主、从动轮控阀的结构

由主动轮控阀结构和油路图可以了解，轮控阀对进入带轮的主油压进行调节，轮控阀上作用 3 个轴向力：弹簧力、轮控油压在右端形成的作用力、轮控阀调节后带轮工作油压。在 3 个作用力达到平衡关系时，形成稳定的带轮工作压力。一旦改变右端带轮控制油压，则 3 个轴向力进行新的平衡，带轮工作油压随之改变。轮控阀结构和油压调节，如图 13－14 所示。

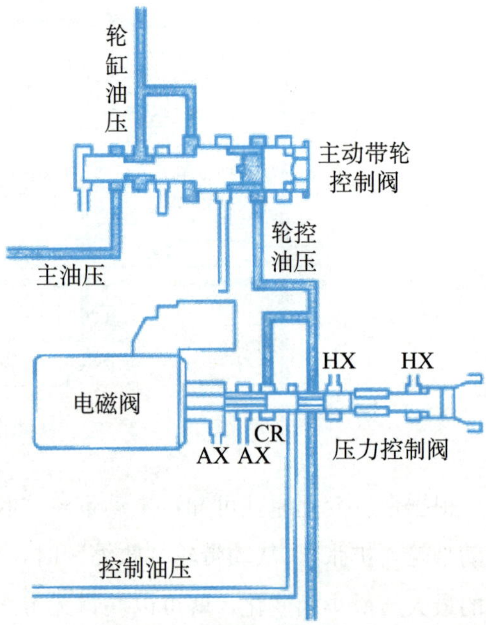


图 13－14　轮控阀结构和油压调节

轮缸油压由两个压力控制阀进行控制。一个是轮控阀将主油压调节为轮缸油压，这是个液压调节阀；另一个是电磁压力控制阀，这是个由计算机控制的比例压力调节阀，产生的轮控油压作用于轮控阀的右端，随着轮控油压高低变化，轮缸油压随之改变。

从以上油压分析可以看出，由计算机控制主、从动带轮电磁压力控制阀，从而协调主、从动带轮轮缸油压，可以改变带轮位置与钢带直径，实现改变传动比的功能。

3. 换挡机构控制及工作原理

无级变速器换挡或改变速比是通过改变的轮带和钢带直径连续进行的。为了实现汽车的前进和倒挡的控制，在本田无级变速内采用了行星齿轮结构及多片式离合器和制动器，其换挡控制油路及原理如图 13-15 所示。

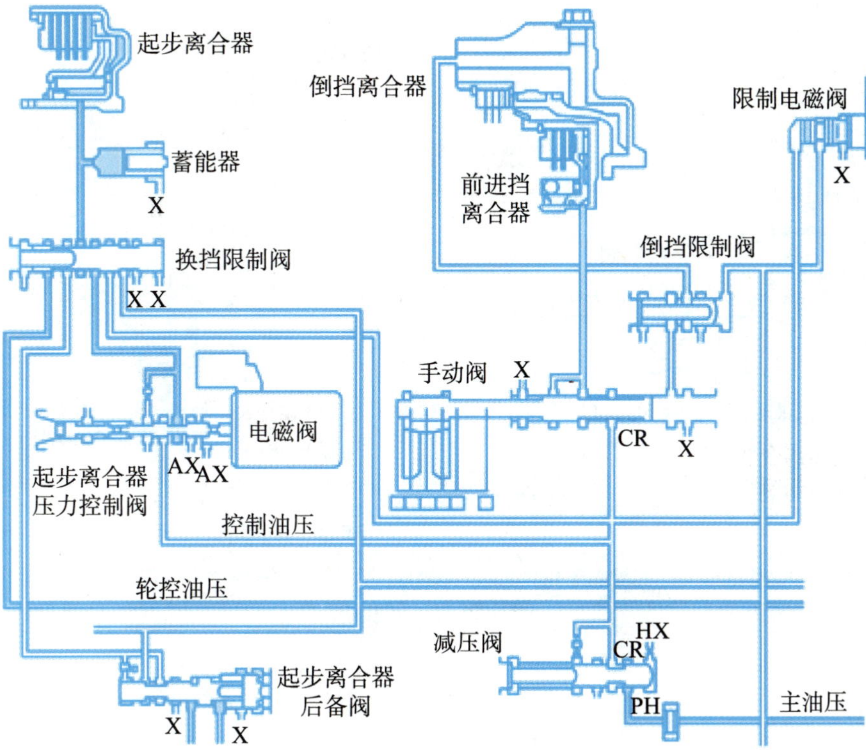


图 13-15　换挡控制油路及原理

汽车前进时，将手动阀推到 D 挡位，控制油压经手动阀直接进入前进挡离合器，使主动轴主动带轮接合，发动机动力驱动主、从动带轮旋转。

此时，汽车并不前进，只在动力控制模块（PCM）向起步离合器压力控制阀的电磁阀发出指令信号，起步离合器压力控制阀输出起步离合器动作油压，这个油压经换挡限制阀进入起步离合器并接合，传动带动力才可传递至输出齿轮。

手动阀换到 R 挡位时，经减压阀调节的控制油压经倒挡限制阀后进入倒挡离合器，制动器对行星架施加制动，使行星齿圈将发动机动力以相反旋向输入带轮。同时，计算机控制起步制动器压力电磁阀，调节油压作用于起步离合器。

#### 4. 电子控制系统失效控制

换挡限制阀是在电子控制系统失效时具有维持车辆运行功能的装置，又可称为失效保护阀。其工作原理是在电子系统发生故障的情况下，建立一条临时备用液压油路，保证各液压装置的供压和供油，维持汽车继续行驶。

失效备用液压油路由换挡限制阀、起步离合器备用阀和轮控压力阀组成，如图 13－16 所示。

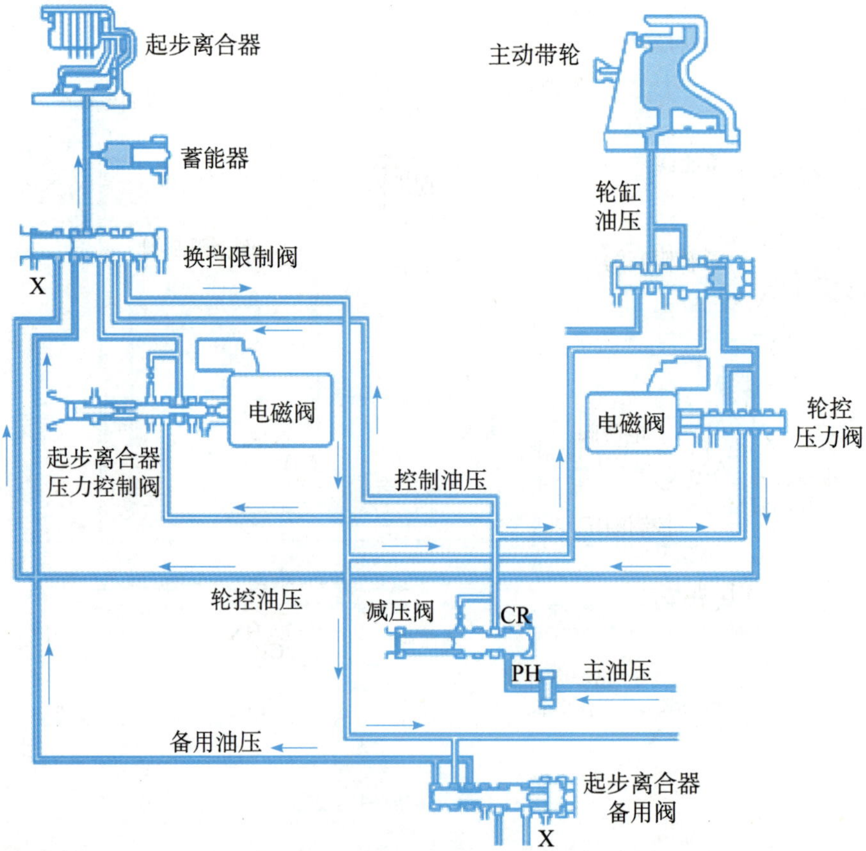


图 13－16　电子控制系统失效备用液压油路示意图

工作过程如下：汽车正常运行时，在换挡限制阀弹簧力作用下，限制阀滑阀靠在右端位置，由起步离合器压力控制阀调节的油压经换挡限制阀进入起步离合器液压缸，变速器动力经起步离合器输出。

一旦电子控制系统出现故障（电磁阀等不能工作），主轮控压力阀的轮控油压将超过规定值，其压力同时作用在换挡限制阀左端，使换挡限制阀左移。其结果，一方面将原动作油路切断，另一方面由减压阀调节的控制油压经换挡限制阀流出到起步离合器备用阀，同时，将备用油路与起步离合器油路接通。控制油压在备用阀处被调节为备用油压，经换挡限制阀进入起动离合器液压缸，维持起步离合器的传递功能（图 13－16 所示油路中的箭头代表油压传递方向）。此时的主、从动带轮也因电子控制系统故障，主动带轮直径减小，从动带轮直径增大，维持变速器动力输出，但失去功能控制能力。

5. 倒挡限制控制

倒挡限制控制的作用是为了防止汽车在前进时换入倒挡的误操作而发生事故。这一控制由计算机通过倒挡限制电磁阀实现。倒挡限制控制油路如图 13－17 所示，组成元件有手动阀、倒挡限制电磁阀、倒挡限制阀。

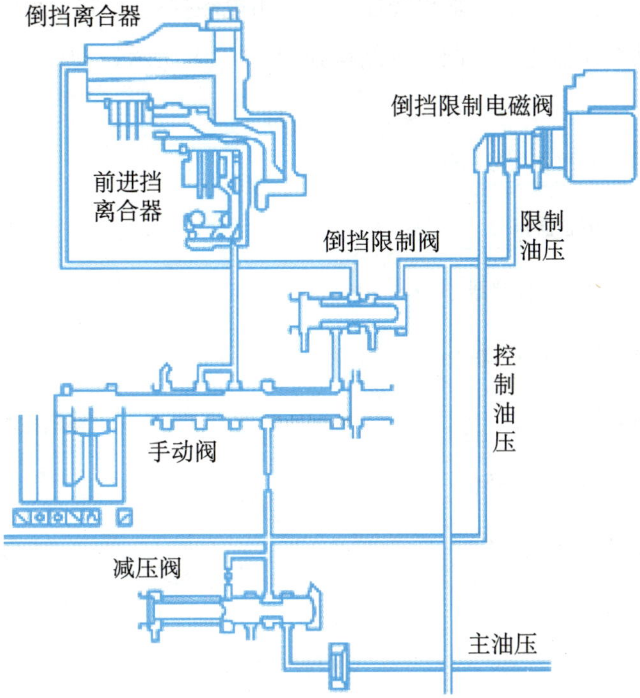


图 13－17　倒挡限制控制油路原理图

倒挡限制原理：手动阀换入倒挡后，来自减压阀的控制油压至倒挡限制阀。此时，动力控制模块对倒挡限制电磁阀输出指令为“0”（OFF），限制电磁阀内部将控制油路接通，控制油压作用倒挡限制阀右端，克服弹簧力滑阀处于左端。控制油压经倒挡限制阀传递至倒挡制动器液压缸锁止行星架。同时，起步离合器动作，汽车倒车。

假定汽车以大于 6km/h 的速度前进，如果选择倒挡位，动力模块将输出指令“1”（ON），限制电磁阀动作，将倒挡限制阀右端压力释放，在弹簧力作用下，限制阀移至右侧，封闭手动阀倒挡位通往倒挡制动器的油路，使倒挡制动器不能动作，防止前进挡位的误操作。

## 四、电子控制系统

自动变速器采用电子控制改变速比和控制离合器分离或接合。电子控制系统由动力控制模块（PCM）、传感器和电磁阀组成，从而保证汽车在所有运行条件下的动力性、经济性和舒适性。

与其他电控自动变速器类似，本田无级自动变速器电控系统由传感器、动力控制装置（PCM）和电磁执行元件组成。动力控制装置接收传感器及与变速相关的其他控制装置发送的电信号，经过数据处理后，输出控制指令，由电磁执行元件完成或实现既定的目标任务。本田无级自动变速器电子控制系统结构如图 13－18 所示。

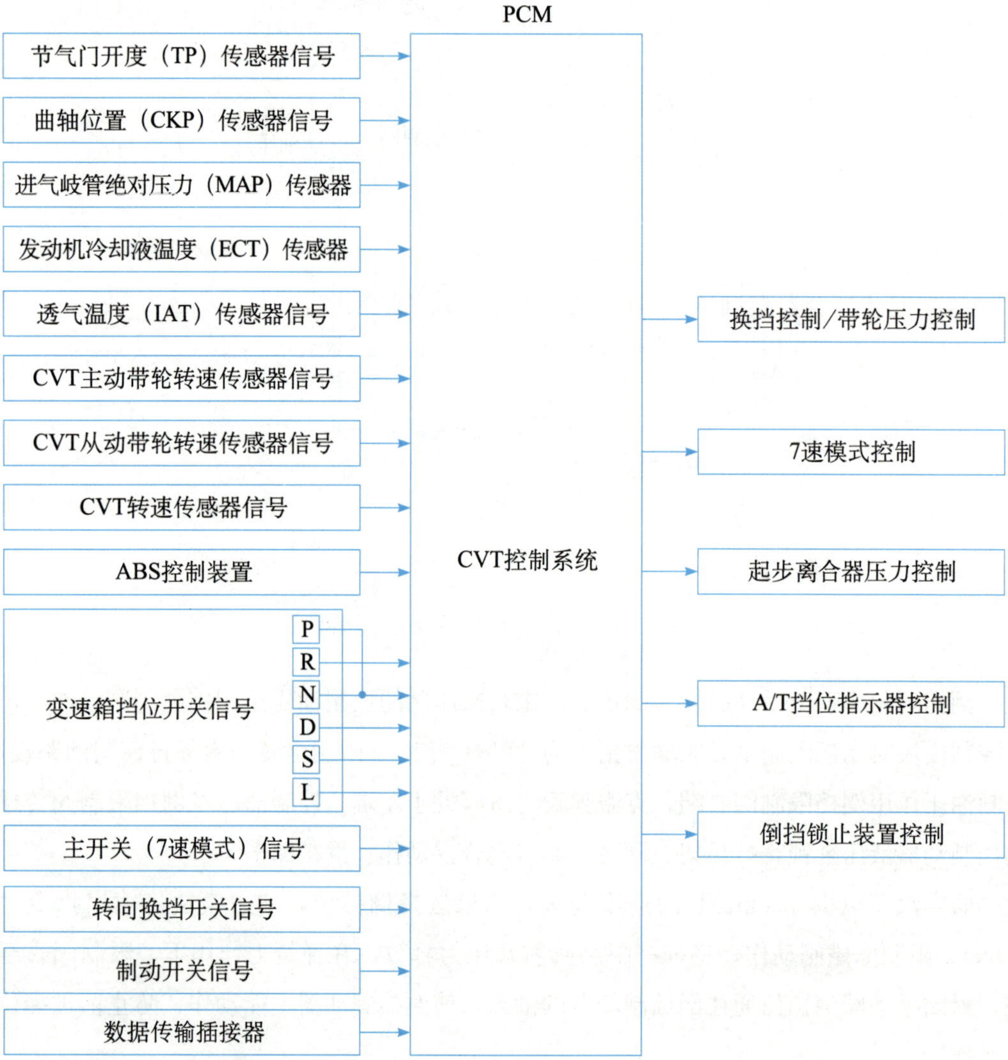


图 13－18　本田无级自动变速器电子控制系统结构

1. 无级变速器控制内容

（1）速比调节：主要是通过对带轮液压缸压力控制，改变带轮与钢带的直径，实现速比调节。

（2）起步离合器压力控制：控制变速器动力与传动系统接合与断开，特别是在汽车起步时，使离合器按照特定的接合规律实施接合，在发动机输出转矩和车轮阻力矩不断变化的情况下，保证离合器实现起步稳定接合、无冲击，减少钢带打滑，延长使用寿命，确保在所有条件下的传动舒适性。

（3）倒挡锁止控制：防止汽车前进行驶时误换入倒挡，提高汽车安全性。

（4）坡道逻辑控制功能：汽车坡道行驶时，改变驱动力矩和下坡时利用发动机制动功能。

（5）动力控制系统故障行驶保障功能：在动力系统出现故障时，启动备用控制程序或转入失效保护程序。

2. 换挡控制

电子控制系统中有众多传感器，各个传感器对应不同的功能模块和执行元件。由各转速传感器检测到发动机转速、主动和从动带轮转速、自动变速器转速，由制动开关、节气门开度信号和变速器挡位选择开关等信号决定行驶模式和进气歧管压力传感器信号共同确定起步离合器控制压力策略。无级变速器的起步离合器相当于发动机与手动变速器之间的机械式摩擦离合器，同时起步离合器还要具备液力变矩器的优点——发动机怠速或汽车起步时，驾驶者不用进行离合器操作。为此起步离合器采用液压控制离合器，使变速器在D挡、2挡、L挡和R挡位置时输出动力和转速，并使汽车起步和慢行趋于平稳。离合器起步接合的过程由PCM通过传感器和开关的信号，获得正确判断并发出电磁激励指令，控制电磁阀起步离合器压力控制阀，从而调节起步离合器压力，使之按照“工作规律”接合。

图13－19所示是换挡控制（带轮压力控制）的程序示意图。动力控制模块根据传感器信号收集汽车实际行驶条件，并与储存于动力模块内的“行驶条件”进行比较，据此确定一个主、从动轮传动比，发出电磁阀控制指令，以便进行换挡控制。处于D挡和2挡时，主动带轮在2.367～0.407的传动比范围内以无级方式驱动从动带轮。带轮传动比较大（车速较低）时，从动带轮受到高压作用，以使其保持大直径，而主动带轮承受低压，以保持与从动带轮成比例的直径；带轮传动比较小（车速较高）时，从动带轮受到较低压作用，而主动带轮施以高压。动力系统操纵带轮压力控制阀，对施加于各带轮的压力进行最适调节，以减少钢带打滑，延长使用寿命。

在R挡位，带轮可以实现两个传动比自动变换，如果踩下加速踏板，传动比被设定为1.326，如果松开加速踏板，则传动比被设定为2.367。

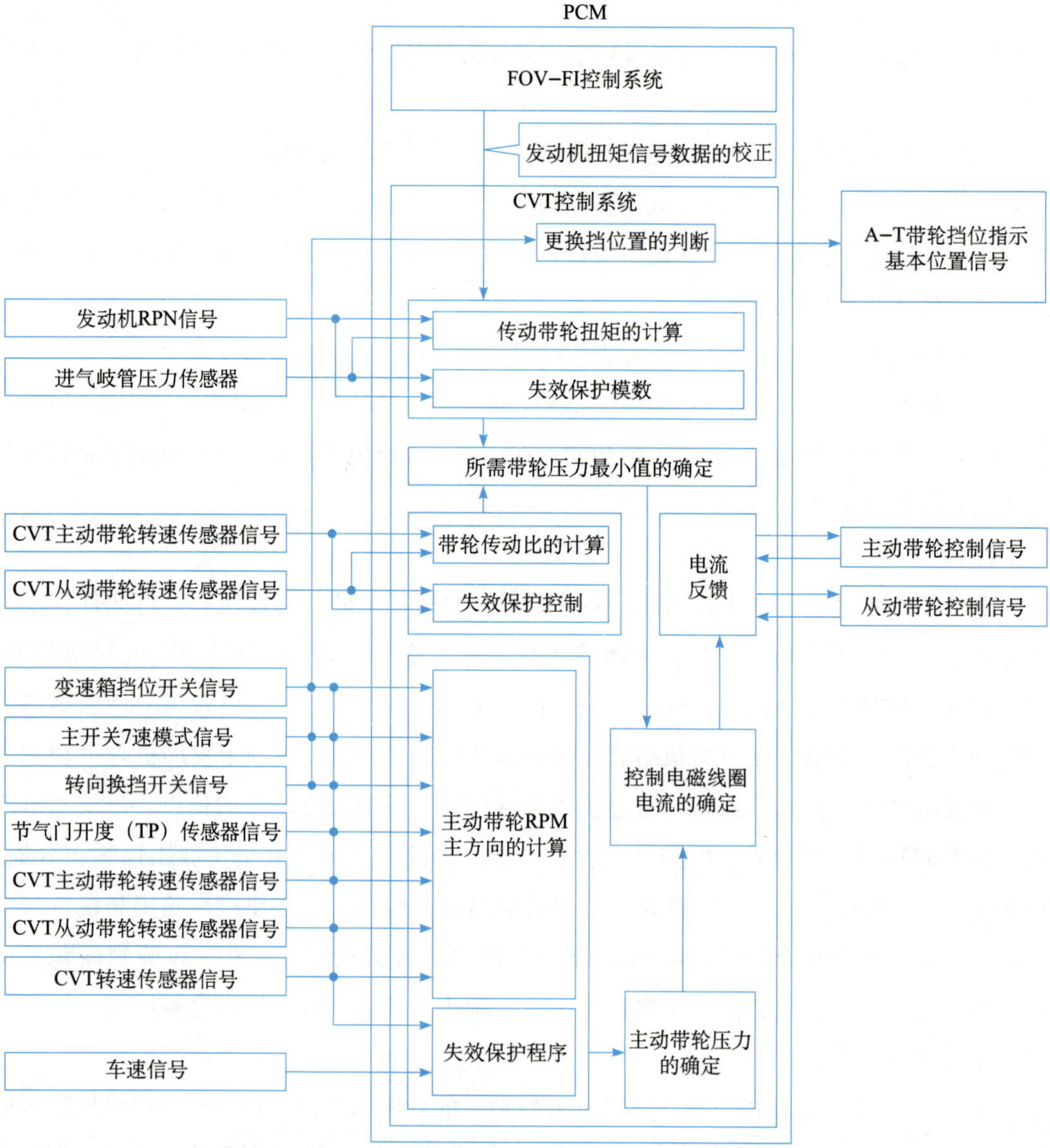


图 13－19　换挡控制（带轮压力控制）的程序示意图

## 项目实施

### 一、变速器分解与组装

变速器分解与组装可参见图 13－20。

#### 1. 变速器分解

（1）拆除 ATF 冷却管路。

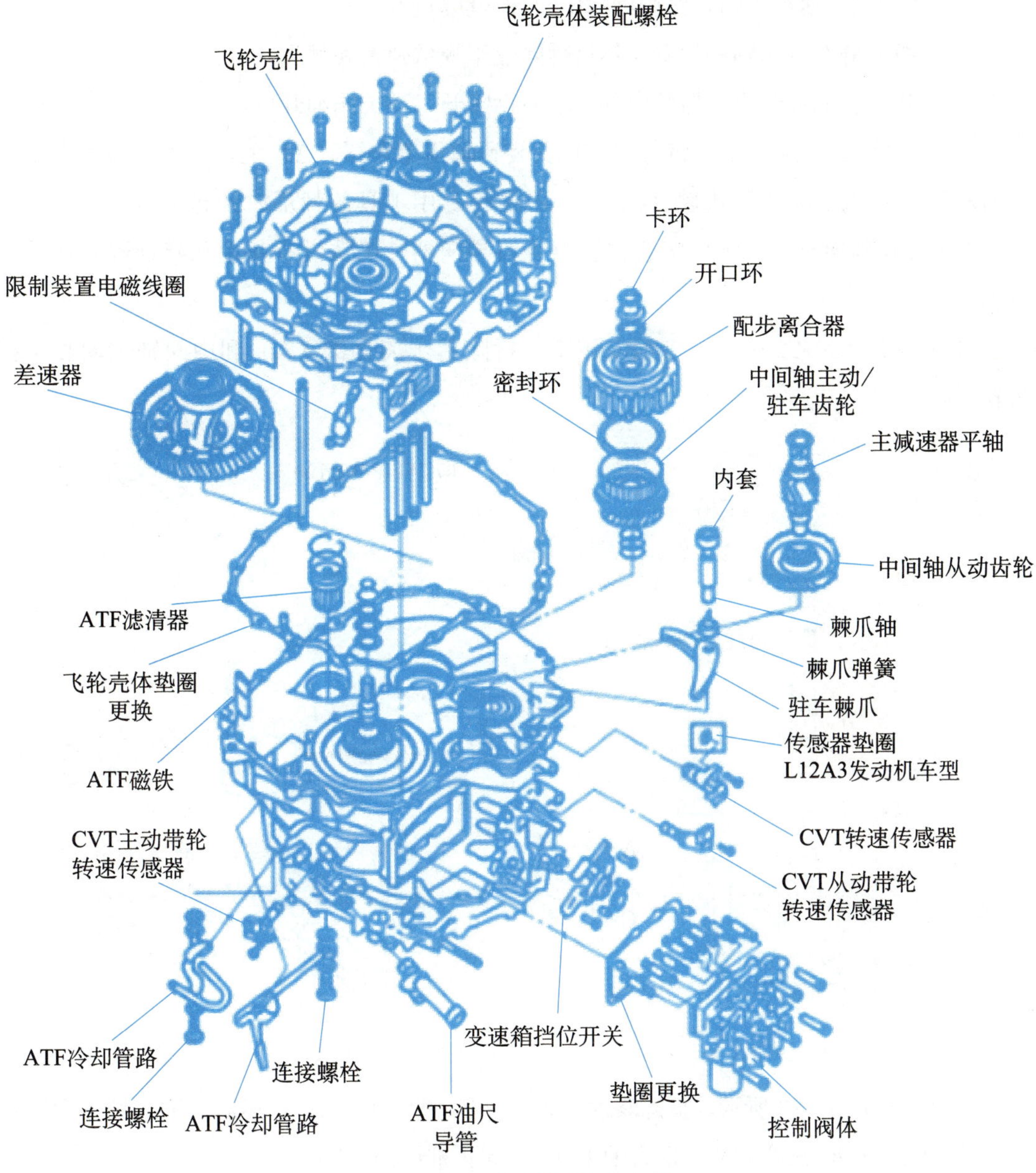


图 13－20　变速器分解与组装

（2）拆除 ATF 油尺导管。

（3）拆除 CVT 主动带轮转速传感器。

（4）拆除限制装置电磁线圈。

（5）拆除变速器挡位开关、CVT 转速传感器和 CVT 从动带轮转速传感器。

（6）拆除控制阀体，并拆除 ATF 管路、定位销和垫圈。

（7）拆除紧固飞轮壳体的 21 只螺栓，然后拆除飞轮壳体、定位销和垫圈。

（8）拆除差速器总成。

（9）拆除主减速器半轴，然后拆除中间轴从动齿轮。

（10）拆除驻车棘爪轴和齿套，然后拆除驻车棘爪弹簧和棘爪。

（11）拆除紧固起步离合器的卡环，然后拆除开口环护圈和开口环。

（12）如图 13－21 所示，将专用工具安装到起步离合器（A）上，并牢固地将专用工具的棘爪（B）接到驻车挡齿轮（C）上，不要将专用工具的棘爪放到起步离合器导向器上。如果接触到导向器，棘爪将会损害离合器导向器。确认没有灰尘和异物进入从动带轮轴。

（13）如图 13－22 所示，借助专用工具拆除起步离合器（A）和中间轴主动驻车挡齿轮（B）。

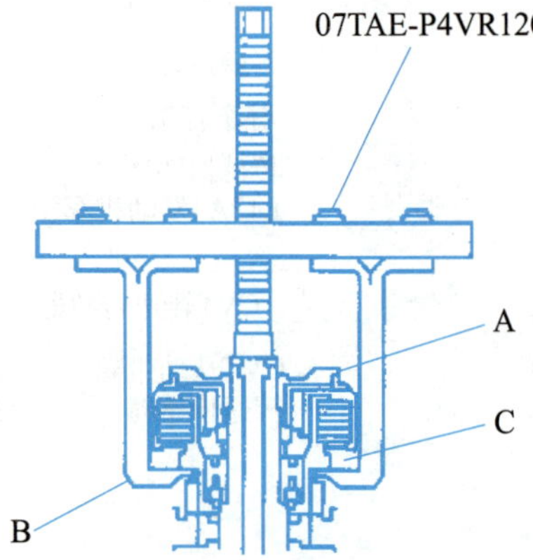


图 13－21　安装专用工具

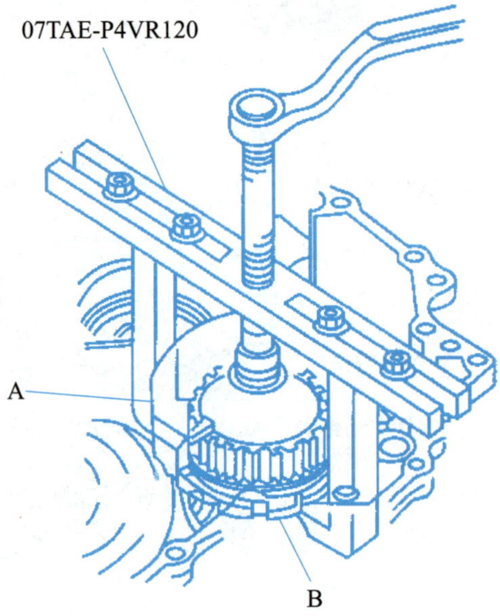


图 13－22　拆除起步离合器

（14）如图 13－23 所示，拆除紧固输入轴（B）的卡环（A），然后从输入轴上拆除止推垫片（C）、止推垫圈（D）、推力轴承（E）和止推垫圈（F）。

（15）从起步离合器上拆除中间轴主动/驻车挡齿轮。

（16）如图 13－24 所示，从中间轴主动/驻车挡齿轮（B）上拆除密封圈（A），并将其清洁干净，在组装变速器时，将其安装到新的中间轴主动/驻车挡齿轮上。

（17）拆除 ATF 磁铁，然后将其清洁干净，并重新安装到变速器上。

（18）拆除紧固 ATF 滤清器的卡环并拆除滤清器，检查滤清器是否被污染。如果被污染，将其更换，重新将 ATF 滤清器安装到变速器上。

（19）将变速器端盖朝上，放置到工作台上，以防损坏输入轴。

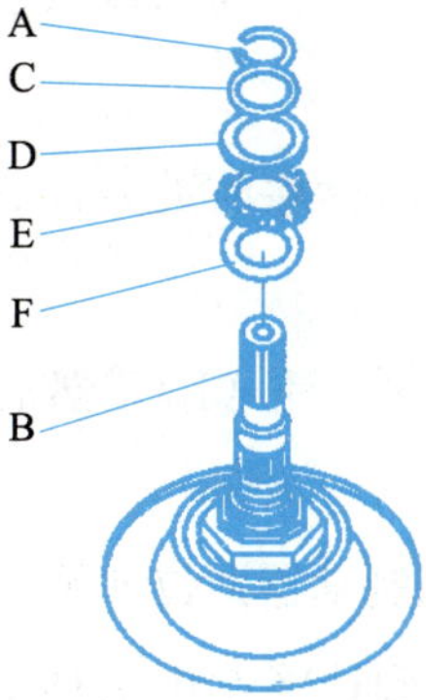


图 13-23　拆除卡环

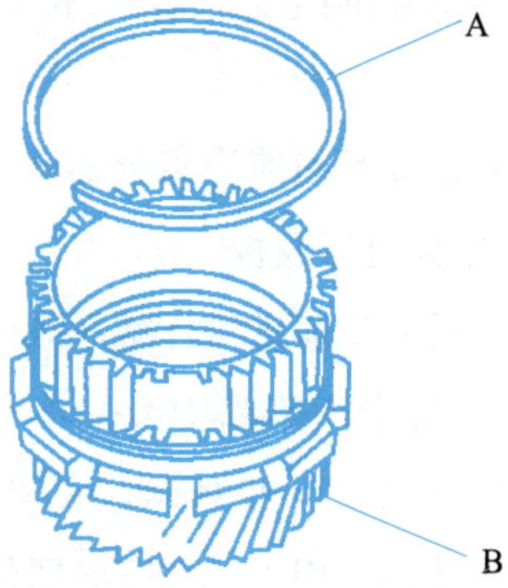


图 13-24　拆除密封圈

（20）拆除紧固端盖的 15 只螺栓（A），如图 13-25 所示。然后拆除端盖（B）、定位销（C）和垫圈（D）。

（21）从手动阀体（F）上拆除 ATF 管路（E）。

（22）拆除手动阀体、锁止弹簧（G）、定位销（H）和隔板（I）。

（23）如图 13-26 所示，拆除行星齿轮架/输入轴总成（A），然后拆除齿圈（B）。

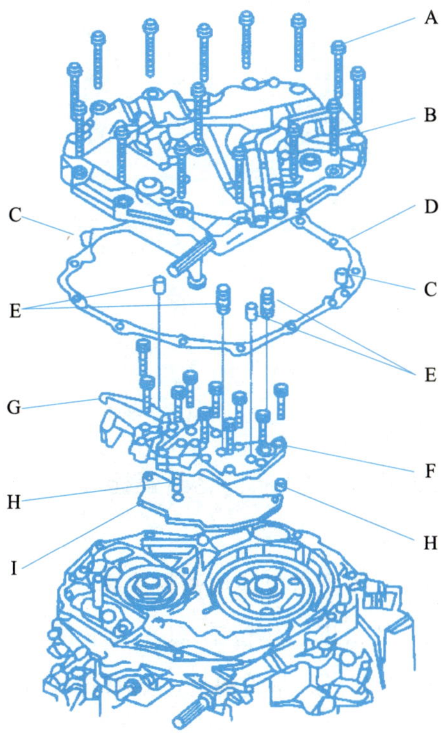


图 13-25　拆除端盖

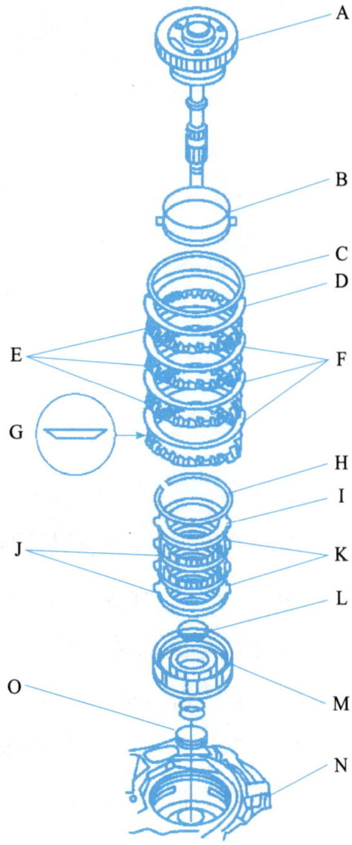


图 13-26　拆除行星齿轮架

（24）拆除倒挡制动器卡环（C）和倒挡制动器底板（D）、制动盘（E）和制动板（F）。

（25）拆除紧固前进离合器底板（I）的卡环（H），然后拆除前进离合器底板、离合器盘（J）、离合器底板（K）。

（26）拆除把前进离合器（M）紧固在主动轴（N）上的卡环（L），然后拆除前进离合器，并拆除卡环护圈（O）。

（27）如图13－27所示，安装专用工具，拆除紧固倒挡制动器回位弹簧的卡环。

（28）使用专用工具，压缩回位弹簧，然后拆除卡环，确认将专用工具安装到倒挡制动器回位弹簧上，如图13－28所示。

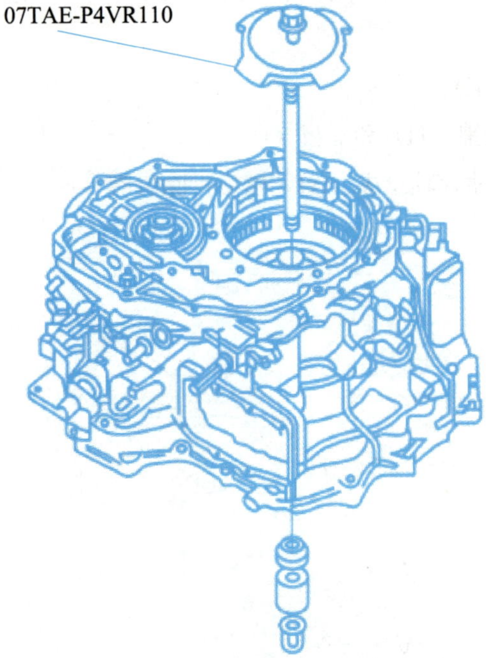


图13－27 拆除紧固倒挡制动器回位弹簧的卡环

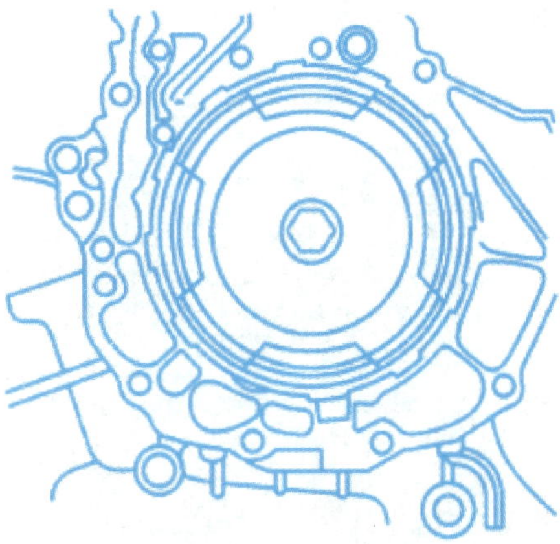

图13－28 拆除卡环

（29）拆除专用工具，然后拆除弹簧护圈/回位弹簧。

（30）如图13－29所示，从倒挡制动器压力检查孔（B）上拆除密封螺栓（A），用压缩空气拆除倒挡制动器活塞（C）。

（31）使用新的密封垫圈（D）重新安装密封螺栓。不要重复使用密封垫圈。

（32）如图13－30所示，拆除滚柱（A）、中间壳体（B）、定位销（C）和垫圈（D）。

（33）检测倒挡制动盘、制动板和制动底板是否磨损、损坏或褪色。如有损坏或褪色应更换。

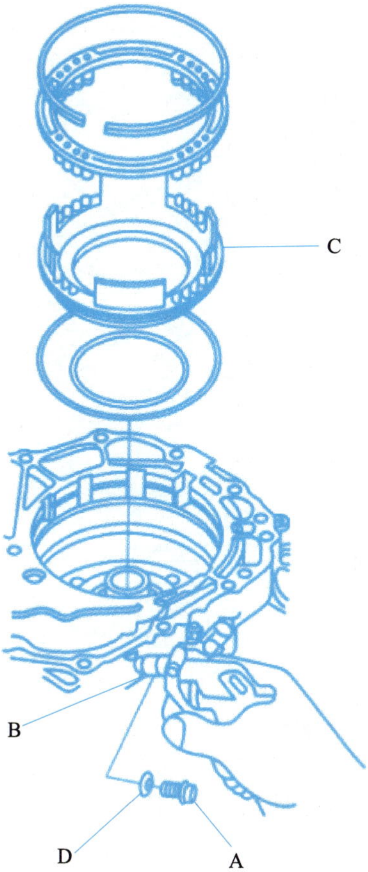


图 13-29　拆除密封螺栓

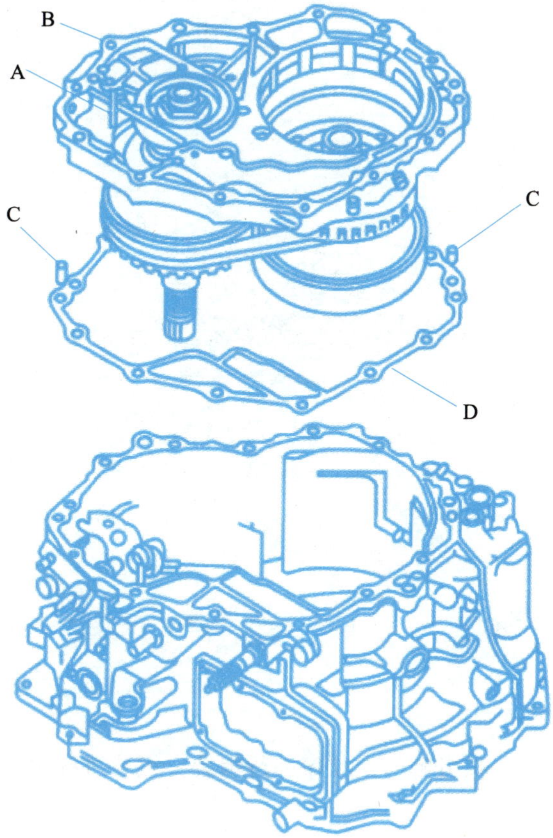


图 13-30　拆除滚柱、中间壳体、定位销和垫圈

2. 变速器组装

变速器组装按分解逆顺序进行。

## 二、主阀体的分解、检测和重新组装

主阀体的分解、检测和重新组装参见图 13-31。

1. 主阀体的分解与检测

(1) 拆除阀门弹簧座 (A)、阀盖夹 (B) 和阀盖 (C)，然后从主阀体 (D) 上拆除阀和弹簧。

(2) 检查所有部件是否磨损或损坏，如有磨损或损坏，将其更换。

(3) 检查滤清器 (E) 的状况是否完好且未被堵塞，如果堵塞，则更换滤清器。根据图示方向安装滤清器。

2. 主阀体的组装

(1) 用溶剂或化油器清洗液彻底清洗所有零部件，用压缩空气吹干，吹扫所有通道。

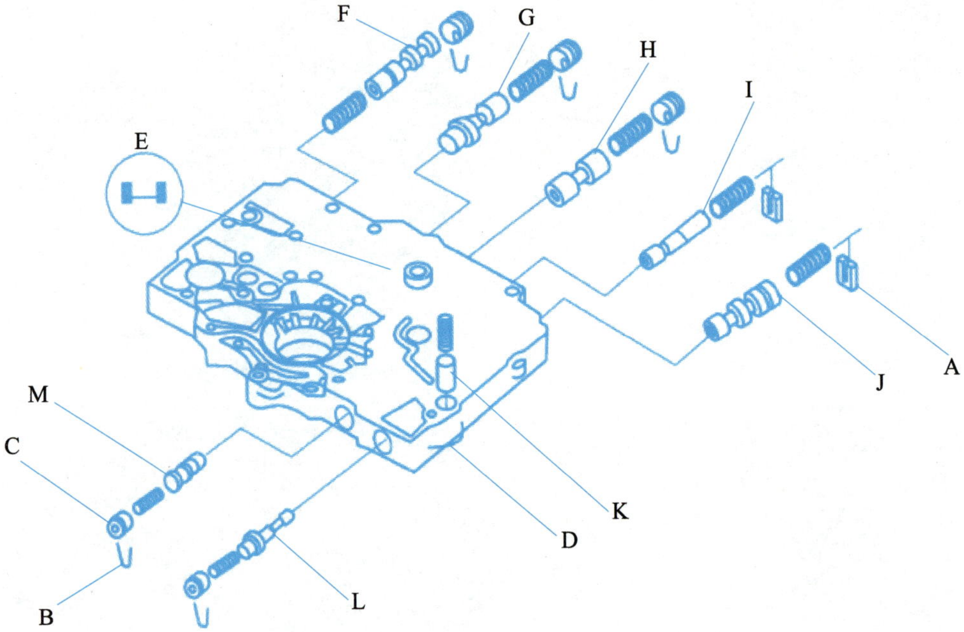


图 13 - 31　主阀体的分解、检测和重新组装

(2) 按分解的逆顺序进行组装。组装过程中，给所有零部件涂上 ATF。

## 测试题

### 一、填空题

1. 本田飞度轿车采用________式无级变速器，该变速器使用________传动带，具有速比________前进挡和________倒挡变速器功能。

2. 本田无级变速器机构采用________结构实现变速器前进挡与倒挡的动力输入，其功用是实现汽车________或________时的动力传递。

### 二、单项选择题

1. 下列关于 CVT 无级变速器的描述错误的是（　　）。

A. CVT 无级变速器理论上存在无数个挡位

B. 由于 CVT 无级变速器主要依靠压轮与钢带间的摩擦力传动，所以 CVT 很难承受大功率发动机产生的强大扭力

C. CVT 无级变速器并不适用于所有的车型，一般只适用于中低排量的车型

D. CVT 无级变速器因为基本没有磨损，所以不需要保养

2. 下列不属于 CVT 无级变速器液压系统的是（　　）。

A. 液压执行元件　　B. 调压部分

C. 换挡控制部分　　D. 行星齿轮部分

**三、思考题**

1. 本田飞度轿车无级变速器机械结构有哪些?

2. 本田飞度轿车无级变速器电子控制系统组成部分有哪些?主要完成什么控制内容?

3. 简述本田飞度轿车 CVT 前进挡动力传动路线。

# 参考文献


[1] 吴磊，沈海燕．汽车自动变速器检修．北京：中国人民大学出版社，2011.

[2] 吴磊，曾祥军．汽车底盘电控系统检修．北京：化学工业出版社，2017.

[3] 刘映凯，贾志涛．汽车底盘电控原理与维修实务．北京：北京大学出版社，2012.

[4] 李春明．汽车底盘电控技术．北京：机械工业出版社，2016.

[5] 李淑英．汽车底盘电控系统结构检修．天津：天津科学技术出版社，2011.

[6] 陈志恒．汽车电控技术．北京：高等教育出版社，2008.

[7] 尹万建．轿车自动变速器结构原理与检测．北京：人民交通出版社，2002.

[8] 黄仁义，滕建华．汽车底盘电控技术．北京：科学技术文献出版社，2015.

[9] 沈沉，张立新．汽车底盘电控检测与修复．北京：机械工业出版社，2011.

[10] 黄俊平．汽车性能与使用．北京：机械工业出版社，2004.

[11] 谭锦金，何晶．汽车底盘构造与维修．大连：大连理工大学出版社，2007.

[12] 张梦欣．汽车电子控制装置．北京：中国劳动社会保障出版社，2004.

[13] 赵良红．汽车底盘电控技术．北京：机械工业出版社，2012.

[14] 李培军．汽车底盘电控技术．北京：人民邮电出版社，2015.

[15] 姚焕新．汽车底盘电控系统检修．北京：人民邮电出版社，2009.

[16] 朱迅，李晓．自动变速器构造与检修．北京：人民邮电出版社，2015.